THE
COMPLETE
WORKS
OF
VOLTAIRE

33

THE VOLTAIRE FOUNDATION
TAYLOR INSTITUTION
OXFORD

1987

ISBN 0 7294 0338 6

PRINTED IN ENGLAND
AT THE ALDEN PRESS
OXFORD

under the sponsorship of
sous le haut patronage de

L'ACADÉMIE FRANÇAISE

L'ACADÉMIE ROYALE DE LANGUE ET DE
LITTÉRATURE FRANÇAISES DE BELGIQUE

THE AMERICAN COUNCIL OF LEARNED SOCIETIES

THE BRITISH ACADEMY

L'UNION ACADÉMIQUE INTERNATIONALE

prepared with the kind co-operation of
réalisée avec le concours gracieux de

THE SALTYKOV-SHCHEDRIN
STATE PUBLIC LIBRARY
OF LENINGRAD

Œuvres alphabétiques

I

édition critique

sous la direction de

Jeroom Vercruysse

TABLE DES MATIÈRES

ŒUVRES ALPHABÉTIQUES

LISTE DES ILLUSTRATIONS

LISTE DES SIGLES ET ABRÉVIATIONS

Académie 40   *Dictionnaire de l'Académie française*, 1740

Académie 62   *Dictionnaire de l'Académie française*, 1762

Bengesco   *Voltaire: bibliographie de ses œuvres*, 1882-1890

Bn   Bibliothèque nationale, Paris

Bn N   Bn, Nouvelles acquisitions françaises

BV   *Bibliothèque de Voltaire: catalogue des livres*, 1961

CLT   Grimm, *Correspondance littéraire*, 1877-1882

CN   *Corpus des notes marginales de Voltaire*, 1979-

D   Voltaire, *Correspondence and related documents*, éd. Th. Bester-man, dans *Œuvres complètes de Voltaire / Complete works of Voltaire* 85-135, 1968-1977 [la présence d'un astérisque renvoie au tome 130]

DP   *Dictionnaire philosophique*

Essai   Voltaire, *Essai sur les mœurs*, 1963

Havens and Torrey   *Voltaire's catalogue of his library at Ferney*, 1959

ImV   Institut et musée Voltaire, Genève

Kehl   *Œuvres complètes de Voltaire*, 1784-1789

Leigh   Rousseau, *Correspondance complète*, 1965-

M   *Œuvres complètes de Voltaire*, 1877-1885

Naves   *Voltaire et l'Encyclopédie*, 1938

PMla   *Publications of the Modern language association of America*

QE   *Questions sur l'Encyclopédie*

Roth-Varloot   Diderot, *Correspondance*, 1955-1970

Studies   *Studies on Voltaire and the eighteenth century*

Taylor   Taylor Institution, Oxford

Trévoux   *Dictionnaire universel françois et latin*, 4ᵉ éd., 1743

Uppsala   Universitetsbiblioteket, Uppsala

Voltaire   *Œuvres complètes de Voltaire / Complete works of Voltaire*, 1968- [la présente édition]

L'APPARAT CRITIQUE

L'apparat critique placé au bas des pages fournit les diverses leçons ou variantes offertes par les états manuscrits ou imprimés du texte (on en trouvera le relevé, p.13-30 et 238). Chaque note critique est composée du tout ou d'une partie des indications suivantes:

– Le ou les numéros de la ou des lignes auxquelles elle se rapporte; comme les titres et sous-titres échappent à cette numérotation, l'indication donne dans ce cas le numéro de la ligne précédente suivi des lettres a, b, c, etc. qui correspondent aux lignes de ces textes intercalaires.

– Les sigles désignant les états du texte, ou les sources, repris dans la variante (voir p.31). Des chiffres arabes, isolés ou accompagnés de lettres, désignent en général des éditions séparées de l'œuvre dont il est question; les lettres suivies de chiffres sont réservées aux recueils, w pour les éditions complètes, et t pour les œuvres dramatiques; après le sigle, l'astérisque signale un exemplaire particulier, qui d'ordinaire contient des corrections manuscrites.

– Des explications ou des commentaires de l'éditeur.

– Les deux points (:) marquant le début de la variante proprement dite, dont le texte, s'il en est besoin, est encadré par un ou plusieurs mots du texte de base. A l'intérieur de la variante, toute remarque de l'éditeur est placée entre crochets.

Les signes typographiques conventionnels suivants sont employés:

– La ponctuation ajoutée au texte de base est imprimée en caractères antiques:

antique	.	,	;	:	? !
normal	.	,	;	:	? !

– La lettre grecque bêta β désigne le texte de base.

– Le signe de paragraphe ¶ marque l'alinéa.

– Deux traits obliques // indiquent la fin d'un paragraphe ou d'une partie du texte.

– Les mots supprimés sont placés entre crochets obliques 〈 〉.

– Les mots ajoutés à la main par Voltaire ou Wagnière sont précédés, dans l'interligne supérieur, de la lettre ^{V} ou ^{W}, suivie d'une flèche verticale dirigée vers le haut $^\uparrow$ ou vers le bas $^\downarrow$, pour indiquer que l'addition est inscrite au-dessus ou au-dessous de la ligne. Le signe $^+$ marque la fin de l'addition, s'il y a lieu.

– Toute correction adoptée dans un imprimé est suivie d'une flèche horizontale → suivie du sigle désignant l'imprimé.

Exemple: 'il 〈allait〉 $^{W\uparrow}$〈courait〉 $^{V\downarrow}$β' signifie que 'allait' a été supprimé, que Wagnière a ajouté 'courait' au-dessus de la ligne, que 'courait' a été supprimé, et que Voltaire a inséré la leçon du texte de base au-dessous de la ligne. Une annotation du type 'w75g*, →k' indique qu'une correction manuscrite sur l'édition encadrée a été adoptée dans les éditions de Kehl.

PRÉFACE GÉNÉRALE

'*Alphabétique*, adjectif de tout genre. Qui est selon l'ordre de l'alphabet'. C'est en ces termes que la quatrième édition du *Dictionnaire de l'Académie française* (Paris 1762), l'édition des philosophes, nous aide à définir le propos de notre entreprise.[1]

Le titre global d'*Œuvres alphabétiques* a été retenu pour désigner les volumes qui rassembleront les diverses œuvres de Voltaire où il a jugé bon, utile, nécessaire, voire amusant, de définir ses opinions et de les classer selon l'ordre le plus ancien connu des signes de l'écriture. Cette appellation nous reporte à d'autres classements tel que 'théâtre', 'romans', 'histoire'. Ce n'est pas aller toutefois à l'encontre du classement chronologique des *Œuvres complètes*, puisque ces textes apparaîtront successivement dans l'ordre de leur publication propre.

On se rappellera que dès 1784, les éditeurs de Kehl avaient publié sous le titre général de *Dictionnaire philosophique* les œuvres alphabétiques; la formule fut reprise ensuite par Adrien Beuchot avec quelques modifications, et plus tard par Louis Moland. Partant du titre d'une œuvre célèbre, Beaumarchais, Condorcet, Decroix et autres étendaient à un ensemble disparate une notion et un titre digne des Lumières. Ce serait toutefois une erreur de confondre leur entreprise et la nôtre. Que contient leur *Dictionnaire philosophique* encore largement utilisé et cité comme tel de nos jours? Lisons l'Avertissement des éditeurs': 'Nous avons réuni sous le titre de *Dictionnaire philosophique*, les questions sur l'Encyclopédie, le dictionnaire philosophique réimprimé sous le titre de la raison par alphabet, un dictionnaire manuscrit intitulé l'opinion en alphabet, les articles de M. de *Voltaire* insérés dans l'Encyclopé-

---

[1] Prévu d'abord comme seul titre, *Alphabétique* fut bientôt abandonné. Le projet a été l'objet d'un exposé dès 1969: 'Les œuvres alphabétiques de Voltaire', *Revue de l'Université de Bruxelles* (1969-1970), i-ii.89-98.

die; enfin plusieurs articles destinés pour le dictionnaire de l'académie française. On y a joint un grand nombre de morceaux peu étendus, qu'il eût été difficile de classer dans quelqu'une des divisions de cette collection. On trouvera nécessairement ici quelques répétitions; ce qui ne doit pas surprendre, puisque nous réunissons des morceaux destinés à faire partie d'ouvrages différens. Cependant on les a évitées autant qu'il a été possible de le faire sans altérer ou mutiler le texte' (xxxvii.2).

Soit donc six titres précis, sans omettre pour autant les *Lettres philosophiques* non citées, et une foule d'écrits divers, relativement brefs, qui auraient pu trouver place dans les 'mélanges'.

De plus, quoiqu'on ait dit, les altérations et les mutilations furent nombreuses et importantes. La plus grave erreur est que, niant toute perspective chronologique, les éditeurs de Kehl ont fondu en un seul tout les œuvres citées, groupant arbitrairement au mépris de la pensée de l'auteur qu'ils prétendaient honorer, des textes éloignés dans le temps, quelquefois contradictoires et souvent sans ordre ou lien.

Ce monstre fut maintenu en vie par Beuchot et Moland. L'un et l'autre tentèrent de justifier leur point de vue: 'le lecteur, si on les [œuvres alphabétiques] séparait aujourd'hui, serait souvent embarrassé dans ses recherches', écrivait Beuchot dans sa préface (Paris 1829, xxvi.vii). 'Bien que formé de plusieurs ouvrages de Voltaire', renchérit Moland, 'il [le *Dictionnaire* type Kehl] offre un ensemble très homogène, une unité très-saisissante à l'esprit' (M.xvii.i). On croit rêver.

Dans l'édition de Kehl, cet ensemble disparate groupait 585 articles répartis en sept volumes. Beuchot modifia quelque peu cette ordonnance en excluant les *Lettres philosophiques* et quelques 'mélanges'. Son *Dictionnaire* atteignait néanmoins 628 articles grâce à divers artifices. Entretemps, divers éditeurs de Voltaire avaient ajouté quelques éléments nouveaux à cet ensemble: l'édition Lefèvre-Déterville (Paris 1818) donnait un supplément à l'article 'Prépuce' (xxvi.239-40) et une addition à l'article 'Prières' (xxvi.252-53); l'édition de la veuve Perronneau (Paris 1819) ajoutait un article 'Littérature' (xxix.848-51) et une section à

l'article 'Tolérance' (xxxii.712-13). Beuchot lui-même ajouta 'Généreux, générosité' (xxx.2-5) emprunté à l'*Encyclopédie*, mais dont la paternité a été contestée à bon droit par Raymond Naves, une addition enfin à l'article 'Quisquis-Langleviel' (xxxii.81-84) dont le texte lui avait été fourni par Decroix. Louis Moland (Paris 1878-1879) enfin, aboutissait, quant à lui, à 566 articles.

Ces variations numériques ne doivent pas nous surprendre: plusieurs articles offrant de multiples intitulés, tous ont été cités par l'un, partiellement par l'autre, un seul le plus souvent par un tiers. La recherche, ou tout simplement le *plaisir de lire*, on s'en doute, n'étaient guère servis par ces amoncellements hétéroclites et imposés. Ils ne furent abattus qu'au bout d'un siècle et demi d'usurpation. Un premier coup fut porté par Georges Bengesco, qui publia le texte de l'édition originale du *Dictionnaire philosophique*, paru en 1764, dans une collection de bibliophiles (Paris 1892). Les Editions de Cluny reproduisirent pour leur part l'ultime édition de 1769 (Paris 1930). Mais ces tentatives ne pouvaient donner satisfaction, car malgré leur intérêt de premier abord, elles ne tenaient aucun compte des modifications importantes et nombreuses apportées par Voltaire à ses articles en l'espace de six années.

En 1936 enfin, les Editions Garnier publiaient pour la première fois une édition critique du *Dictionnaire*, reprenant les 118 articles et six sections supplémentaires de l'édition de 1769 en signalant les apports successifs du philosophe. Julien Benda rédigea l'introduction, les notes et releva les variantes; le texte fut établi par Raymond Naves. Deux ans plus tard, ce dernier, dans son *Voltaire et l'Encyclopédie* (Paris 1938), établissait la collaboration de Voltaire à la grande entreprise encyclopédique. Nous-même avons pu définir et préciser, en 1965, la participation de Voltaire à la quatrième édition du *Dictionnaire* de l'Académie française (Paris 1762).[2]

---

[2] J. Vercruysse, 'Articles inédits de Voltaire pour le *Dictionnaire* de l'Académie française', *Studies* 37 (1965), p.7-51.

La structure de notre édition des œuvres alphabétiques différera essentiellement de la formule Kehl-Beuchot-Moland sur deux points:

En premier lieu, nous maintenons les seules œuvres de Voltaire qu'il présenta lui-même sous une forme alphabétique.

En second lieu, nous respecterons scrupuleusement l'indépendance de ces écrits, en rejetant catégoriquement toute fusion, tout report.

Nous publions donc dans l'ordre suivant:

1. les articles publiés par l'*Encyclopédie* (1755-1765)

2. les articles pour le *Dictionnaire* de l'Académie (1762)

3. le *Dictionnaire philosophique* (1764)

4. les *Questions sur l'Encyclopédie* (1770)

5. l'*Opinion en alphabet*, utilisée à l'état de manuscrit par Kehl.

En supplément à ces textes, nous publierons les préfaces, avertissements et textes relatifs divers: un mémoire de Voltaire sur la paternité du *Dictionnaire*, découvert par Th. Besterman (D.app.253), une 'Déclaration des amateurs, questionneurs et douteurs qui se sont amusés à faire aux savants les questions ci-dessus en neuf volumes' (1772) et la 'Rétraction nécessaire d'un des auteurs des *Questions sur l'Encyclopédie*' (1775), publiées par Kehl, Beuchot et Moland (M.xx.620-22).

Sans vouloir empiéter sur les préfaces et introductions respectives, jetons néanmoins un rapide coup d'œil sur les textes qui seront donc inclus dans les volumes des œuvres alphabétiques.

1. *Les articles pour l'*'Encyclopédie'

La collaboration de Voltaire à l'*Encyclopédie* a été étudiée par Raymond Naves dans son *Voltaire et l'Encyclopédie* (p. 114-17, 169-

84). Les travaux de R. Pintard et de M. Rezler[3] sont venus compléter ses pertinentes remarques. Avant eux, Bengesco (i.427) avait donné une liste de quarante-trois articles publiés par Voltaire et relevés par lui: cette liste contient quelques erreurs. L'article 'Fleurs'[4] doit céder la place à 'Fleuri'; 'Généreux, générosité', paru anonyme, ne représente en aucune façon la pensée, le style et les intentions du philosophe;[5] 'Messie' doit retourner à son véritable auteur, le pasteur Antoine Polier de Bottens.

R. Naves a justement fait remarquer qu'à la liste des quarante-trois articles primitifs il faudrait joindre le hardi 'Historiographe', demandé par d'Alembert, écarté par Diderot et remplacé par un texte portant son célèbre astérisque, Voltaire publiant finalement son texte dans les *Nouveaux mélanges* de 1765. L'article 'Honneur' a vraisemblablement subi le même sort et paraîtra en 1771 dans les *Questions*. Enfin, pour des raisons que nous développerons plus loin, nous avons ajouté en appendice l'article 'Littérature'. Tout compte fait, nous donnerons donc quarante-cinq articles.

Nos prédécesseurs plutôt que de publier le texte de l'*Encyclopédie* ont préféré donner les versions remaniées par Voltaire dans ses 'mélanges', voire dans le *Dictionnaire*, ou dans les *Questions*. L'article 'Histoire' offre un exemple intéressant de ces remaniements révélateurs à plus d'un titre. Nous reprenons le texte de l'*Encyclopédie* elle-même dans son édition originale.

[3] R. Pintard, 'Voltaire et l'*Encyclopédie*', *Annales de l'Université de Paris* (1952), xxii.39-56; M. Rezler, 'Voltaire and the *Encyclopédie*', *Studies* 30 (1964), p.147-87. Les ouvrages sur l'*Encyclopédie* sont nombreux. On retiendra ici, J. Proust, *Diderot et l'Encyclopédie* (Paris 1967), R. N. Schwab and W. Rex, *Inventory of Diderot's Encyclopédie*, *Studies* 80, 83, 85, 91-93 (1971-1972) et J. Lough, *Essays on the Encyclopédie of Diderot and d'Alembert* (London 1968).
[4] L. de Jaucourt a signé les pages de botanique et d'agriculture (vi.852-58), et C. H. Watelet les pages artistiques (vi.858-60) sur les fleurs.
[5] Les pages morales de 'Généreux, générosité' (vi.574-76) sont de J. P. A. Douchet et N. Beauzée.

2. *Les articles pour le 'Dictionnaire' de l'Académie*

L'étude de la collaboration de Voltaire à ce célèbre *Dictionnaire* nous a permis de constater dès 1965 l'inexactitude des propos de Bengesco (i.428). Faisant confiance à Beuchot, il admet que la participation du philosophe s'élève à trente-deux articles. L'examen des notes préparatoires de Voltaire heureusement conservées nous a permis de porter ce nombre à 117: quatre-vingt-trois étaient entièrement inédits, et les trente-deux connus étaient fort mal édités. Il va sans dire que c'est le texte de ce dossier original qui prend place dans les œuvres alphabétiques.

3. *Le 'Dictionnaire philosophique'*

Nous avons retracé ailleurs[6] l'histoire des premières éditions de ce texte célèbre. Sous le titre primitif ou celui de *La Raison par alphabet* nous décrirons une vingtaine d'éditions antérieures à Kehl. Les résultats de cette étude ont permis de distinguer les éditions authentiques, les manuscrits originaux étant perdus.

G. Bengesco avait établi (i.412-32) une nomenclature des articles contenus dans les diverses éditions qu'il connaissait. R. Naves, dans le tableau chronologique des éditions, et les vérifications d'usage ont montré que Bengesco s'était également trompé à cette occasion.

L'édition originale de 1764 comprenait soixante-treize articles; la réimpression de M. M. Rey l'année suivante comptait sept articles et une section de plus. L'édition parue la même année chez Varberg, également à Amsterdam, enregistrait déjà trente-cinq éléments nouveaux par rapport à l'édition originale. L'édition de 1767 marquait un nouveau pas en avant avec vingt-trois apports. L'édition de 1769 enfin en enregistrait encore huit de plus et portait le nombre final à 118 articles. En l'espace de six

---

[6] J. Vercruysse, 'Voltaire et Marc-Michel Rey', *Studies* 58 (1967), p.1707-63. Pour une monographie rapide, voir W. Trapnell, *Voltaire and his portable dictionary*, Analecta romanica 32 (Frankfurt 1972).

années, quarante-cinq éléments nouveaux étaient ainsi venus compléter le texte original. C'est donc l'édition de 1769, la plus complète, qui fournira le texte de base de notre édition.

4. Les 'Questions sur l'Encyclopédie'

Ce copieux recueil parut pour la première fois de 1770 à 1772 en neuf volumes et un 'Supplément', groupant 423 articles. Les *Questions* connurent une dizaine d'éditions et ici aussi, la méthode appliquée pour le *Dictionnaire* a permis de distinguer les éditions authentiques en l'absence de manuscrits originaux.

Deux éditions doivent particulièrement retenir l'attention. Celle de 1774 (w68) contenait huit additions partielles nouvelles par rapport aux éditions précédentes. Dans l'édition encadrée (w75G) figurent de nombreux suppléments non définis par Bengesco (i.422). Ce sont, de manière générale, des reprises de textes constituant un total de cinquante-deux éléments, et d'apports étrangers aux *Questions*, dont on ne peut tenir compte pour l'établissement des textes. C'est donc l'édition de 1774 qui nous servira de guide puisqu'elle est la plus complète.[7]

5. 'L'Opinion en alphabet'

Il est enfin une œuvre dont la publication pose de délicats problèmes, puisque de fait on n'en connaît que le titre et quelques fragments: *L'Opinion en alphabet*. Parvenue à l'état de manuscrit aux éditeurs de Kehl (on se rappellera leur 'Avertissement'), elle fut intégrée dans leur version du *Dictionnaire* sans que les éditeurs aient songé à en donner la moindre analyse. Les seuls textes pour lesquels il existe une certitude absolue sont l''Avertissement de la collection intitulée l'*Opinion en alphabet*', publié à part (xxxvii.8),

---

[7] Voir W. Archie, 'Voltaire's *Dictionnaire philosophique*: les *Questions philosophiques*', *Symposium* 5 (1951), p.317-27; I. O. Wade, 'Genesis of the *Questions sur l'Encyclopédie*', *Transactions of the American philosophical society* 48 (1958), p.82-85.

et la section III de l'article 'Moïse'. Beuchot, cité par Bengesco (i.425), estime que vraisemblablement 'la plupart' des articles parus pour la première fois dans l'édition de Kehl appartiennent à cette œuvre. Bengesco relève quarante-deux articles ou sections nouveaux: en fait, il y en a cinquante-deux.

Le problème capital, mais combien passionnant pour les éditeurs a donc été de tenter la reconstitution, avec les précautions d'usage, d'une œuvre que l'on croyait perdue.[8]

Tous ces éléments, faut-il le rappeler, seront développés dans les préfaces et les introductions respectives. Le présent volume contient dans l'ordre : 1) la préface de l'éditeur général, 2) une introduction historique aux articles de l'*Encyclopédie* due à Virgil W. Topazio, 3) une introduction textologique, 4) le texte des quarante-cinq articles de l'*Encyclopédie*, fruit de la collaboration d'un groupe de neuf personnes, 5) les introductions 6) au texte des articles pour le *Dictionnaire* de l'Académie. Un index clôture ce premier volume des œuvres alphabétiques.

Les volumes suivants contiendront le *Dictionnaire philosophique* proprement dit; viendront ensuite les *Questions sur l'Encyclopédie* et *L'Opinion en alphabet*. Chaque œuvre sera pourvue d'introductions spécifiques et d'un index des noms et des concepts.

Les mêmes sujets peuvent figurer dans plusieurs œuvres alphabétiques. Afin d'éviter d'inutiles complications, ils seront repris chaque fois dans leurs versions respectives, chaque 'édition' étant évidemment pourvue de son apparat critique propre comportant variantes et commentaires spécifiques.

L'édition des œuvres alphabétiques est avant tout le fruit d'un

---

[8] Sur les rapports avec l'*Encyclopédie*, voir l'article de J. R. Monty, 'Voltaire's debt to the *Encyclopédie* in the *Opinion en alphabet*', *Literature and history in the age of ideas*, éd. C. G. S. Williams (Columbus 1975), p.153-67 et les deux études de B. E. Schwarzbach: 'Un regard sur l'atelier voltairien', *Rousseau et Voltaire en 1978* (Genève, Paris 1981), p.250-72; 'The problem of the Kehl additions to the *Dictionnaire philosophique*: sources, dating and authenticity', *Studies* 201 (1982), p.7-66. Cette délicate question fera l'objet d'une discussion détaillée précédant notre édition de *L'Opinion en alphabet*.

intense travail collectif, mené des deux côtés de l'Atlantique par une équipe groupant pas moins de dix-huit personnes qui ont généreusement prêté leur concours actif à cette réalisation sans précédent puisqu'elle entreprend de restituer pour la première fois depuis leur publication il y a deux siècles, les textes authentiques de Voltaire. Notre tâche a été de coordonner et d'harmoniser ces apports tout en apportant notre part à l'établissement des textes et à leur commentaire.

Nous ne saurions dire assez notre profonde gratitude à la mémoire de celui qui eut le premier l'idée de lancer cette formidable entreprise, à ceux-là aussi qui nous ont offert leur concours désintéressé, constant et compétent.

Jeroom Vercruysse

COLLABORATEURS AU PRÉSENT VOLUME

Theodore E. Braun (University of Delaware): Elégance; Eloquence; Esprit; Facile; Faible; Feu; Figuré; Finesse; Fleuri; Force; Froid; Goût; Hémistiche.

Jacqueline Fennetaux (Paris): Faction; Fantaisie; Faste; Fausseté; Faveur; Favori; Fécond; Félicité; Fermeté; Fierté; Fornication; Français; Franchise; Galant; Gracieux; Grand; Grave; Habile; Habileté; Habilement.

Ulla Kölving (Voltaire Foundation): établissement du texte pour les articles du *Dictionnaire* de l'Académie.

Martine Meyer (University of Wisconsin): Gloire; Hautain; Hauteur; Heureux.

Jeanne R. Monty (Tulane University): Garant; Gazette; Genre de style; Histoire; Idole.

Bertram E. Schwarzbach (Paris): Gens de lettres; Imagination.

Henry A. Stavan (University of Colorado): Elégance; Eloquence; Esprit; Facile; Faible; Feu; Figuré; Finesse; Fleuri; Force; Froid; Goût; Hémistiche.

Virgil W. Topazio (Rice University): introduction historique.

Jeroom Vercruysse (Vrije Universiteit, Bruxelles): coordination générale; révision des textes; annotation; préface générale; introductions; Grâce; Historiographe (appendice); Littérature (appendice); Voltaire et l'article 'Liturgie' de Polier de Bottens (appendice).

Articles pour l'Encyclopédie

édition critique

par

Theodore E. Braun, Jacqueline Fennetaux,
Ulla Kölving, Martine Meyer,
Jeanne R. Monty, Bertram E. Schwarzbach,
Henry A. Stavan et Virgil W. Topazio

sous la direction de

Jeroom Vercruysse

INTRODUCTION

1. *Voltaire et l''Encyclopédie'*

Le rôle précis que joua Voltaire dans l'*Encyclopédie* a fait l'objet
de fréquentes controverses. Nombre de critiques ont tendance à
minimiser l'importance de sa contribution. Certains ont vu, dans
ce rôle mineur, le fait que Voltaire et Diderot se connaissaient
assez peu. Pour d'autres, Diderot et d'Alembert ignorèrent sciem-
ment Voltaire au début, pour limiter ensuite ses apports, sous
prétexte qu'il n'avait pas l'esprit suffisamment porté vers la philosophie. C'est ainsi que Raymond Naves conclut sa pénétrante
analyse: 'Loin d'avoir été le chef des encyclopédistes, Voltaire n'a
été que leur franc-tireur, mais à leur service il a pris tout à fait
conscience de lui-même'.[1] Par ailleurs, ajoute-t-il, l'*Encyclopédie*
fut 'à l'origine de ses divers Alphabets militants' (p.96).

Les relations entre Voltaire et d'Alembert furent toujours plus
empreintes d'amitié et de cordialité, que les liens avec Diderot.
La visite de d'Alembert aux Délices en août 1756 renforça la
participation de Voltaire à la grande entreprise. La tradition
rapporte que ce fut à cette occasion que Voltaire aurait *inspiré*
l'article 'Genève' qui souleva une tempête. Quand à la suite
d'attaques concertées par les ennemis des philosophes, d'Alembert
prit la décision de renoncer à l'*Encyclopédie*, Voltaire tenta tout
d'abord de l'en dissuader. Convaincu par celui-ci que la cabale
avait pour origine Versailles aussi bien que les Jésuites, il craignit
pour sa propre sécurité et au lieu d'encourager Diderot à ne pas
céder (D7564), il prit le parti d'appuyer la défection de d'Alembert,
réclama le renvoi des articles non encore parus qu'il avait soumis
pour le volume VII, et conseilla à Diderot de publier l'*Encyclopédie*

---

[1] R. Naves, *Voltaire et l'Encyclopédie* (Paris 1938), p.166.

à l'étranger ou d'en abandonner la réalisation.[2] Les requêtes incessantes autant qu'irrationnelles de Voltaire pour le retour de ses lettres et articles eurent pour effet d'aggraver la détérioration des rapports, déjà fort compromis, entre les deux hommes. Diderot rappela à Voltaire l'impossibilité de publier à l'étranger les manuscrits étant la propriété des éditeurs, l'absurdité d'abandonner le projet et, partant, de capituler devant l''ennemi'. Diderot observa amèrement, 'Ne soyez plus fâché, et surtout ne me redemandez plus vos lettres, car je vous les renverrois, et n'oublierois jamais cette injure. Je n'ai pas vos articles. Ils sont entre les mains de d'Alembert, et vous le sçavez bien' (D7641).

Ce bref malentendu n'eut pas de suites car en juin de la même année (1758), Voltaire renvoya les articles destinés à l'*Encyclopédie* et s'offrit à en écrire d'autres si Diderot le souhaitait. La réponse de celui-ci est on ne peut plus claire: 'Si je veux de vos articles, monsieur et cher maître! Est ce qu'il peut y avoir de doute à cela? est ce qu'il ne faudroit pas faire le voyage de Geneve et aller vous les demander à genoux, si on ne pouvoit les obtenir qu'à ce prix? Choisissez. Ecrivez. Envoyez, et envoyez souvent' (D7756). Et quoique sur quarante-cinq articles à paraître trente-cinq aient déjà été publiés, Voltaire mit beaucoup de zèle à rédiger les dix articles restants, dont certains comptent parmi les plus longs et les plus importants. Bien plus, il suscita le concours d'autres auteurs tels que Polier de Bottens[3] et Bertrand: 'Vous ne doutez pas monsieur de l'honneur et du plaisir, que je me fais de mettre quelquefois une ou deux briques à votre grande pyramide. [...] Je vous avais

---

[2] A noter que dans un échange de lettres avec d'Alembert, daté de 1752, l'opinion de Voltaire était tout autre. Il n'était à cette époque aucunement d'accord avec l'argument avancé par d'Alembert, selon lequel l'*Encyclopédie* 'ne pourroit être bien fait[e] qu'à Berlin sous les yeux et avec la protection & les lumières de votre prince Philosophe' (24 août 1752; D4990). Voltaire répliqua: 'Le roy a fort embelli Sparte, mais il n'a transporté Athènes que dans son cabinet, et il faut avouer que ce n'est qu'à Paris que vous pouvez achever votre grande entreprise' (5 septembre 1752; D5005).

[3] Sur la collaboration entre Voltaire et Polier de Bottens, voir ci-dessous, appendice III (p.225-31).

trouvé deux aides massons, dont l'un est un savant dans les langues orientales, et l'autre un amateur de l'histoire naturelle qui connaît touttes les curiositez des Alpes et qui peut donner de bons mémoires sur les fossiles' (D7768).

Cette lettre, du 26 juillet 1758, est la dernière où il soit spécifiquement fait mention de la contribution apportée par Voltaire à l'*Encyclopédie*, à la seule exception d'une missive de Diderot en date du 28 novembre 1760 (D9430).

Il est également difficile de soutenir que Voltaire fut délibérément exclu pour un défaut d'aptitude. Les faits semblent réfuter une telle assertion.[4] Peut-être n'a-t-on pas suffisamment pris en considération la répugnance instinctive – pour ne pas dire le mépris – que ressentait Voltaire pour la tâche qu'avait assumée Diderot. Plus tard il se livrerait à son tour aux mêmes travaux complexes. Puis, si l'on en juge par les fréquentes objections faites par Voltaire à d'Alembert, le travail des encyclopédistes se poursuivait dans le contexte de la censure officielle, ce qui impliquait des compromis incessants, auxquels répugnait Voltaire. Même après qu'il fût associé au progrès et à la fortune de l'*Encyclopédie*, Voltaire se plaignit à plusieurs reprises de ce que l'œuvre manquait d'honnêteté pour le contenu, et de ce que le style n'était pas toujours à la hauteur d'une telle entreprise.[5]

De plus, Voltaire trouvait médiocres bon nombre de contributions à l'*Encyclopédie*. A ses yeux, c'était Pierre Bayle qui était allé le plus loin vers la réalisation d'un idéal avec son *Dictionnaire*

[4] Voir l'ouvrage de M. Rezler, 'Voltaire and the *Encyclopédie*', *Studies* 30 (1964), p.147-87.

[5] Voir D7539 (29 décembre 1757). Rappelons que dans une lettre à d'Alembert datée du 9 octobre 1756 (D7018), il admettait ne pas bien connaître l'*Encyclopédie* n'y ayant pas souscrit. Par suite, ses critiques étaient, de son propre aveu, fondées sur les rapports qu'il avait reçus d'autres personnes (voir D7018). Et pourtant, lorsqu'il avait 'par hasard' l'occasion de voir certains articles, tels que 'Femme' par Desmahis et 'Enthousiasme' (signé 'B'), il maintenait que ce témoignage de première main ne faisait que le convaincre de ce que bon nombre d'articles n'atteignaient pas les normes rigoureuses de 'vérité et méthode' (D7055) qu'il s'était fixées; cf. R. Pintard, 'Voltaire et l'*Encyclopédie*', *Annales de l'Université de Paris* 22 (1952), p.39-56.

historique et critique, l'œuvre d'un seul esprit. Il ne croyait guère aux travaux d'équipe qui aboutissaient inévitablement à 'la masse disparate des collaborateurs spécialisés, à qui il manque trop souvent les véritables lumières' (Naves, p.163).

La participation de Voltaire posait un dilemme que Pintard traduit en ces termes: 'Pour leur méthode, à la fois largement didactique, utilitaire et prudente, la réputation de Voltaire est déjà une menace' (p.43). La participation de Voltaire fut annoncée en 1754 dans l'"Avertissement des éditeurs' du quatrième volume: 'nous ne pouvons trop nous hâter d'annoncer que M. de Voltaire nous a donné les articles "Esprit", "Eloquence", "Elégance", "Littérature",[6] etc. et nous en fait espérer d'autres. L'*Encyclopédie*, par la justice qu'elle lui a rendue, et qu'elle continuera toujours à lui rendre, méritait l'intérêt qu'il veut bien prendre à elle'.

Ses articles 'Esprit', 'Eloquence' et 'Elégance' parurent effectivement dans le volume v de l'*Encyclopédie*,[7] en octobre 1755. L'"Avertissement des éditeurs' mentionnait une fois de plus la promesse faite par Voltaire de nouveaux articles, 'promesse [...] que nous aurons soin de lui rappeler au nom de la Nation'. L'article 'Eloquence' est précédé de cet hommage: 'L'Article suivant nous a été envoyé par M. de Voltaire, qui, en contribuant par son travail à la perfection de l'*Encyclopédie*, veut bien donner à tous les gens de lettres citoyens, l'exemple du véritable intérêt qu'ils doivent prendre à cet ouvrage. Dans la lettre qu'il nous a fait l'honneur de nous écrire à ce sujet, il a la modestie de ne donner cet article que comme une simple esquisse; mais ce qui n'est regardé que comme une esquisse par un grand maître, est un tableau précieux pour les autres. Nous exposons donc au public

---

[6] Voltaire discuta effectivement avec d'Alembert la rédaction de 'Littérature' (mai-juin 1754; D5832), mais cet article fut réécrit par Jaucourt (ix.594-95), qui fut incontestablement le plus prolifique et le plus important des collaborateurs à l'*Encyclopédie*. Voir ci-dessous, l'appendice II (p.221-24).

[7] Toutes les références à l'*Encyclopédie* se rapportent à l'édition en 17 volumes (Paris 1751-1765) publiée par Briasson, David l'aîné, Le Breton, Durand: i-ii (1751), iii (1753), iv (1754), v (1755), vi (1756), vii (1757), viii-xvii (1765).

cet excellent morceau, tel que nous l'avons reçu de son illustre auteur: y pourrions-nous toucher sans lui faire tort' (v.529).

Les éloges sans réserve de Voltaire abondent dans les articles des 178 auteurs qui contribuèrent à l'*Encyclopédie*. L'hommage à la fin de l'article anonyme 'Génie' est caractéristique du genre: 'cet article que je n'aurais pas dû faire, devrait être l'ouvrage d'un de ces hommes extraordinaires qui honore ce siècle, et qui pour connaître le *génie* n'aurait eu qu'à regarder en lui-même' (vii.584).

Le sixième volume de l'*Encyclopédie*, paru en juillet 1756, contenait quinze articles, relativement brefs, de la plume de Voltaire: 'Facile', 'Faction', 'Fantaisie', 'Faste', 'Faveur', 'Favori, favorite', 'Fausseté', 'Fécond', 'Félicité', 'Fermeté', 'Feu', 'Fierté', 'Figuré', 'Finesse' et 'Fleuri'.[8] Un grand nombre de ces articles comprennent une ou plusieurs sections écrites par d'autres auteurs. Voltaire se chargeait des aspects moraux, littéraires, grammaticaux, philosophiques et historiques du sujet à traiter. Et dans chaque cas, à l'exception de trois articles du volume VIII, la section rédigée par Voltaire est suivie de la mention 'Article de M. de Voltaire', contrairement à la majorité des auteurs dont les contributions sont suivies d'une 'marque' ou 'signe'.

Le volume VII de l'*Encyclopédie* fut publié en novembre 1757. Il comprend dix-sept articles de Voltaire, lesquels sont sensiblement plus longs que ceux du volume VI: 'Foible', 'Force', 'Fornication', 'Franchise', 'François ou français', 'Froid', 'Galant', 'Garant', 'Gazette', 'Genre de style', 'Gens de lettres', 'Gloire, glorieux, glorieusement, glorifier', 'Goût', 'Grâce', 'Gracieux', 'Grand, grandeur' et 'Grave, gravité'. Les articles 'Foible', 'Fornication' et 'Gracieux' ne sont pas attribués à Voltaire dans les 'Noms des auteurs', bien qu'ils soient suivis de la mention 'Article de M. de Voltaire'. Nous trouvons également, dans les 'Noms des auteurs', 'Garantie' attribué à Voltaire, au lieu de 'Garant'. En fait 'Garantie' a deux sections, écrites respectivement par Boucher d'Argis et Bourgelat. L'article relativement bref rédigé par Voltaire sous la rubrique

---

[8] Bengesco iv.427, écrit par erreur 'Fleurs' au lieu de 'Fleuri'; voir ci-dessus, p.xxv.

'Gloire, glorieux, glorieusement, glorifier (gramm.)' est suivi d'un article de Marmontel, huit fois plus long, qui traite des aspects moraux et philosophiques du sujet. L'article bien connu intitulé 'Goût' est suivi d'un autre, beaucoup plus long, de Montesquieu, lui-même suivi d'un article de d'Alembert.

Un laps de huit ans succéda à la publication, en 1757, du volume VII. Le 6 février 1759, l'*Encyclopédie* avait été condamnée, et le 8 mars elle perdit son privilège. Mais Diderot, toujours pragmatique et optimiste, ne se laissa pas ébranler et continua son travail, de sorte qu'en septembre 1762, quand il rejeta pour la seconde fois les conseils défaitistes de Voltaire, il était à même d'annoncer que la publication de l'œuvre se poursuivait clandestinement et qu'il avait devant lui un certain nombre d'épreuves. De fait, les ultimes volumes de l'*Encyclopédie* parurent en 1765, après la restauration du privilège.[9]

Les derniers articles de Voltaire figurent dans le volume VIII.[10] sont: 'Habile', 'Habileté', 'Habilement', 'Hautain', 'Hauteur', 'Hémistiche', 'Heureux, heureuse, heureusement', 'Histoire', 'Idole, idolâtre, idolâtrie' et 'Imagination, imaginer'. Nous partageons l'avis de Raymond Naves, selon lequel les quatre premiers 'sont restés anonymes, sans doute par négligence de l'éditeur' (p.115, n.5). Par ailleurs, leur authenticité est certaine: ils figurent tous dans NM, W68 et W75G. 'Histoire' constitue, pour des raisons évidentes, le plus long des articles de Voltaire et l'un des plus importants.

L'histoire du développement progressif et manifestement iné-luctable de la collaboration de Voltaire à l'*Encyclopédie* s'est éclair-

[9] Voir D9430 (28 novembre 1760) et D10736 (29 septembre 1762). Auparavant, le 7 février 1752, le Conseil avait condamné les deux premiers volumes de l'*Encyclopédie*, réussissant par là à désorganiser toute l'opération, du moins temporairement. Lorsque Diderot et d'Alembert se virent pressés de continuer la publication, ce dernier expliqua à Voltaire que, pendant six mois, il s'était délibérément refusé à reprendre sa tâche à l'*Encyclopédie* dans l'espoir que 'cette résistance si longue nous vaudra dans la suite plus de tranquillité' (D4990).

[10] Bengesco, i.427, attribue à tort l'article 'Messie' du volume X à Voltaire; voir ci-dessous, appendice III, p.225-31.

cie avec les années. Au début le nom de Voltaire ne figure pas au tableau des participants. En 1752, Voltaire et d'Alembert discutent de l'*Encyclopédie* dans un échange de lettres. Bien que nous ne possédions pas de lettres pour l'année 1753, il dut y en avoir quelques-unes, car, en mai 1754, Voltaire écrivait à d'Alembert: 'J'ai obéi comme j'ai pu à vos ordres; je n'ai ni le temps, ni les connaissances, ni la santé qu'il faudrait pour travailler comme je voudrais: je ne vous présente ces essais que comme des matériaux que vous arrangerez à votre gré dans l'édifice immortel que vous élevez. Ajoutez, retranchez, je vous donne mes cailloux pour fourrer dans quelques coins de mur' (D5832).

L'*Encyclopédie* et l'énorme labeur accompli par Diderot et d'Alembert forcèrent peu à peu l'admiration de Voltaire. Les éloges dans ses lettres à d'Alembert se firent de plus en plus fréquents et il ne manqua jamais de se rappeler au souvenir de Diderot, envers lequel il éprouvait une sympathie certaine. Après avoir soumis les trois premiers articles destinés au volume v, il en vint à s'enquérir des sujets qui l'intéressaient et dont il désirait traiter: 'Vous ou M. Diderot, vous ferez sans doute *Idée* et *Imagination*; si vous n'y travaillez pas, et que la place soit vacante, je suis à vos ordres' (D7067).

Il lui arriva de refuser la rédaction de certains articles suggérés par d'Alembert, et il s'en vit refuser d'autres. En dépit de la place éminente occupée par Voltaire dans le monde des lettres et de l'intérêt indéniable que les éditeurs portaient à ses contributions, l'on comprend aisément que certains de ses articles aient pu sembler trop hardis ou inopportuns.[11]

Entre 1759 et 1765, années pendant lesquelles l'achèvement de l'*Encyclopédie* paraissait lointain, Voltaire, désormais convaincu de la valeur de l'entreprise, rédigea nombre d'articles pour son propre *Dictionnaire philosophique*, conçu à Sans-Souci et publié en 1764. Les travaux pour l'*Encyclopédie* lui tenant lieu d'apprentissage, combien stimulant, il était désormais en mesure de s'engager dans

---

[11] Ces questions sont examinées ci-dessous, p.11-12.

une entreprise littéraire analogue, certain d'éviter les erreurs critiquées dans l'*Encyclopédie*: 'ces dissertations vagues et puériles, qui pour la plupart renferment des paradoxes, des idées hasardées, dont le contraire est souvent vrai, des phrases ampoulées, des exclamations qu'on sifflerait dans une académie de province'.

Le rôle de Voltaire dans l'*Encyclopédie* fut, de toute évidence, d'ordre secondaire. Et pourtant, il n'est pas sans intérêt de relever cette observation de Diderot et de d'Alembert, qui se trouve à la fin de l'article de Montesquieu intitulé 'Goût': 'l'on dira dans les siècles à venir: Voltaire et Montesquieu eurent part aussi à l'Encyclopédie' (vii.767).

Virgil W. Topazio

2. *Travail individuel et entreprise collective*

Les tâches qui incombent au responsable d'un travail collectif ne sont ni aisées, ni agréables. Ménager les susceptibilités des uns, obliger les autres, rendre service à chacun et faire progresser l'entreprise: on imagine assez facilement la tâche exténuante qui incomba aux directeurs de l'*Encyclopédie* et surtout à Diderot. L'harmonisation de centaines de contributions ne fut pas le moindre de ses soucis, peu s'en faut. Les manuscrits d'auteurs, les épreuves manquent pour mesurer au juste quel traitement subirent les copies originales. Sans exclure la réécriture, voire le remplacement de certains articles, on peut être à peu près sûr qu'ils furent tous pourvus d'un intitulé et parfois même d'un bref liminaire. En outre, la signature ou la marque des auteurs furent ajoutées en fin d'article. Enfin, il s'avéra souvent nécessaire d'insérer dans les corps des textes des formules de renvoi à d'autres articles. Tous ces éléments rédactionnels, ce 'para-texte' qui n'est pas de l'auteur, doit-il être publié? Nous pensons qu'oui parce qu'il fait corps avec un ensemble textuel que le public a reçu comme étant de tel ou tel auteur. Rééditer pour la première fois, en les réunissant, les articles de Voltaire destinés à l'*Encyclopédie* revient

en quelque sort à infliger un autre traitement à l'*Encyclopédie*, pourra-t-on objecter. Nous répondrons que cette réunion permet, enfin, de juger la valeur des contributions de Voltaire, en les comparant par exemple aux articles rédigés sur les mêmes sujets par le père Bouhours, l'abbé Girard ou le *Dictionnaire universel* dit de Trévoux.

En plus du traitement rédactionnel des textes, il faut également envisager le traitement des contributions de Voltaire: 45 articles proposés furent acceptés; un ou deux ne le furent pas, un autre fut certainement remanié. Enfin, il a été proposé d'attribuer à Voltaire encore deux articles.[12] Examinons ces questions dans l'ordre.

Articles admis dans l'*Encyclopédie*: 'Elégance', 'Eloquence', 'Esprit', 'Facile', 'Faction', 'Faible', 'Fantaisie', 'Faste', 'Fausseté', 'Faveur', 'Favori, favorite', 'Fécond', 'Félicité', 'Fermeté', 'Feu', 'Fierté', 'Figuré', 'Finesse', 'Fleuri', 'Force', 'Fornication', 'Français', 'Franchise', 'Froid', 'Galant', 'Garant', 'Gazette', 'Genre de style', 'Gens de lettres', 'Gloire', 'Goût', 'Grâce', 'Gracieux', 'Grand, grandeur', 'Grave, gravité', 'Habile', 'Habileté', 'Habilement', 'Hautain', 'Hauteur', 'Hémistiche', 'Heureux, heureuse, heureusement', 'Histoire', 'Idole, idolâtre, idolâtrie', 'Imagination, imaginer'.

Avec ce total nous dépassons de deux unités le calcul de R. Naves,[13] 'Habile', 'Habileté', 'Habilement' constituant 3 articles distincts dans l'*Encyclopédie*, mais étant fondus en un seul dans les *Nouveaux mélanges* et dans l'édition encadrée de 1775.

Articles non admis: selon R. Naves (p.114-15) deux articles

---

[12] On sait également que d'Alembert propose plus d'une fois à Voltaire de traiter tel ou tel sujet comme par exemple 'Génie', 'Généalogie' et 'Guerres littéraires' ou 'Littérature grecque' (D6619, D7067 et 15 décembre 1756, voir C. Wirz, 'L'Institut et musée Voltaire en 1980', *Genava*, n.s. 29, 1981, p.213), offres que Voltaire déclina poliment. On trouve dans le *Dictionnaire philosophique*, dans les *Questions sur l'Encyclopédie* et dans l'*Opinion en alphabet* d'autres articles à l'allure plutôt lexicale, mais cela ne prouve pas qu'ils étaient réellement destinés à l'*Encyclopédie*.

[13] *Voltaire et l'Encyclopédie*, p.114-15.

furent refusés. 'Historiographe', demandé par d'Alembert, fut remplacé par un texte signé de l'astérisque de Diderot. Par contre on le trouve avec les articles de l'*Encyclopédie* dans les *Nouveaux mélanges*, signe évident de sa destination primitive. Nous discuterons cette question dans l'appendice I. 'Honneur', dont il n'est pas fait mention dans la correspondance et qui ne figure pas dans les *Nouveaux mélanges*, aurait également été écarté de l'*Encyclopédie* où l'on trouve un texte de Jaucourt (viii.288-90). Un article 'Honneur' parut dans les *Questions sur l'Encyclopédie*.

Nous joindrons le cas de l'article 'Littérature' à la présente série. Cet article fut expédié par Voltaire à d'Alembert mais on le trouve dans l'*Encyclopédie* (ix.594-95) sous la signature de Jaucourt. Néanmoins la présence de Voltaire dans cette contribution est indéniable, et manifestement sommes-nous en présence d'une réécriture. Nous discuterons cette question dans l'appendice II.

Articles attribués à Voltaire: plusieurs cas se présentent. Beuchot (M.xix.25) a proposé d'attribuer à Voltaire l'article 'Généreux, générosité' (vii.574), se fondant sur la lettre du 29 novembre 1756 (D7067). 'Généreux' est en effet expédié avec huit autres articles qui sont incontestablement de Voltaire. Cela ne suffit pas pour lui attribuer le texte imprimé, en tout ou en partie. 'Généreux' ne figure pas dans les *Nouveaux mélanges* et le texte non-cartonné de l'*Encyclopédie* l'attribue à M. L. A. de B., c'est-à-dire Boufflers (voir Schwab-Rex, i.145). D'ailleurs, en lisant avec attention le texte de l'*Encyclopédie*, le lecteur averti doit convenir qu'il n'y trouve ni les idées ni le style de Voltaire, même au travers d'une réécriture. On comprendra donc qu'il est préférable de renoncer à des hypothèses aussi fragiles et de s'abstenir comme R. Naves (p.116).

Mais nous ne suivrons pas celui-ci lorsqu'il propose (p.145-46) d'attribuer à Voltaire le second article, anonyme, 'Mages' (ix.847-49). Le 24 mai 1757 (D7267) Voltaire envoie à d'Alembert l'article de *son prêtre*, le pasteur lausannois Jean Antoine Noé Polier de Bottens (1713-1783) dont nous reparlerons à l'appendice III. 'Vous en ferez l'usage qu'il vous plaira', écrit Voltaire. L'*Encyclopédie* publia deux articles sur le même sujet: le premier est dû

à Jaucourt (ix.846-47), le second est anonyme (ix.847-49). Naves estime que l'on peut rapprocher ce texte aux allures philosophiques indéniables de 'nombreux' passages de Voltaire. En fait il n'en cite que deux ou trois et ne répond pas à la question implicitement posée. Nous croyons pouvoir affirmer que l'article anonyme n'est ni de Polier ni de Voltaire. L'examen comparatif de l'imprimé avec l'autographe de Polier largement raturé et corrigé par l'auteur (Naves en a publié un long passage, p.185-88) lève tous les doutes. Certes l'article paru dans l'*Encyclopédie* pose habilement quelques questions fondamentales. Polier lui aussi fait montre d'esprit critique. Mais ni l'encyclopédiste, ni Polier, ni Voltaire ne sont les seuls et certainement pas les premiers à se poser quelques questions à propos des mages. Certes, quand il envoie l'article de Polier à d'Alembert, Voltaire y trouve-t-il satisfaction, mais, répétons-le, il laisse carte blanche aux responsables. L'absence enfin, de tout élément voltairien typique dans l'article 'Mages' nous incite à rejeter l'hypothèse de Naves.

Ajoutons encore que bien plus tard, Voltaire proposa à Diderot, dans sa lettre du 26 juin 1758 (D7768) un article 'Humeur', à traiter au point de vue moral. Le projet demeura probablement sans suite car il n'est pas évoqué par la suite dans la correspondance. Les deux articles de l'*Encyclopédie* sur ce sujet (viii.351) sont signés, l'un par Jaucourt, l'autre avec l'astérisque de Diderot.

3. *Les éditions* [14]

Nous ne connaissons aucun manuscrit autographe ou original des articles de Voltaire destinés à l'*Encyclopédie*. Il existe une copie secondaire, faite à partir d'un exemplaire de l'*Encyclopédie*, à la

[14] Ce chapitre a été rédigé par Andrew Brown.

Bibliothèque royale, Bruxelles.[15] Elle n'entre pas en ligne de compte pour l'établissement du texte.

Des 47 ou 48 articles préparés par Voltaire à l'intention des éditeurs de l'*Encyclopédie*, 35 parurent pour la première fois de 1755 à 1757 dans les tomes 5, 6 et 7 de cet ouvrage (voir ci-dessous, E5, E6, E7). Ces articles furent réimprimés, à l'insu de Voltaire, dans la *Troisième suite des mélanges* (TS61) et dans le tome 17 d'une édition rouennaise de ses œuvres (W64R).

Le huitième tome de l'*Encyclopédie* (E8), paru en 1765, ajouta 10 articles. L'ensemble des textes (à l'exception de l'article 'Idole') fut repris par Voltaire la même année dans les tomes 2 et 3 des *Nouveaux mélanges* (NM2A, NM3A), dont on connaît trois rééditions, en 1765, 1770 et 1772. Les articles figurent ensuite dans l'édition in-quarto des œuvres de Voltaire (W68), dans la réimpression liégeoise de celle-ci (W71), dans les éditions Panckoucke (W72P, en 1771 et 1773), dans l'édition Grasset (W70L), et enfin dans les deux éditions encadrées (W75G, W75X). Nous ne tenons pas compte ici de l'édition de Kehl, où ces textes sont répartis dans les volumes intitulés, si mal à propos, 'Dictionnaire philosophique'.

Les articles de l'*Encyclopédie* posent un curieux problème textuel: Voltaire, on le sait, a décrié les inexactitudes de la *Troisième suite des mélanges*. N'empêche que c'est bien ce texte-là que l'on retrouve dans les *Nouveaux mélanges* et dans toutes les éditions postérieures. Nous avons adopté donc comme texte de base celui de l'*Encyclopédie*, qui a des chances d'être plus proche des intentions originales de Voltaire, malgré la présence d'éventuels remaniements de la part des rédacteurs de l'entreprise. En ce qui concerne l'apparat critique, nous tenons compte de TS61, NM, W68, W70L et W75G. Il y a peu de variantes significatives.

Les articles 'Historiographe' et 'Littérature', qui n'ont pas paru dans l'*Encyclopédie*, sont présentés en appendice, p.215-24.

[15] Voir Jeroom Vercruysse, *Inventaire raisonné des manuscrits voltairiens de la Bibliothèque royale Albert Ier*, Bibliologia 2 (Turnhout 1983), p.64-65, no.396.

E5 (1755)

ENCYCLOPÉDIE, / OU / DICTIONNAIRE RAISONNÉ / DES SCIENCES, / DES ARTS ET DES MÉTIERS, / *PAR UNE SOCIÉTÉ DE GENS DE LETTRES*. / Mis en ordre & publié par M. *DIDEROT*, de l'Académie Royale des Sciences & des Belles- / Lettres de Pruſſe; & quant à la Partie Mathématique, par M. *D'ALEMBERT*, / de l'Académie Françoiſe, de l'Académie Royale des Sciences de Paris, de celle de Pruſſe, / & de la Société Royale de Londres, de l'Académie Royale des Belles-Lettres de Suede, / & de l'Inſtitut de Bologne. / *Tantùm ſeries juncturaque pollet,* / *Tantùm de medio ſumptis accedit honoris!* Horat. / TOME CINQUIEME. / [*bois gravé, représentant le génie de l'esprit encyclopédique*[16] *parmi des emblèmes des arts et sciences, signé* 'Papillon inv. et Sculp. 1747', *127 x 100 mm*] / A PARIS, / Chez / [*accolade unissant les quatre lignes suivantes*] / BRIASSON, *rue Saint Jacques, à la Science*. / DAVID l'aîné, *rue & vis-à-vis la Grille des Mathurins*. / LE BRETON, Imprimeur ordinaire du Roy, *rue de la Harpe*. / DURAND, *rue du Foin, vis-à-vis la petite porte des Mathurins*. / [*filet gras-maigre, 114 mm*] / M. DCC. LV. / *AVEC APPROBATION ET PRIVILEGE DU ROY*. /

2°. sig. π^2 *A-B*^{4} C1 A-KKkk^4 I^{re}LLll^4 II^{e}LLll^4 I^{re}MMmm^4 II^{e}MMmm^4 NNnn-LLLlll^4 MMMmmm^2; pag. [*4*] xviii 1011 [1012] (p.859 numérotée '759', 945-952 '949'-'956'); \$2 signé, chiffres romains (– 6M2); réclames par cahier.

[*1*] faux-titre; [2] bl.; [*3*] titre; [*4*] bl.; [i]-ij Avertissement des éditeurs; iij-xviij Eloge de M. le président de Montesquieu; [1]-1011 articles, 'Do' à 'Esymnete', dont, de Voltaire, 'Elégance' (p.482-83), 'Eloquence' (p.529-31) et 'Esprit' (p.973-75); 1011 Errata pour le tome troisième; 1011 Errata pour le tome quatrième; 1011-[1012] Errata du quatrième volume, pour les articles fournis par M. d'Aumont; [1012] Errata du tome cinquième.

Il s'agit de la première édition du tome 5, paru au mois de novembre 1755. Pour un relevé des différences entre les diverses éditions et impressions de l'*Encyclopédie* voir Richard N. Schwab et Walter E. Rex, *Inventory of Diderot's Encyclopédie*, Studies 80, 83, 85, 91-93 (1971-1972),

---

[16] Voir Giles Barber, 'Flowers, the butterfly – and clandestine books', *Bulletin of the John Rylands University Library of Manchester* 68 (1985), p.22.

i.61-120 (surtout p.117-19). Le texte a été collationné sur l'exemplaire de la Bodleian Library, Oxford, cote K 5 221.

E6 (1756)

[...] / TOME SIXIEME. / [*bois gravé, représentant le génie de la médecine, signé* 'Papillon inv. et Sculp. 1748', *100 x 85 mm*] / [...] / [...] *la petite Porte des Mathurins.* / [...] / [*filet gras-maigre, 113 mm*] / M. DCC. LVI. / [...] /

2°. sig. π^2 A^4 A-Tt^4 Vv^2 Xx-Yyy^4 ($\pm$ Yyy1-3) Zzz^4 ($\pm$ Zzz1) AAaa-EEee^4 ($\pm$ EEee1) FFff-AAAaaa^4 BBBbbb^2; pag. [*4*] viii 926 [927-928] (p.450 numérotée '350', 856 '848', 857 '849', 859 '851', 904 '490'); $2 signé, chiffres romains (– 2V2, 6B2); réclames par cahier.

[*1*] faux-titre; [*2*] bl.; [*3*] titre; [*4*] bl.; [i]-v Avertissement des éditeurs; vj-viij Noms des personnes qui ont fourni des articles ou des secours pour ce volume et pour le suivant; viij Noms des auteurs; [1]-926 articles 'Et' à 'Fné', dont, de Voltaire, 'Facile' (p.358), 'Faction' (p.360), 'Fantaisie' (p.403), 'Faste' (p.418-19), 'Fausseté' (p.438), 'Faveur' (p.433), 'Favori, favorite' (p.437), 'Fécond' (p.463), 'Félicité' (p.465-66), 'Fermeté' (p.527), 'Feu' (p.648), 'Fierté' (p.719), 'Figuré' (p.783), 'Finesse' (p.815-16) et 'Fleuri' (p.865); [927-928] Errata (pour les tomes 3-6); [929-930] Errata pour le sixième tome.

Paru vers le mois d'octobre 1756.

E7 (1757)

[...] / TOME SEPTIEME. / [...] / [...] *la petite Porte des Mathurins.* / [...] / [*filet gras-maigre, 113 mm*] / M. DCC. LVII. / [...] /

2°. sig. π^2 A^4 B^2 C1 A-Ff^4 I^{er}Gg^4 II^{e}Gg^4 III^{e}Gg^4 I^{ere}Hh^4 II^{e}Hh^4 III^{e}Hh^4 Ii-Ddd^4 Eee^4 (– Eee4) Fff-CCcc^4 ($\pm$ CCcc2) DDdd-OOOooo^4; pag. [2] xiv 248 9 249-1030 (p.455-462 numérotées '451'-'458', 551-574 '555'-'578', 922 '622'); $2 signé, chiffres romains (– B2; 4D2 signée 'Dddd ij', 4G2 'Gggg ij'); réclames par cahier.

[*1*] faux-titre; [*2*] bl.; [*3*] titre; [*4*] bl.; [i]-xiij Eloge de M. Du Marsais; xiij-xjv Noms des auteurs qui ont fourni des articles pour ce volume; xjv Marques des auteurs; [1] articles 'Foang' à 'Gythium', dont, de Voltaire, 'Foible' (p.27), 'Force' (p.109-10), 'Fornication' (p.188), 'Français' (p.284-87), 'Franchise' (p.283-84), 'Froid' (p.332), 'Galant' (p.427), 'Garant' (p.479-80), 'Gazette' (p.534), 'Genre de style' (p.594-95), 'Gens

de lettres' (p.599-600), 'Gloire, glorieux' (p.716), 'Goût' (p.761), 'Grâce' (p.805), 'Gracieux' (p.806), 'Grand, grandeur' (p.847-48) et 'Grave, gravité' (p.865); 1026-1030 Errata.

Paru en novembre 1757.

TS61

TROISIEME SUITE / DES / MÉLANGES / DE POESIE, / DE LIT-TÉRATURE, / D'HISTOIRE / ET DE PHILOSOPHIE. / [*bois gravé, une lyre et des trompettes, 72 x 61 mm*] / [*filet gras-maigre, 53 mm*] / M. DCC. LXI. / [*les lignes 3, 5, 7 et le filet sont imprimés en rouge*]

[*faux-titre*] COLLECTION / COMPLETTE / DES / ŒUVRES / *DE Mr. DE VOLTAIRE*; / PREMIERE ÉDITION. / *TOME DIX-NEU-VIEME.* /

8°. sig. π^2 A-Gg^8 (– Gg7-8; ± I2-7, K2, N7, Q2, Q4-8 (?), R1-8, S7, Y5-6, Z5, Z8, Aa8, Bb4, Dd3); pag. [4] 476 (p.95 non numérotée; p.122 numérotée '22', 123 '223', 473 '273'); \$4 signé, chiffres arabes (– Bb4, Dd3 carton, Gg4; sig. R signée avec des chiffres romains); réclames par cahier.

[*1*] faux-titre; [*2*] bl.; [*3*] titre; [*4*] bl.; [*1*] Suite des mélanges de littérature, d'histoire et de philosophie (rubrique); [1]-4 Chapitre premier. De l'élégance; 5-14 Chapitre II. De l'éloquence; 14-22 Chapitre III. De l'esprit; 22-24 Chapitre IV. Sur le mot facile; 24-25 Chapitre V. Faction. De ce qu'on entend par ce mot; 25-26 Chapitre VI. Du terme fantaisie; 27-28 Chapitre VII. Faste. Des différentes significations de ce mot; 28-30 Chapitre VIII. Faveur. De ce qu'on entend par ce mot; 30-31 Chapitre IX. Favori et favorite. De ce qu'on entend par ces mots; 31-32 Chapitre X. Sur la fausseté; 32-33 Chapitre XI. Du terme fécond; 33-35 Chapitre XII. Félicité. Des différents usages de ce terme; 35-36 Chapitre XII. Du mot fermeté; 36 Chapitre XIV. Feu. De ce qu'on entend par cette expression au moral; 37-38 Chapitre XV. De la fierté; 38-40 Chapitre XVI. Sur le terme figuré; 41-43 Chapitre XVII. De la finesse, et des différentes significations de ce mot; 43-45 Chapitre XVIII. Sur le mot fleuri; 45-47 Chapitre XIX. Du mot faible; 47-48 Chapitre XX. Du terme fornication; 48-50 Chapitre XXI. Du mot force; 51-52 Chapitre XXII. Froid. De ce qu'on entend par ce terme dans les belles-lettres et dans les beaux-arts; 53-54 Chapitre XXIII. Du mot franchise; 54-65 Chapitre XXIV. Du mot, français; 65-67 Chapitre XXV. Du mot galant;

67-69 Chapitre XXVI. Du mot garant; 69-72 Chapitre XXVII. De la gazette; 73-76 Chapitre XXVIII. Du genre de stile; 76-79 Chapitre XXIX. Gens de lettres; 79-82 Chapitre XXX. Des mots gloire et glorieux; 82-87 Chapitre XXXI. Du goût; 87-90 Chapitre XXXII. Du mot grâce; 90-91 Chapitre XXXIII. Du mot gracieux; 91-[95] Chapitre XXXIV. Grand et grandeur. De ce qu'on entend par ces mots; [95]-97 Chapitre XXXV. Des mots grave et gravité; 97-469 autres textes; 470-476 Table des pièces contenues dans ce volume.

La publication de ce volume est traditionellement attribuée au libraire parisien Prault. Le texte est proche de celui de l'*Encyclopédie*, mais l'éditeur a fourni de nouvelles rubriques aux articles, qui deviennent des chapitres dans les 'mélanges de littérature, d'histoire et philosophie'. Le faux-titre présente le volume comme une continuation de la *Collection complète* de 1756 et 1757, avec laquelle il est souvent relié.

Bn: Z 24594, Rés. Z Bengesco 485; Taylor: V1 1761 (2); Merton College, Oxford: 36 f 22.

W64R

COLLECTION / *COMPLETE* / DES ŒUVRES / *de Monsieur* / DE VOLTAIRE, / NOUVELLE ÉDITION, / *Augmentée de ses dernieres Pieces de Théâtre,* / *& enrichie de 61 Figures en taille-douce.* / TOME DIX-SEP-TIEME. / Contenant ses Mélanges d'Histoire & de Littérature. / [*ornement typographique*] / *A AMSTERDAM*, / AUX DÉPENS DE LA COMPAGNIE. / [*filet gras-maigre, 48 mm*] / M. DCC. LXIV. /

12°. sig. π1 A-P¹² ¹π1 Q-Cc¹² Dd⁶ Ee-Gg¹² Hh⁴; pag. [2] 360 [2] 361-715 (p.21 numérotée '2', 251 '351', 272 '172', 393-401 '395'-'403', 403-432 '405'-'434', 457-468 '479'-'490', 469 '191', 470 '492', 471 '493', 472 '493', 473 '495', 643 '663', 646 '666', 647 '667', 650 '670', 651 '671', 654 '674', 655 '675', 658 '678', 659 '679'); $6 signé, chiffres arabes (– Dd4-6, Hh3-4; F4 signé 'E4'); tomaison '*Tome XVII.*' (sig. K '*Tome. XVII*'); réclames par cahier.

[1] titre; [2] bl.; [1] Mélanges de littérature, d'histoire et de philosophie (rubrique); [1]-340 autres textes; 341-343 Chapitre vingt-huitième. De l'élégance; 344-351 Chapitre vingt-neuvième. De l'éloquence; 352-358 Chapitre trentième. De l'esprit; 358-359 Chapitre trente-unième. Sur le mot facile; 360 Chapitre trente-deuxième. Faction. De ce qu'on entend par ce mot; [1] ¹π1r 'COLLECTION / *COMPLETE* / DES ŒUVRES /

18

de Monsieur / DE VOLTAIRE, / NOUVELLE ÉDITION, / *Augmentée de fes dernieres Pieces de Théâtre,* / & *enrichie de 61 Figures en taille-douce.* / TOME DIX-SEPTIEME, / SECONDE PARTIE. / [*ornement typographique*] / A *AMSTERDAM,* / AUX DÉPENS DE LA COMPAGNIE. / [*filet gras-maigre, 49 mm*] / M. DCC. LXIV.'; [2] bl.; 361-362 Chapitre trente-troisième. Du terme fantaisie; 362-363 Chapitre trente-quatrième. Faste. Des différentes significations de ce mot; 363-364 Chapitre trente-cinquième. Faveur. De ce qu'on entend par ce mot; 365 Chapitre trente-sixième. Favori et favorite. De ce qu'on entend par ces mots; 366 Chapitre trente-septième. Sur la fausseté; 367 Chapitre trente-huitième. Du terme fécond; 368-369 Chapitre trente-neuvième. Félicité. Des différents usages de ce terme; 369 Chapitre quarantième. Du mot, fermeté; 370 Chapitre quarante-unième. Feu. De ce qu'on entend par cette expression au moral; 370-371 Chapitre quarante-deuxième. De la fierté; 372-373 Chapitre quarante-troisième. Sur le terme, figuré; 374-375 Chapitre quarante-quatrième. De la finesse, et des différentes significations de ce mot; 376-377 Chapitre quarante-cinquième. Sur le mot, fleuri; 378-379 Chapitre quarante-sixième. Du mot, faible; 379 Chapitre quarante-septième. Du terme, fornication; 380-382 Chapitre quarante-huitième. Du mot, force; 382-383 Chapitre quarante-neuvième. Froid. De ce qu'on entend par ce terme dans les belles-lettres et dans les beaux-arts; 384-385 Chapitre cinquantième. Du mot, franchise; 385-'396'[=394] Chapitre cinquante-unième. Du mot, français; '396'[=394]-'397'[=395] Chapitre cinquante-deuxième. Du mot, galant; '398'[=396]-'399'[=397] Chapitre cinquante-troisième. Du mot, garant; '399'[=397]-'402'[=400] Chapitre cinquante-quatrième. De la gazette; '402'[=400]-'405'[=403] Chapitre cinquante-cinquième. Du genre de style; '405'[=403]-'407'[=405] Chapitre cinquante-sixième. Gens de lettres; '408'[=406]-'410'[=408] Des mots, gloire et glorieux; '410'[=408]-'414'[=412] Chapitre cinquante-huitième. Du goût; '414'[=412]-'417'[=415] Chapitre cinquante-neuvième. Du mot, grâce; '417'[=415]-'418'[=416] Chapitre soixantième. Du mot, gracieux; '418'[=416]-'421'[=419] Chapitre soixante-unième. Grand et grandeur. De ce qu'on entend par ces mots; '421'[=419]-'423'[=421] Chapitre soixante-deuxième. Des mots, grave et gravité; '423'[=421]-715 autres textes.

Les textes dont il s'agit ici ont été copiés sur TS61. Cette édition rouennaise n'a aucune autorité textuelle.

Bn: Rés. Z Beuchot 26 (17,I-II).

NM2A (1765)

NOUVEAUX / MELANGES / PHILOSOPHIQUES, / HISTORI-QUES, / CRITIQUES, / &c. &c. / *SECONDE PARTIE*. / [*bois gravé, Candide 'a'*] / [*filet gras-maigre, 70 mm*] / M. DCC. LXV. /

[*faux-titre*] NOUVEAUX / MELANGES / PHILOSOPHIQUES, / HISTORIQUES, / CRITIQUES, / &c. &c. &c. / *SECONDE PARTIE*. /

8°. sig. A-Aa⁸ Bb²; pag. 388 (p.283 numérotée '284'); $4 signé, chiffres arabes (– A1-2); tomaison '*Nouv. Mél.* II. Part.' (sigs F, G, O, P, Z '*Nouv. Mel.* II. Part.'; sigs M, Q, Aa '*Nouv. Mél.* II. Partie.'; sig. D '*Nouv. Mel.* II. Partie.'; sig. L '*Nouv. Mel. II.* Part.'; sig. Bb 'Nouv. Mél. *II.* Part.'); réclames par page.

[1] faux-titre; [2] bl.; [3] titre; [4] bl.; [5]-264 autres textes; 265 L'on sent que ces articles qui vont suivre, ne sont pas trop à leur place ici, quoique très intéressants et très bien faits: l'éditeur n'aurait pas pensé à les insérer dans ces Nouveaux mélanges, s'ils n'avaient déjà été recueillis et publiés dans un volume imprimé à Paris en 1761, intitulé mal à propos, Tome XIX. des Œuvres de monsieur de V.......; 265-268 De l'élégance; 269-278 De l'éloquence; 278-286 De l'esprit; 287-289 Sur le mot facile; 289-290 Faction. De ce qu'on entend par ce mot; 290-291 Du terme fantaisie; 292-293 Faste. Des différentes significations de ce mot; 293-295 Faveur. De ce qu'on entend par ce mot; 295-296 Favori et favorite. De ce qu'on entend par ces mots; 296-297 Sur la fausseté; 297-298 Du terme fécond; 298-300 Félicité. Des différents usages de ce terme; 300-301 Du mot fermeté; 301 Feu. De ce qu'on entend par cette expression au moral; 302-303 De la fierté; 303-305 Sur le terme figuré; 306-308 De la finesse, et des différentes significations de ce mot; 308-310 Sur le mot fleuri; 310-312 Du mot foible; 312-313 Du terme fornication; 313-315 Du mot force; 316-317 Froid. De ce qu'on entend par ce terme dans les belles-lettres et dans les beaux-arts; 318-319 Du mot franchise; 319-331 Du mot françois; 331-332 Du mot galant; 333-334 Du mot garant; 335-338 De la gazette; 338-341 Du genre de style; 342-345 Gens de lettres; 345-348 Des mots gloire et glorieux; 348-353 Du goût; 353-356 Du mot grâce; 357 Du mot gracieux; 358-362 Grand et grandeur. De ce qu'on entend par ces mots; 362-363 Des mots grave et gravité; 364-367 Habile, habileté; 367-368 Hautain; 369-370 Hauteur, grammaire, morale; 370-376 Hemistiche; 376-380 Heureux, heureuse, heureusement; 381-384

Historiographe; 385-388 Table des articles contenus dans cette seconde partie.

Première impression des *Nouveaux mélanges*, due aux Cramer, qui reproduit fidèlement le texte désavoué par Voltaire, celui de la *Troisième suite des mélanges* (TS61). C'est le texte des *Nouveaux mélanges* qui sera repris dans toutes les éditions collectives des œuvres de Voltaire, à peu de chose près. L'article 'Idole, idolâtre' est omis, ayant été inséré dans le *Dictionnaire philosophique* en 1764; l'article 'Historiographe' est imprimé ici pour la première fois, puisqu'il ne figure pas dans l'*Encyclopédie* (voir l'appendice, p.215-20). Ce volume des *Nouveaux mélanges* sera réimprimé à plusieurs reprises, en 1765, 1770 et 1772.

Bn: Rés. Z Bengesco 487 (2), Z 27259; Taylor: VF.

NM3A (1765)

NOUVEAUX / MELANGES / PHILOSOPHIQUES, / HISTORI-QUES, / CRITIQUES, / &c. &c. / *TROISIEME PARTIE.* / [*bois gravé, Candide 'a'*] / [*filet gras-maigre, 69 mm*] / M. DCC. LXV. /

[*faux-titre*] NOUVEAUX / MELANGES / PHILOSOPHIQUES, / HIS-TORIQUES, / CRITIQUES, / &c. &c. &c. / *TROISIEME PARTIE.* /

8°. sig. A-Cc⁸ Dd² (± Bb8, Cc2; – Dd², + Dd⁸); pag. 418 *ou* 432; $4 signé, chiffres arabes (– A1-2, Dd2); tomaison '*Nouv. Mél.* III. Part.'; réclames par page.

[1] faux-titre; [2] bl.; [3] titre; [4] bl.; [5]-186 autres textes; 187-189 De l'utilité de l'histoire; 190-352 autres textes; 353 Pièces fugitives (rubrique); 353-364 De l'imagination; 365-414 autres textes; 415-418 Table des articles contenus dans cette troisième partie; [419]-432 Supplément; 432 Table des pièces contenues dans ce supplément.

Ce volume présente un fragment de l'article 'Histoire' et la totalité de l'article 'Imagination, imaginer'.

Dans son état primitif, le volume se terminait p.418 (Dd1*v*). L'imprimeur remplaça Dd² par Dd⁸ afin d'ajouter le 'Supplément'. Ces remaniements ne concernent pas le texte des articles pour l'*Encyclopédie*. A la p.110 on trouve un bois gravé représentant un flambeau allumé (voir ci-dessous, NM3B).

Bn: Rés. Z Beuchot 1608 (418 pages, non cartonné); Rés. Z Beuchot 21

(25) (432 pages, cartonné); Merton College, Oxford: 36 f 27 (432 pages, cartonné).

E8 (1765)

ENCYCLOPEDIE, / OU / DICTIONNAIRE RAISONNÉ / DES SCIENCES, / DES ARTS ET DES MÉTIERS, / *PAR UNE SOCIÉTÉ DE GENS DE LETTRES.* / MIS EN ORDRE ET PUBLIÉ PAR M^r. ***. / *Tantùm feries juncturaque pollet,* / *Tantùm de medio fumptis accedit honoris!* HORAT. / TOME HUITIEME. / [*filet gras-maigre, 55 mm*] / H=IT / [*filet maigre-gras, 55 mm*] / [*bois gravé, le même que dans le tome 5*] / A NEUFCHASTEL, / CHEZ SAMUEL FAULCHE & Compagnie, Libraires & Imprimeurs. / [*filet gras-maigre, 84 mm*] / M. DCC. LXV. /

2°. sig. π^2 (π1 bl.) a1 A-Fff⁴ Ggg⁴ (– Ggg4) Hhh-BBBbbb⁶ (6B6 bl.); pag. [*4*] ii 936 (p.366 numérotée '386', 422 '224', 486 '436'); $2 signé, chiffres romains (+ 6B3; 4D1 signée 'Dddd', 4D2 'Dddd ij', 6A2 'AAaaaa ij', 6B2 'BBbbbb ij'); réclames par cahier.

[*1*] titre; [*2*] bl.; j-ij Avertissement; [1]-936 articles, 'H' à 'Itzehoa', dont, de Voltaire, 'Habile' (p.6), 'Habileté' (p.6), 'Habilement' (p.6), 'Hautain' (p.67), 'Hauteur' (p.73), 'Hémistiche' (p.113-14), 'Heureux, heureuse' (p.194-96), 'Histoire' (p.220-25), 'Idole, idolâtre' (p.500-504) et 'Imagination, imaginer' (p.560-63).

Imprimés à Paris, les tomes 7 à 17 de l'*Encyclopédie* sont publiés ensemble vers la fin de 1765.

NM2B (1765)

NOUVEAUX / MELANGES / PHILOSOPHIQUES, / HISTORIQUES, / CRITIQUES, / &c. &c. / *SECONDE PARTIE.* / [*bois gravé, Candide 'g'*] / [*filet gras-maigre, 70 mm*] / M. DCC. LXV. /

[*faux-titre*] NOUVEAUX / MELANGES / PHILOSOPHIQUES, / HISTORIQUES, / CRITIQUES, / &c. &c. &c. / *SECONDE PARTIE.* /

8°. sig. A-Aa⁸ Bb²; pag. 388; $4 signé, chiffres arabes (– A1-2); tomaison '*Nouv. Mél.* II. Part.' (sig. Bb 'Nouv. Mél. *II. Part.*'); réclames par page.

Même contenu que NM2A, et sorti également des presses des Cramer. Le texte a été recomposé.

Bn: Rés. Z Beuchot 21 (24), Z 24629; Merton College, Oxford: 36 f 26.

NM3B (1765)

NOUVEAUX / MELANGES / PHILOSOPHIQUES, / HISTORI-
QUES, / CRITIQUES, / &c. &c. / *TROISIEME PARTIE.* / [*bois gravé,*
Candide 'a'] / [*filet gras-maigre, 69 mm*] / M. DCC. LXV. /

[*faux-titre*] NOUVEAUX / MELANGES / PHILOSOPHIQUES, / HIS-
TORIQUES, / CRITIQUES, / &c. &c. &c. / *TROISIEME PARTIE.* /

8°. sig. A-Dd^8 (± F1, F2, F4, F6, G1, G3; Dd8 blanc); pag. 430; $4
signé, chiffres arabes (– A1-2); tomaison '*Nouv. Mél.* III. Part.' (sig. C
'*Nouv. Mel.* III. Part.'; sig. P '*Nouv. Mél.* III. Patt.'; sig. Dd '*Nouv. Mel.*
I. Part.'); réclames par page.

Même contenu que NM3A, et également imprimé par les Cramer. A la
p.110 le bois gravé représente des canons et autres emblèmes militaires.

Rés. Z Bengesco 487 (3); Taylor: VF.

NM2 (1770)

NOUVEAUX / MELANGES / PHILOSOPHIQUES, / HISTORI-
QUES, / CRITIQUES, / &c. &c. / *SECONDE PARTIE.* / [*bois gravé,*
copie de Candide 'a'] / [*filet gras-maigre, 63 mm*] / M. DCC. LXX. /

[*faux-titre*] NOUVEAUX / MELANGES / PHILOSOPHIQUES, / HIS-
TORIQUES, / CRITIQUES, / &c. &c. &c. / *SECONDE PARTIE.* /

8°. sig. A-Aa^8 Bb^2; pag. 388 (p.300 numérotée 'oo'; le '8' de p.128
inverti); $4 signé, chiffres arabes (– A1-2); tomaison '*Nouv. Mél.* II.
Part.' (sig Bb '*Nouv. Mel. II. Part.*'); réclames par page.

Même contenu que l'édition de 1765, sauf à la p.[27], 'TRAITÉ /
êUR LA / [...]'. L'emploi d'une copie d'un bois Cramer n'indique pas
necéssairement qu'il s'agit d'une contrefaçon: Cramer faisait réaliser des
copies de ses bois à son propre usage.

Bn: Z 24766.

NM3 (1770)

NOUVEAUX / MELANGES / PHILOSOPHIQUES, / HISTORI-
QUES, / CRITIQUES, / &c. &c. / *TROISIEME PARTIE.* / [*bois gravé,*
un faucon, 46 x 37 mm] / [*filet gras-maigre, 61 mm*] / M. DCC. LXX. /

[*faux-titre*] NOUVEAUX / MELANGES / PHILOSOPHIQUES, / HIS-
TORIQUES, / CRITIQUES, / &c. &c. &c. / *TROISIEME PARTIE.* /

8°. sig. A-Dd⁸ (Dd8 bl.); pag. 430 (p.121 numérotée '221', 203 '20', 204 '201'); $4 signé, chiffres arabes (– A1-2); tomaison '*Nouv. Mél.* III. Part.'; réclames par page.

Cette édition est vraisemblablement d'origine suisse romande, à en juger par les bois. Voir Silvio Corsini, *Recueil d'ornements gravés sur bois principalement dans des imprimés lausannois parus de 1770 à 1774* (Lausanne 1979), bois 58, 61, 94 et 104.

Bn: Z 24767.

w68

MÉLANGES / PHILOSOPHIQUES, / LITTERAIRES, / HISTORI-QUES, &c. / [*filet, 118 mm*] / TOME QUATRIEME. / [*filet, 118 mm*] / *GENEVE.* / [*filet maigre-gras, 120 mm*] / M. DCC. LXXI. /

[*faux-titre*] COLLECTION / Complette / DES / *ŒUVRES* / DE / Mᴿ. DE V***. / [*filet gras-maigre, 119 mm*] / *TOME DIX-SEPTIEME.* / [*filet maigre-gras, 119 mm*] /

4°. sig. π² A-Tt⁴ Vv⁴ (– Vv⁴) Xx-Bbb⁴ 1Ccc⁴ 2Ccc² Ddd-Vvv⁴ Xxx1; pag. [4] 387 387** ***387 388-530; $3 signé, chiffres romains (– 2Ccc2); tomaison '*Phil. Littér. Hift.* Tom. IV.' (sig. Xxx 'Phil. Littér. Hift. *Tom. IV.*'); réclames par cahier.

[*1*] faux-titre; [*2*] bl.; [*3*] titre; [*4*] bl.; 1-439 autres textes; 440 Articles intéressants (rubrique); 440-442 De l'élégance; 442-449 De l'éloquence; 449-454 De l'esprit; 455-456 Sur le mot facile; 456-457 Faction. De ce qu'on entend par ce mot; 457-458 Du terme fantaisie; 458-459 Faste. Des différentes significations de ce mot; 459-460 Faveur. De ce qu'on entend par ce mot; 461 Favori et favorite. De ce qu'on entend par ces mots; 461-462 Sur la fausseté; 462-463 Du terme fécond; 463-464 Félicité. Des différents usages de ce terme; 464-465 Du mot fermeté; 465 Feu. De ce qu'on entend par cette expression au moral; 465-466 De la fierté; 466-468 Sur le terme figuré; 468-470 De la finesse, et des différentes significations de ce mot; 470-471 Sur le mot fleuri; 471-473 Du mot foible; 473 Du terme fornication; 473-475 Du mot force; 475-476 Froid. De ce qu'on entend par ce terme dans les belles-lettres et dans les beaux-arts; 476-477 Du mot franchise; 477-485 Du mot françois; 485-486 Du mot galant; 487-488 Du mot garant; 488-490 De la gazette; 490-493 Du genre de stile; 493-495 Gens de lettres; 495-497 Des mots gloire et glorieux; 497-500 Du goût; 501-503 Du mot grâce; 503-504

Du mot gracieux; 504-507 Grand et grandeur. De ce qu'on entend par ces mots; 507-508 Des mots grave et gravité; 508-510 Habile, habileté; 511-512 Hautain; 512-513 Hauteur, grammaire, morale; 513-517 Hemistiche; 517-520 Heureux, heureuse, heureusement; 521-523 Historiographe; 524-530 Table des pièces contenues dans ce volume; 530 Errata.

Il s'agit de l'édition in-quarto, dont les tomes 1 à 24 furent imprimés à Genève par Cramer. On y trouve quelques menues variantes par rapport aux *Nouveaux mélanges*: voir, par exemple, 'Heureux', ligne 81.

Bn: Rés. m Z 587 (17); Taylor: VF.

W71

MELANGES / PHILOSOPHIQUES, / LITTERAIRES, / HISTORIQUES, &c. / [*filet orné, 68 mm*] / TOME QUATRIEME. / [*filet orné, 68 mm*] / *GENEVE.* / [*filet maigre-gras, 62 mm*] / M. DCC. LXXI. /

12°. pag. [2] 610.

Cette édition, publiée à Liège par Plomteux, reproduit le texte de w68. Dans l'exemplaire cité, ce quatrième tome des 'Mélanges philosophiques' forme le seizième de la série, selon la reliure. La datation est suspecte: les quatre volumes des 'Mélanges' portent respectivement 1773, 1771, 1773 et 1771.

Uppsala: Litt. fr.

W72P (1771)

ŒUVRES / DE MONSIEUR DE V***. / [*filet gras-maigre, 71 mm*] / *MÉLANGES* / PHILOSOPHIQUES, / *LITTÉRAIRES*, / HISTORIQUES, &c. / *Nouvelle Édition, confidérablement augmentée* / *fur la derniere faite à Genève.* / TOME PREMIER. / [*bois gravé, des trompettes, 31 x 25 mm*] / *A NEUCHATEL;* / De l'Imprimerie de la Société. / [*filet orné, 49 mm*] / M. DCC. LXXI. /

12°. sig. π^2 A-S^{12}; pag. [4] 432; $6 signé, chiffres romains; tomaison '*Tome I.*'; réclames par cahier.

[*1*] titre; [2] bl.; [i]-ij Avis de la Société; [1]-42 autres textes; 43-196 articles pour l'*Encyclopédie*; [197]-428 autres textes; [429]-432 Table des articles contenus dans ce volume.

Ce volume semble appartenir à une des éditions publiées par C.-J. Panckoucke, qui suivent toutes l'édition in-quarto.

Bn: Z 24790.

NM2 (1772)

NOUVEAUX / MÉLANGES / *PHILOSOPHIQUES,* / HISTORI-QUES, / CRITIQUES, / &c. &c. / *SECONDE PARTIE.* / [*ornement typographique*] / [*filet gras-maigre, 71 mm*] / *M. DCC. LXXII.* /

8°. pag. 388 (p.76 numérotée '6').

La dernière réédition du tome 2 des *Nouveaux mélanges.*

ImV: A 1770/1 (34).

NM3 (1772)

NOUVEAUX / MÉLANGES / *PHILOSOPHIQUES,* / HISTORI-QUES, / CRITIQUES, / &c. &c. / *TROISIEME PARTIE.* / [*ornement typographique*] / [*filet gras-maigre, 71 mm*] / *M. DCC. LXXII.* /

8°. pag. 430 (p.237 numérotée '235', 257 '275', 368 '468').

La dernière réédition du tome 3 des *Nouveaux mélanges.*

ImV: A 1770/1 (35).

W72P (1773)

ŒUVRES / DE MONSIEUR DE V***. / [*filet gras-maigre, 74 mm*] / *MÉLANGES* / PHILOSOPHIQUES, / *LITTÉRAIRES*, / HISTORI-QUES, &c. / *Nouvelle Édition, confidérablement augmentée,* / *& d'après l'édition in-4°.* / TOME PREMIER. / [*bois gravé, un tambour basque et des bâtons, 37 x 26 mm*] / *A NEUCHATEL;* / De l'Imprimerie de la Société. / [*filet orné, 60 mm*] / *M. DCC. LXXIII.* /

12°. sig. π^2 A-S^{12} (– S12, bl.); pag. [4] 430; $6 signé, chiffres romains; tomaison '*Mél. Tome I.*'; réclames par cahier.

[i] titre; [ii] bl.; iij-iv Avis de la Société; [1]-42 autres textes; 43-202 articles pour l'*Encyclopédie*; 203-426 autres textes; 427-432 Table des articles contenus dans ce volume.

Nouvelle impression de W72P (1771).

Bn: Z 24790.

W70L

MÉLANGES / *DE* / LITTÉRATURE, / PAR / *M*ᴿ. *DE VOLTAIRE.* / TOME DOUZIEME. / [*bois gravé, un putti à côté d'un monument, 50 x 34 mm*] / *A LONDRES.* / [*filet orné, 74 mm*] / M. D. CCLXXIII. /

[*faux-titre*] *COLLECTION* / COMPLETTE / *DES* / ŒUVRES / *DE* / Mᴿ. DE VOLTAIRE. / [*filet orné, 74 mm*] / *TOME TRENTE-TROI-SIEME.* / [*filet orné, 74 mm*] /

8°. sig. *⁴ A-Z⁸ Aa⁴; pag. VIII 376 (p.69 non numérotée); $5 signé, chiffres arabes (– *1-2, *4, Aa4); tomaison '*Mélanges*. Tome XII.' (sig. A-C, H, M, R, S, Y '*Mélanges*. Tome XII.'); réclames par cahier.

[i] faux-titre; [ii] bl.; [iii] titre; [iv] bl.; V-VIII Table des matières du tome XII des mélanges de littérature; 1 Mélanges de littérature. Articles intéressants (rubrique); 1-5 De l'élégance; 5-15 De l'éloquence; 15-23 De l'esprit; 24-26 Sur le mot facile; 26-27 Faction. De ce qu'on entend par ce mot; 27-29 Du terme fantaisie; 29-30 Faste. Des différentes significations de ce mot; 30-32 Faveur. De ce qu'on entend par ce mot; 33-34 Favori et favorite. De ce qu'on entend par ces mots; 34-35 Sur la fausseté; 35-36 Du terme fécond; 37-38 Félicité. Des différents usages de ce terme; 39 Du mot fermeté; 40 Feu. De ce qu'on entend par cette expression au moral; 41-42 De la fierté; 42-45 Sur le terme figuré; 45-47 De la finesse et des différentes significations de ce mot; 48-50 Sur le mot fleuri; 50-52 Du mot foible; 52-53 Du terme fornication; 53-55 Du mot force; 56-57 Froid. De ce qu'on entend par ce terme dans les belles-lettres et dans les beaux-arts; 58-59 Du mot franchise; 59-71 Du mot françois; 72-73 Du mot galant; 74-76 Du mot garant; 76-79 De la gazette; 80-83 Du genre de stile; 83-86 Gens de lettres; 87-90 Des mots gloire et glorieux; 91-95 Du goût; 96-99 Du mot grâce; 100-101 Du mot gracieux; 101-105 Grand et grandeur. De ce qu'on entend par ces mots; 105-107 Des mots grave et gravité; 108-111 Habile, habileté; 112-113 Hautain; 113-114 Hauteur, grammaire, morale; 115-121 Hemistiche; 121-126 Heureux, heureuse, heureusement; 127-131 Historiographe; 131-376 autres textes.

Les premiers volumes de l'édition Grasset, le théâtre surtout, ont été revus par Voltaire, mais le présent volume n'est qu'une réimpression du texte de w68.

Taylor: Vı 1770L (33).

W75G

[*encadrement*] MÉLANGES / DE / *LITTÉRATURE,* / D'HISTOIRE / ET / DE PHILOSOPHIE. / [*filet, 75 mm*] / TOME CINQUIÉME ET DERNIER. / [*filet, 75 mm*] / M. DCC. LXXV. /

[*faux-titre*] [*encadrement*] TOME TRENTE-SEPTIÉME / ET DER-NIER. /

8°. sig. π^2 A-Ee^8 (Ee8 bl.) ($\pm$ I1.8; − Ee^8, + Ee^4); pag. [*4*] 446 *ou* [*4*] 440 (p.179 numérotée '79'); \$4 signé, chiffres romains; tomaison '*Mélanges, &c.* Tom. V.'; réclames par cahier.

[*1*] faux-titre; [*2*] bl.; [*3*] titre; [*4*] bl.; 1-129 autres textes; 129 Articles de littérature très interessants (rubrique; texte cartonné: Articles de littérature); 129-132 De l'élégance; 132-134 De l'éloquence. Lisez cet article au tome IV des Questions sur l'Encyclopédie: en voici la suite; 134-141 De l'esprit; 141-143 Sur le mot facile; 143-144 Faction. De ce qu'on entend par ce mot; 144-145 Du terme fantaisie; 146-147 Faste. Des différentes significations de ce mot; 147-149 Faveur. De ce qu'on entend par ce mot; 149 Favori et favorite. De ce qu'on entend par ces mots; 150-151 Sur la fausseté; 151-152 Du terme fécond; 152-153 Félicité. Des différents usages de ce terme; 153-154 Du mot fermeté; 154 Feu. De ce qu'on entend par cette expression au moral; 155-156 De la fierté; 156-158 De la finesse, et des différentes significations de ce mot; 158-160 Sur le mot fleuri; 160-161 Du mot foible; 162 Du terme fornication; 162-164 Du mot force; 164-166 Froid. De ce qu'on entend par ce terme dans les belles-lettres et dans les beaux-arts; 166-167 Du mot franchise; 167-176 Du mot françois; 177-178 Du mot galant; 178-'79'[=179] Du mot garant; 180-182 De la gazette; 182-185 Du genre de style; 185-187 Gens de lettres; 188-190 Des mots gloire et glorieux; 191-194 Du goût; 194-197 Du mot grâce; 197-198 Du mot gracieux; 198-201 Grand et grandeur. De ce qu'on entend par ces mots; 202-203 Des mots grave et gravité; 203-206 Habile, habileté; 206-208 Hautain; 208-209 Hauteur, grammaire, morale; 209-214 Hemistiche; 214-218 Heureux, heureuse, heureusement; 218-221 Historiographe; 222-440 (ou 436) autres textes; 441-446 (437-440 dans la version cartonnée) Table des pièces contenues dans ce volume.

Dans cette dernière édition publiée sous l'égide de Voltaire, le texte des articles pour l'*Encyclopédie* n'a subi que peu de changements: voir, par exemple, 'Félicité', ligne 13 et 'Grâce', lignes 58-59.

Bn: Z 24875 (avec cartons); Taylor: V1 1775 (37) (non-cartonné; Ee8 absent).

W75X

[*encadrement*] MÊLANGES / DE / *LITTÉRATURE,* / D'HISTOIRE / ET / DE PHILOSOPHIE. / [*filet, 73 mm*] / TOME CINQUIÈME ET DERNIER. / [*filet, 72 mm*] / [*ornement typographique*] / [*filet orné, 79 mm*] / *M. DCC. LXXV.* /

[*faux-titre*] [*encadrement*] ŒUVRES / DE / M^R. *DE VOLTAIRE.* / [*filet, 73 mm*] / TOME TRENTE- SEPTIÈME / ET DERNIER. / [*filet, 70 mm*] /

8°. sig. π^2 A-Dd^8 Ee^4; pag. [4] 440 (p.144 numérotée '142', 179 '79', 239 '339', 248 '148', 254 '154'; p.253 numérotée à gauche); \$4 signé, chiffres romains (– Ee3-4); tomaison '*Mélanges, &c.* Tom. V.' (sigs B, C '*Mélanges.* Tom. V.'); réclames par cahier.

[*1*] faux-titre; [*2*] bl.; [*3*] titre; [*4*] bl.; 1 Mélanges de littérature, d'histoire et de philosophie (rubrique); 1-129 autres textes; 130 Articles de littérature (rubrique); 130-133 De l'élégance; 133-134 De l'éloquence. Lisez cet article au tome IV des Questions sur l'Encyclopédie: en voici la suite; 135-141 De l'esprit; 142-143 Sur le mot facile; 143-'142'[=144] Faction. De ce qu'on entend par ce mot; 145-146 Du terme fantaisie; 146-147 Faste. Des différentes significations de ce mot; 147-148 Faveur. De ce qu'on entend par ce mot; 149 Favori et favorite. De ce qu'on entend par ces mots; 150 Sur la fausseté; 151 Du terme fécond; 152-153 Félicité. Des différents usages de ce terme; 153-154 Du mot fermeté; 154 Feu. De ce qu'on entend par cette expression au moral; 155-156 De la fierté; 156-158 De la finesse, et des différentes significations de ce mot; 158-160 Sur le mot fleuri; 160-161 Du mot foible; 162 Du terme fornication; 162-164 Du mot force; 165-166 Froid. De ce qu'on entend par ce terme dans les belles-lettres et dans les beaux-arts; 166-167 Du mot franchise; 167-177 Du mot françois; 177-178 Du mot galant; 178-180 Du mot garant; 180-182 De la gazette; 183-185 Du genre de style; 186-188 Gens de lettres; 188-191 Des mots gloire et glorieux; 191-195 Du goût; 195-198 Du mot grâce; 198-199 Du mot gracieux; 199-202 Grand et grandeur. De ce qu'on entend par ces mots; 202-204 Des mots grave et gravité; 204-206 Habile, habileté; 207-208 Hautain; 208-209 Hauteur, grammaire, morale; 209-214 Hemistiche; 215-218 Heureux,

heureuse, heureusement; 219-222 Historiographe; 223-435 autres textes; 436-440 Table des pièces contenues dans ce volume.

Ce volume suit le texte cartonné de w75G. Voir J. Vercruysse, *Les Editions encadrées des œuvres de Voltaire de 1775*, Studies 168 (1977).

Bn: Z 24916.

4. *Principes de cette édition*

Devant la carence de manuscrits, force est de recourir aux seuls imprimés autorisés. Pour texte de base, nous avons retenu celui de l'édition Briasson de l'*Encyclopédie*, examinée en plusieurs exemplaires.

L'examen attentif de plusieurs émissions de cette édition a révélé la présence d'erreurs, de coquilles manifestes. Le lecteur les corrige *in situ* de son propre mouvement. Nous avons fait de même après vérification du fait qu'elles ne constituaient pas une particularité de l'époque. De plus, certaines 'erreurs' pouvant prêter à conséquence, nous en avons relevé sept que nous soumettons aux lecteurs:

1. *Favori*, ligne 6: à 'le duc' nous avons substitué 'les ducs'.

2. *Galant*, ligne 35: à 'conservation' nous avons substitué 'conversation'.

3. *Histoire*, ligne 346: 'montrera' semble exiger 'montra'. Nous avons néanmoins maintenu la forme du futur qui fait écho à celles des deux verbes précédents.

4. *Idole*, ligne 16: à 'côtes' on serait tenté de substituer 'castes' puisqu'il est question de l'Inde. Mais l'on se rappellera que le Malabar compte des communautés chrétiennes dites de saint Thomas et qui ne pratiquent évidemment pas l'idolâtrie. Nous maintenons donc 'côtes'.

5. *Idole*, ligne 313: le futur de 'croira-t-on' confère évidemment un sens particulier au texte quoique l'emploi de l'imparfait dans le contexte suggère un lapsus. Nous avons néanmoins maintenu 'croira-t-on' pour la valeur expressive de cette forme.

6. *Imagination*, ligne 66: à 'que' nous avons substitué 'qui'.

7. *Imagination*, ligne 266: la forme 'bornée' a été mise au pluriel.

Les variantes figurant dans l'apparat critique proviennent des éditions suivantes: TS61, NM, W68, W70L et W75G. Ces variantes ne portent pas sur la ponctuation, sauf quand elles entraînent des modifications du sens. Elles ne tiennent pas compte non plus de l'emploi des italiques, ni de la distribution du texte en alinéas, ces derniers étant bien plus nombreux dans les éditions imprimées sous l'égide de Voltaire. Les commentaires des rédacteurs de l'*Encyclopédie*, en caractères italiques, ne furent pas repris dans les éditions postérieures. Pour un relevé des articles publiés du vivant de Voltaire, voir ci-dessus, p.14-30.

Traitement du texte de base

On a respecté l'orthographe des noms propres de personnes et de lieux, ainsi que celle des mots étrangers. Mais un compromis s'est imposé en ce qui concerne les accents. Nous avons ainsi ajouté l'accent selon l'usage moderne aux noms propres suivants: Andromede, Archimede, Athenes, Belvedere, Carthagene, Correge, Creci, Démosthene, Epictete, Fenelon, Flechier, Grece, Homere, Jesus, la Bruyere, la Sabliere, Lucrece, Marc-Aurele, Mezeray, Moliere, Periclès, Praxitele, Regnier, Scuderi, Seneque, Sévere, Tiresias, Tolede, Veronese.

On a conservé les italiques du texte de base.

On en a aussi respecté scrupuleusement la ponctuation, à deux exceptions près: les guillemets au long sont remplacés par des guillemets ouvrants et fermants; le point qui suit presque toujours les chiffres romains et arabes a été supprimé ou, le cas échéant, remplacé par une virgule (sauf en fin de phrase). Dans le cas des adjectifs numéraux ordinaux, le point a été remplacé par la terminaison appropriée ('François Ier' pour 'François I.'; 'XVIIe' pour 'XVII.').

Dans l'ensemble, le texte de l'*Encyclopédie* a fait l'objet d'une modernisation portant sur la graphie, l'accentuation et la grammaire. Les particularités du texte de base dans ces trois domaines sont les suivantes:

I. *Particularités de la graphie*

1. Consonnes
   - absence de la consonne *p* dans le mot 'tems' et son composé 'long-tems'
   - absence de la consonne *t* dans les finales en *-ans* et en *-ens*
   - redoublement de consonnes contraire à l'usage actuel: appeller, appercevoir, complette, lotterie, Massagettes, rejetter
   - présence d'une seule consonne là où l'usage actuel prescrit son doublement: alonger, historiete, idyle, rafinement

2. Voyelles
   - emploi de *y* à la place de *i* dans: ayeux, asyle, enyvré, satyre; s'effraye, employe
   - emploi de la graphie *oi* pour *ai* dans: les terminaisons des verbes à l'imparfait et au conditionnel; affoiblir, Anglois, connoître, foible, François, reconnoissable, roide

3. Divers
   - utilisation systématique de la perluette, sauf en tête de phrase.

4. Graphies particulières
   - l'orthographe moderne a été rétablie dans le cas des mots suivants: autentique, bisarre, bisarrerie, chefs-d'œuvres, fonds, mandier, patétique, pié, terrein

5. Abréviations
   - à S. nous substituons St

6. Le trait d'union
   - il est présent dans les mots suivants: à-peu-près, au-travers, bien-aise, dès-à-présent, tout-d'un-coup; bel-esprit, faux-esprit; grand-seigneur; c'est-là, n'est-là; par-tout, sur-tout; très-ancien, très-mauvais, très-froid, etc.

7. Majuscules rétablies
   - nous mettons la majuscule après un point, si elle manque.
   - nous mettons la majuscule initiale aux titres d'ouvrage (de la rhétorique, de l'orateur, roman de la rose, métamorphoses, etc.)
   - conformément à l'usage moderne, nous mettons la majuscule à: académie françoise (l'), église (l'), état (l'), évangile (l'), ligue (la)

8. Majuscules supprimées

– nous mettons la minuscule aux mots suivants qui portent souvent une majuscule dans le texte de base: Architecture, Chimie, Eloquence, Géometrie, Grammaire, Littérature, Logique, Lune, Métaphysique, Peinture, Poësie, Rhétorique, Sculpture, Soleil

II. *Particularités d'accentuation*

L'accentuation a été rendue entièrement conforme aux usages modernes à partir des caractéristiques suivantes qu'offre le texte de base:

1. L'accent aigu

– il est absent dans: desir, évenement, leger, medecin, reprouver
– contrairement à l'usage actuel, il est présent dans: prêcher, se rébutant
– il est employé au lieu du grave dans: piége, privilége, sacrilége, sortilége

2. L'accent grave

– il est absent dans: les finales -*er* plus *e* muet ou *ent*: caractere, guere, priere, déliberent, etc.; le suffixe -*ième* des adjectifs numéraux ordinaux; avenement, modele, possede, regle, regne, siecle; espece, piece; épithete, prophete; funebre, ténebre
– il est employé au lieu du circonflexe dans: extrème, suprème

3. L'accent circonflexe

– il est employé au lieu de l'aigu dans: mêlange
– il est présent dans des mots qui ne le comportent pas selon l'usage actuel: ajoûter, assûrance, dépourvûe, enrhûmé, mêts, plûpart, plûtôt, toûjours; émû, lû, pû, sû, vû
– il est absent dans: ame, disgrace, grace

4. Le tréma

– contrairement à l'usage actuel, on le trouve dans: boëte, obéï; avoüe, doüane, joüir, loüange, loüer, poëme, poësie, poëte

III. *Particularités grammaticales*

1. Accord du participe passé. Pas de règle fixe. Tantôt il est réalisé, tantôt il ne l'est pas (cas le plus fréquent)
2. Divers. Pas de marque de pluriel dans: opéra

ARTICLES POUR
L'ENCYCLOPÉDIE

ÉLÉGANCE

ELÉGANCE,[1] s. f. (*Belles-Lettr.*) ce mot vient, selon quelques-uns, d'*electus*, choisi; on ne voit pas qu'aucun autre mot latin puisse être son étymologie: en effet, il y a du choix dans tout ce qui est élégant.[2] L'*élégance* est un résultat de la justesse et de l'agrément. On emploie ce mot dans la sculpture et dans la peinture. On 5
opposait *elegans signum* à *signum rigens*;[3] une figure proportionnée, dont les contours arrondis étaient exprimés avec mollesse, à une figure trop raide et mal terminée. Mais la sévérité des premiers Romains donna à ce mot, *elegantia*, un sens odieux. Ils regardaient l'*élégance* en tout genre, comme une afféterie, comme une politesse 10
recherchée, indigne de la gravité des premiers temps: *vitii, non*

1-2 TS61-W75G: De l'élégance. Ce mot, selon quelques uns, vient d'*electus*
8-9 TS61-W75G: terminée. ¶La sévérité des anciens Romains

---

[1] Selon R. Naves (*Voltaire et l'Encyclopédie*, p.14), Voltaire répondant à d'Alembert (D5832) aurait expédié de Colmar 'Elégance' et 'Eloquence' en mai-juin 1754. Il n'est question que d'essais. 'Esprit' est en fabrication le 2 juillet (D5860). L'argument de Naves est hypothétique, mais faute de précisions nous ignorons à quel moment 'Elégance' est achevé et envoyé.

[2] Attesté vers 1150 (Bloch et von Wartburg, *Dictionnaire étymologique de la langue française*, Paris 1968, p.216), le mot ne se répandit vraiment qu'à partir du quinzième siècle et depuis Voltaire, son champ sémantique s'est considérablement étendu. 'Elégant' dérive d'*elegans*, tiré d'*eligere*, choisir. Pour Voltaire, l'élégance est une marque de bon goût, une faculté active qui perçoit et juge et qui se résume dans un choix, l'expression d'une harmonie entre l'usage civilisé et la naïveté de la nature spontanée. Ainsi l'élégance est plutôt une synthèse de mérites divers qu'une qualité spéciale (voir R. Naves, *Le Goût de Voltaire*, p.98, 237, 394). On trouve une définition à peu près identique dans le *Dictionnaire* de l'Académie (Paris 1762), i.598; voir aussi *Trévoux*, ii.1614. Signalons que Marmontel a rédigé un article 'Elégance' pour les *Suppléments* (ii.783-84).

[3] Voir Cicéron, *De oratore*, II.(lix).241; *De officiis*, I.(xxix).104. L'opposition est marquée dans le *Brutus*, lxxxv.292. Il est possible que Voltaire cite ici un exemple d'école.

laudis fuit, dit Aulu-Gelle.[4] Ils appelaient *un homme élégant*, à peu près ce que nous appelons aujourd'hui un petit-maître, *bellus homuncio*,[5] et ce que les Anglais appellent *un beau*.[6] Mais vers le temps de Cicéron, quand les mœurs eurent reçu le dernier degré de politesse, *elegans* était toujours une louange. Cicéron se sert en cent endroits de ce mot pour exprimer un homme, un discours poli;[7] on disait même alors *un repas élégant*, ce qui ne se dirait guère parmi nous. Ce terme est consacré en français, comme chez les anciens Romains, à la sculpture, à la peinture, à l'éloquence, et principalement à la poésie. Il ne signifie pas en peinture et en sculpture précisément la même chose que *grâce*. Ce terme *grâce* se dit particulièrement du visage, et on ne dit pas *un visage élégant*, comme *des contours élégants*: la raison en est que la grâce a toujours quelque chose d'animé, et c'est dans le visage que paraît l'âme; ainsi on ne dit pas *une démarche élégante*, parce que la démarche est animée.

L'*élégance* d'un discours n'est pas l'éloquence, c'en est une partie; ce n'est pas la seule harmonie, le seul nombre, c'est la clarté, le nombre et le choix des paroles. Il y a des langues en Europe dans lesquelles rien n'est si rare qu'un discours élégant. Des terminaisons rudes, des consonnes fréquentes, des verbes auxiliaires nécessairement redoublés dans une même phrase, offensent l'oreille, même des naturels du pays.

Un discours peut être élégant sans être un bon discours,

---

[4] 'Elegans homo non dicebatur cum laude sed id fere verbum ad aetatem M. Catonis vitii non laudis fuit' (*Noctes atticae*, XI.ii.1).

[5] Homme affecté, précieux (*homuncio*, petit homme chétif [sens péjoratif]; *bellus*, élégant, efféminé). Cicéron, *Academica*, II.(xliii).134; Sénèque, *Epistulae*, cxvi; Plaute, *Captivi*, V.II.iii.

[6] 'Beau' est défini comme 'a fop, a dandy' vers 1687, et comme 'attendant or suitor of a lady' vers 1720 (*The Oxford English Dictionary*, Oxford 1933).

[7] L'emploi de l'adjectif est varié chez Cicéron. On peut distinguer trois orientations: a) l'homme d'esprit et de goût dans *In Verrem*, II.iv.98, dans *Epistulae*, VII.xxiii.1, et dans *De fines*, ii.23; b) chose de valeur, style de qualité dans *De fines*, i.1 et iv.24, *Brutus*, lxxvii.272 et lxxxii.285, *De oratore*, II.(lix).241, *De officiis*, I.(xxix).104; c) le bon écrivain dans *Brutus*, xxxix.148 et *Orator*, ix.30.

l'*élégance* n'étant en effet que le mérite des paroles; mais un discours ne peut être absolument bon sans être élégant.

L'*élégance* est encore plus nécessaire à la poésie que l'éloquence, parce qu'elle est une partie principale de cette harmonie si nécessaire aux vers. Un orateur peut convaincre, émouvoir même sans *élégance*, sans pureté, sans nombre. Un poème ne peut faire d'effet s'il n'est élégant: c'est un des principaux mérites de Virgile: Horace est bien moins élégant dans ses satires, dans ses épîtres; aussi y est-il moins poète, *sermoni propior*.[8]

Le grand point dans la poésie et dans l'art oratoire, est que l'*élégance* ne fasse jamais tort à la force; et le poète en cela, comme dans tout le reste, a de plus grandes difficultés à surmonter que l'orateur: car l'harmonie étant la base de son art, il ne doit pas se permettre un concours de syllabes rudes. Il faut même quelquefois sacrifier un peu de la pensée à l'*élégance* de l'expression: c'est une gêne que l'orateur n'éprouve jamais.

Il est à remarquer que si l'*élégance* a toujours l'air facile, tout ce qui a cet air facile et naturel, n'est cependant pas élégant. Il n'y a rien de si facile, de si naturel que, *la cigale ayant chanté tout l'été*, et, *maître corbeau sur un arbre perché*. Pourquoi ces morceaux manquent-ils d'*élégance*? c'est que cette naïveté est dépourvue de mots choisis et d'harmonie. *Amants heureux, voulez-vous voyager? que ce soit aux rives prochaines*, et cent autres traits, ont avec d'autres mérites celui de l'*élégance*.[9]

On dit rarement d'une comédie qu'elle est écrite élégamment. La naïveté et la rapidité d'un dialogue familier, excluent ce mérite, propre à toute autre poésie. L'*élégance* semblerait faire tort au comique, on ne rit point d'une chose élégamment dite; cependant

39   TS61-W75G: une partie de cette
45   TS61-W75G: oratoire, c'est que
53   TS61-W75G: ce qui est facile et

[8] Horace, *Sermones*, I.iv.42.
[9] La Fontaine, *Fables*, 'La cigale et la fourmi', I.i.1-2; 'Le corbeau et le renard', I.ii.1; 'Les deux pigeons', IX.ii.65.

la plupart des vers de l'Amphitrion de Molière, excepté ceux de
pure plaisanterie, sont élégants. Le mélange des dieux et des 6
hommes dans cette pièce unique en son genre, et les vers irrégu-
liers qui forment un grand nombre de madrigaux, en sont peut-
être la cause.[10]

Un madrigal doit bien plutôt être élégant qu'une épigramme,
parce que le madrigal tient quelque chose des stances, et que 7
l'épigramme tient du comique; l'un est fait pour exprimer un
sentiment délicat, et l'autre un ridicule.

Dans le sublime il ne faut pas que l'*élégance* se remarque, elle
l'affaiblirait. Si on avait loué l'*élégance* du Jupiter-Olympien de
Phidias, c'eût été en faire une satire. L'*élégance* de la Vénus de 7
Praxitèle pouvait être remarquée. *Voyez* ÉLOQUENCE, ÉLOQUENT,
STYLE, GOÛT, *etc.*[11] *Cet article est de M. de Voltaire.*

[10] Voltaire appréciait particulièrement l'*Amphitryon* de Molière; cf. 'Catalogue
des écrivains', *Siècle de Louis XIV*; *Vie de Molière* (M.xxiii.112-13); 'Remarques
sur les discours', *Commentaires sur Corneille* (Voltaire 55, p.1038-39); D2985.
[11] 'Eloquence' (v.529-31) est de Voltaire; 'Eloquent' (v.531) est de d'Alembert,
tandis que 'Style' (xv.551-56) est de Jaucourt; 'Goût' est également de Voltaire
(vii.761).

ÉLOQUENCE

ELOQUENCE,[1] s. f. (*Belles-Lettres.*) *L'article suivant nous a été envoyé par M.* de Voltaire, *qui, en contribuant par son travail à la perfection de l'Encyclopédie, veut bien donner à tous les gens de lettres citoyens, l'exemple du véritable intérêt qu'ils doivent prendre à cet ouvrage. Dans la lettre qu'il nous a fait l'honneur de nous écrire à ce sujet, il a la modestie de ne donner cet article que comme une simple esquisse; mais ce qui n'est regardé que comme une esquisse par un grand maître, est un tableau précieux pour les autres. Nous exposons donc au public cet excellent morceau, tel que nous l'avons reçu de son illustre auteur: y pourrions-nous toucher sans lui faire tort?*

L'*éloquence*, dit M. de Voltaire, est née avant les règles de la rhétorique, comme les langues se sont formées avant la grammaire. La nature rend les hommes éloquents dans les grands intérêts et dans les grandes passions. Quiconque est vivement ému, voit les choses d'un autre œil que les autres hommes. Tout est pour lui objet de comparaison rapide, et de métaphore: sans qu'il y prenne garde il anime tout, et fait passer dans ceux qui l'écoutent, une partie de son enthousiasme. Un philosophe très éclairé a remarqué que le peuple même s'exprime par des figures; que rien n'est plus commun, plus naturel que les tours qu'on appelle *tropes*. Ainsi dans toutes les langues le cœur brûle, le courage s'allume, les yeux étincellent, l'esprit est accablé: il se partage, il s'épuise: le sang se glace, la tête se renverse: on est

5

10

15

20

1-11 TS61-W68: De l'éloquence. L'éloquence est
1-190 W75G: De l'éloquence. Lisez cet article au tome IV des Questions sur l'Encyclopédie: en voici la suite. Si pourtant

[1] Voir 'Elégance', n.1. La mention de 'simple esquisse' dans le 'chapeau' du présent article est-elle le souvenir de la lettre de mai-juin 1754 à d'Alembert (D5832), parlant d'essais à réécrire, permission contre laquelle se récrient les rédacteurs?

41

enflé d'orgueil, enivré de vengeance. La nature se peint partout dans ces images fortes devenues ordinaires.[2]   25

C'est elle dont l'instinct enseigne à prendre d'abord un air, un ton modeste avec ceux dont on a besoin. L'envie naturelle de captiver ses juges et ses maîtres, le recueillement de l'âme profondément frappée, qui se prépare à déployer les sentiments qui la pressent, sont les premiers maîtres de l'art.   30

C'est cette même nature qui inspire quelquefois des débuts vifs et animés; une forte passion, un danger pressant, appellent tout d'un coup l'imagination: ainsi un capitaine des premiers califes voyant fuir les musulmans, s'écria: *Où courez-vous? ce n'est pas là que sont les ennemis. On vous a dit que le calife est tué: eh! qu'importe*   35 *qu'il soit au nombre des vivants ou des morts? Dieu est vivant et vous regarde: marchez.*[3]

La nature fait donc l'*éloquence*; et si on a dit que les poètes naissent et que les orateurs se forment,[4] on l'a dit quand l'*éloquence* a été forcée d'étudier les lois, le génie des juges, et la méthode   40 du temps.

Les préceptes sont toujours venus après l'art. Tisias[5] fut le

---

42   TS61-W70L: Tibias

---

[2] Pour Voltaire l'éloquence n'est pas seulement l'art de bien dire, mais l'art d'enchaîner l'auditeur; elle ressemble aussi à l'enthousiasme et à l'inspiration du génie (Naves, *Le Goût de Voltaire*, p.262, 292). C'est un don de la nature, d'après d'Alembert (article 'Elocution' de l'*Encyclopédie*), qui souligne encore davantage l'interprétation sensible de Voltaire.

Voltaire résume ici à grands traits *Des tropes* de Dumarsais (1ère partie, article 1er, 'Idée générale des figures'). Il possédait cet ouvrage (BV, no.1142) et a évoqué l'auteur en particulier dans le 'Catalogue des écrivains' du *Siècle de Louis XIV*, et dans les articles 'A', 'Figure' et 'Philosophie' des *Questions sur l'Encyclopédie*.

[3] Abu Bakr as Saddiq (né vers 573), beau-père du prophète, premier des califes orthodoxes (632), mort à Médine en 634. Ses troupes étaient commandées par Omar Abu Hafssah ibn al Khatab, qui lui succéda; cf. les carnets (Voltaire 82, p.442).

[4] Souvenir de l'adage ancien 'Poeta nascitur, non fit'; cf. Cicéron, *De oratore*, I.(vi).20, II.(xlvi).194, et surtout N. Boileau, *Art poétique*, i.4.

[5] Tisias de Syracuse (cinquième siècle avant J.-C.), rhétoricien.

premier qui recueillit les lois de l'*éloquence* dont la nature donne les premières règles.

Platon dit ensuite dans son *Gorgias*, qu'un orateur doit avoir la subtilité des dialecticiens, la science des philosophes, la diction presque des poètes, la voix et les gestes des plus grands acteurs.[6]

Aristote fit voir ensuite que la véritable philosophie est le guide secret de l'esprit dans tous les arts. Il creusa les sources de l'*éloquence* dans son livre *De la rhétorique*; il fit voir que la dialectique est le fondement de l'art de persuader, et qu'être éloquent c'est savoir prouver.

Il distingua les trois genres, le délibératif, le démonstratif, et le judiciaire. Dans le délibératif il s'agit d'exhorter ceux qui délibèrent, à prendre un parti sur la guerre et sur la paix, sur l'administration publique, *etc.* dans le démonstratif, de faire voir ce qui est digne de louange ou de blâme; dans le judiciaire, de persuader, d'absoudre ou de condamner, *etc.* On sent assez que ces trois genres rentrent souvent l'un dans l'autre.

Il traite ensuite des passions et des mœurs que tout orateur doit connaître.

Il examine quelles preuves on doit employer dans ces trois genres d'*éloquence*. Enfin il traite à fond de l'élocution sans laquelle tout languit; il recommande les métaphores pourvu qu'elles soient justes et nobles; il exige surtout la convenance, la bienséance. Tous ses préceptes respirent la justesse éclairée d'un philosophe, et la politesse d'un Athénien; et en donnant les règles de l'*éloquence*, il est éloquent avec simplicité.[7]

45

50

55

60

65

49   TS61-W70L: l'esprit de tous
65   TS61-W70L: convenance et la
66   TS61-W70L: Tous ces préceptes

[6] Résumé tant soit peu libre de ce qu'il y a dans ce discours sur la rhétorique. L'orateur y est dit plus persuasif pour les ignorants qu'un médecin, puisque celui-là est un flatteur.

[7] Voltaire résume en quelques phrases un long ouvrage dont il omet des parties importantes pour en accentuer d'autres, comme la convenance et la bienséance. Il possédait la traduction de F. Cassandre (Lyon 1691) mais ne l'a pas annotée (BV, no.103).

43

Il est à remarquer que la Grèce fut la seule contrée de la terre où l'on connût alors les lois de l'*éloquence*, parce que c'était la seule où la véritable *éloquence* existât. L'art grossier était chez tous les hommes; des traits sublimes ont échappé partout à la nature dans tous les temps: mais remuer les esprits de toute une nation polie, plaire, convaincre et toucher à la fois, cela ne fut donné qu'aux Grecs. Les Orientaux étaient presque tous esclaves: c'est un caractère de la servitude de tout exagérer; ainsi l'*éloquence* asiatique fut monstrueuse. L'Occident était barbare du temps d'Aristote.

L'*éloquence* véritable commença à se montrer dans Rome du temps des Gracques, et ne fut perfectionnée que du temps de Cicéron. Marc Antoine l'orateur, Hortensius, Curion, César, et plusieurs autres, furent des hommes éloquents.

Cette *éloquence* périt avec la république ainsi que celle d'Athènes. L'*éloquence* sublime n'appartient, dit-on, qu'à la liberté; c'est qu'elle consiste à dire des vérités hardies, à étaler des raisons et des peintures fortes. Souvent un maître n'aime pas la vérité, craint les raisons, et aime mieux un compliment délicat que de grands traits.[8]

Cicéron après avoir donné les exemples dans ses harangues, donna les préceptes dans son livre De l'orateur; il suit presque toute la méthode d'Aristote, et l'explique avec le style de Platon.

Il distingue le genre simple, le tempéré et le sublime. Rollin a suivi cette division dans son Traité des études; et, ce que Cicéron ne dit pas, il prétend que le tempéré est *une belle rivière ombragée de vertes forêts des deux côtés; le simple, une table servie proprement dont tous les mets sont d'un goût excellent, et dont on bannit tout raffinement;*

70

75

80

85

90

95

---

91   TS61-W70L: et s'explique

---

[8] Voltaire a insisté dans ses carnets sur cette incompatibilité entre l'éloquence et l'autocratie (Voltaire 82, p.454, 513, 690); voir aussi l'*Essai sur les mœurs*, ch.82 (*Essai*, i.768).

44

que le sublime foudroie, et que c'est un fleuve impétueux qui renverse tout ce qui lui résiste.[9]

Sans se mettre à cette table, et sans suivre ce foudre, ce fleuve et cette rivière, tout homme de bon sens voit que l'*éloquence* simple est celle qui a des choses simples à exposer, et que la clarté et l'élégance sont tout ce qui lui convient. Il n'est pas besoin d'avoir lu Aristote, Cicéron, et Quintilien, pour sentir qu'un avocat qui débute par un exorde pompeux au sujet d'un mur mitoyen, est ridicule: c'était pourtant le vice du barreau jusqu'au milieu du XVIIe siècle;[10] on disait avec emphase des choses triviales; on pourrait compiler des volumes de ces exemples: mais tous se réduisent à ce mot d'un avocat, homme d'esprit, qui voyant que son adversaire parlait de la guerre de Troie et du Scamandre, l'interrompit en disant, *la cour observera que ma partie ne s'appelle pas Scamandre, mais Michaut.*[11]

Le genre sublime ne peut regarder que de puissants intérêts traités dans une grande assemblée. On en voit encore de vives traces dans le parlement d'Angleterre; on a quelques harangues qui y furent prononcées en 1739, quand il s'agissait de déclarer la guerre à l'Espagne. L'esprit de Démosthène et de Cicéron ont dicté plusieurs traits de ces discours; mais ils ne passeront pas à la postérité comme ceux des Grecs et des Romains, parce qu'ils

99 TS61-W70L: table, sans

[9] Voltaire paraphrase le *Traité des études* (1726) de Charles Rollin. Le *Traité* (IV.iii.1) distingue les genres en trois paragraphes: 'Des trois différents genres ou caractères'. Voltaire possédait l'édition la plus récente de *De la manière d'enseigner et d'étudier les belles lettres* (Paris 1748-1755; BV, no.3007). Sur l'ouvrage, voir le 'Catalogue des écrivains', *Siècle de Louis XIV, Le Temple du Goût* et l'article 'Langues' (QE).

[10] D'Alembert prétend (article 'Elocution', *Encyclopédie*, v.520-26) qu'il suffisait d'émouvoir les juges romains, mais qu'il fallait convaincre les juges français. 'Cicéron eût perdu à la grand-chambre la plupart des causes qu'il a gagnées', dit-il, 'parce que ses clients étaient coupables' (p.526).

[11] Souvenir des années de jeunesse chez maître Alain? Parmi les témoignages de l'époque, il faut citer 'ma partie est un savetier', attesté au chapitre 'Avocats' des *Historiettes* de Tallemant des Réaux, et J. Racine, *Les Plaideurs*, III.iii.

manquent de cet art et de ce charme de la diction qui mettent le sceau de l'immortalité aux bons ouvrages.[12]

Le genre tempéré est celui de ces discours d'appareil, de ces harangues publiques, de ces compliments étudiés, dans lesquels il faut couvrir de fleurs la futilité de la matière.

Ces trois genres rentrent encore souvent l'un dans l'autre, ainsi que les trois objets de l'*éloquence* qu'Aristote considère, et le grand mérite de l'orateur est de les mêler à propos.

La grande *éloquence* n'a guère pu en France être connue au barreau, parce qu'elle ne conduit pas aux honneurs comme dans Athènes, dans Rome, et comme aujourd'hui dans Londres, et n'a point pour objet de grands intérêts publics: elle s'est réfugiée dans les oraisons funèbres où elle tient un peu de la poésie. Bossuet, et après lui Fléchier, semblent avoir obéi à ce précepte de Platon, qui veut que l'élocution d'un orateur soit quelquefois celle même d'un poète.[13]

L'*éloquence* de la chaire avait été presque barbare jusqu'au P. Bourdaloüe;[14] il fut un des premiers qui firent parler la raison.

Les Anglais ne vinrent qu'ensuite comme l'avoue Burnet évêque de Salisburi. Ils ne connurent point l'oraison funèbre; ils évitèrent dans les sermons les traits véhéments qui ne leur parurent point convenables à la simplicité de l'Evangile; et ils se défirent de cette méthode des divisions recherchées que l'archevêque Fénelon condamne dans ses Dialogues sur l'*éloquence*.[15]

141   TS61-W70L: défièrent

[12] Voltaire a pu en prendre connaissance dans le recueil publié par John Torbuck, *A collection of the parliamentary debates in England, from the year* MDCLXVIII *to the present time* (Dublin, London 1739-1741; BV, no.3318); voir le *Précis du siècle de Louis XV*, ch.8.

[13] Voir *Gorgias*, 501d-502d.

[14] Voir entre autres le *Siècle de Louis XIV*, 'Catalogue des écrivains' et le chapitre 32; voir aussi D9754.

[15] Voir le *Siècle de Louis XIV*, ch.34; D9754; les carnets (Voltaire 82, p.680). De G. Burnet, voir l'*Histoire de la réformation de l'Eglise d'Angleterre* (Genève 1693; BV, no.592); voir aussi Fénelon, *Dialogues sur l'éloquence*, ii, et La Bruyère, *Caractères*, 'De la chaire'.

Quoique nos sermons roulent sur l'objet le plus important de l'homme, cependant il s'y trouve peu de ces morceaux frappants qui, comme les beaux endroits de Cicéron et de Démosthène, sont devenus les modèles de toutes les nations occidentales. Le lecteur sera pourtant bien aise de trouver ici ce qui arriva la première fois que M. Massillon, depuis évêque de Clermont, prêcha son fameux sermon du petit nombre des élus: il y eut un endroit où un transport de saisissement s'empara de tout l'auditoire; presque tout le monde se leva à moitié par un mouvement involontaire; le murmure d'acclamation et de surprise fut si fort, qu'il troubla l'orateur, et ce trouble ne servit qu'à augmenter le pathétique de ce morceau: le voici. 'Je suppose que ce soit ici notre dernière heure à tous, que les cieux vont s'ouvrir sur nos têtes, que le temps est passé et que l'éternité commence, que Jésus-Christ va paraître pour nous juger selon nos œuvres, et que nous sommes tous ici pour attendre de lui l'arrêt de la vie ou de la mort éternelle: je vous le demande, frappé de terreur comme vous, ne séparant point mon sort du vôtre, et me mettant dans la même situation où nous devons tous paraître un jour devant Dieu notre juge: si Jésus-Christ dis-je, paraissait dès à présent pour faire la terrible séparation des justes et des pécheurs; croyez-vous que le plus grand nombre fût sauvé? croyez-vous que le nombre des justes fût au moins égal à celui des pécheurs? croyez-vous que s'il faisait maintenant la discussion des œuvres du grand nombre qui est dans cette église, il trouvât seulement dix justes parmi nous? en trouverait-il un seul? *etc.*' (Il y a eu plusieurs éditions différentes de ce discours, mais le fond est le même dans toutes.)[16]

143   NM: Que nos
143-144 TS61-W70L: important à l'homme
144   TS61-W70L: peu de morceaux
168   TS61-W70L: seul? (Il

[16] Transcription très libre, comparée à la version du 'Sermon pour le lundi de la troisième semaine de carême. Sur le petit nombre des élus', *Sermons de M. Massillon, évêque de Clermont* (Paris 1759), *Carême* ii.302-304 (BV, no.2347), ce

Cette figure la plus hardie qu'on ait jamais employée, et en même temps la plus à sa place, est un des plus beaux traits d'*éloquence* qu'on puisse lire chez les nations anciennes et modernes; et le reste du discours n'est pas indigne de cet endroit si saillant. De pareils chefs-d'œuvre sont très rares, tout est d'ailleurs 175 devenu lieu commun. Les prédicateurs qui ne peuvent imiter ces grands modèles feraient mieux de les apprendre par cœur et de les débiter à leur auditoire (supposé encore qu'ils eussent ce talent si rare de la déclamation), que de prêcher dans un style languissant des choses aussi rebattues qu'utiles. 180

On demande si l'*éloquence* est permise aux historiens; celle qui leur est propre consiste dans l'art de préparer les événements, dans leur exposition toujours nette et élégante, tantôt vive et pressée, tantôt étendue et fleurie, dans la peinture vraie et forte des mœurs générales et des principaux personnages, dans les 185 réflexions incorporées naturellement au récit, et qui n'y paraissent point ajoutées. L'*éloquence* de Démosthène ne convient pas à Thucydide; une harangue directe qu'on met dans la bouche d'un héros qui ne la prononça jamais, n'est guère qu'un beau défaut.

Si pourtant ces licences pouvaient quelquefois se permettre; 190 voici une occasion où Mézeray dans sa grande histoire semble obtenir grâce pour cette hardiesse approuvée chez les anciens; il est égal à eux pour le moins dans cet endroit: c'est au commencement du règne d'Henri IV lorsque ce prince, avec très peu de troupes, était pressé auprès de Dieppe par une armée de trente 195 mille hommes, et qu'on lui conseillait de se retirer en Angleterre. Mézeray s'élève au-dessus de lui-même en faisant parler ainsi le maréchal de Biron qui d'ailleurs était un homme de génie, et qui peut fort bien avoir dit une partie de ce que l'historien lui attribue.

'Quoi! Sire, on vous conseille de monter sur mer, comme s'il 200

183   TS61-W70L: toujours élégante

qui explique peut-être sa remarque à la fin de l'alinéa. Sur Massillon, voir la *Défense de Louis XIV*, D9754 et D15735. L'anecdote sur l'émotion collective a pu être transmise oralement.

n'y avait point d'autre moyen de conserver votre royaume que
de le quitter? si vous n'étiez pas en France, il faudrait percer au
travers de tous les hasards et de tous les obstacles pour y venir:
et maintenant que vous y êtes, on voudrait que vous en sortissiez?
et vos amis seraient d'avis que vous fissiez de votre bon gré ce   205
que le plus grand effort de vos ennemis ne saurait vous contraindre
de faire? En l'état où vous êtes, sortir de France seulement pour
vingt-quatre heures, c'est s'en bannir pour jamais. Le péril, au
reste, n'est pas si grand qu'on vous le dépeint; ceux qui nous
pensent envelopper, sont ou ceux mêmes que nous avons tenus   210
enfermés si lâchement dans Paris, ou gens qui ne valent pas
mieux, et qui auront plus d'affaires entre eux-mêmes que contre
nous. Enfin, Sire, nous sommes en France, il nous y faut enterrer:
il s'agit d'un royaume, il faut l'emporter ou y perdre la vie; et
quand même il n'y aurait point d'autre sûreté pour votre sacrée   215
personne que la fuite, je sais bien que vous aimeriez mieux mille
fois mourir de pied ferme, que de vous sauver par ce moyen.
Votre Majesté ne souffrirait jamais qu'on dise qu'un cadet de la
maison de Lorraine lui aurait fait perdre terre; encore moins qu'on
la vît mendier à la porte d'un prince étranger. Non, non, Sire, il   220
n'y a ni couronne ni honneur pour vous au-delà de la mer: si
vous allez au-devant du secours d'Angleterre, il reculera; si vous
vous présentez au port de la Rochelle en homme qui se sauve,
vous n'y trouverez que des reproches et du mépris. Je ne puis
croire que vous deviez plutôt fier votre personne à l'inconstance   225
des flots et à la merci de l'étranger, qu'à tant de braves gentilshom-
mes et tant de vieux soldats qui sont prêts de lui servir de remparts
et de boucliers: et je suis trop serviteur de Votre Majesté pour lui
dissimuler que si elle cherchait sa sûreté ailleurs que dans leur
vertu, ils seraient obligés de chercher la leur dans un autre parti   230
que dans le sien.'[17]

207   TS61-W75G: sortir seulement de France pour

[17] Voltaire cite du tome III (p.843) de l'*Histoire de France depuis Faramond* de
Mézeray (Paris 1685), mais avec des inexactitudes: le morceau commence par:

Ce discours fait un effet d'autant plus beau, que Mézeray met ici en effet dans la bouche du maréchal de Biron ce que Henri IV avait dans le cœur.

Il y aurait encore bien des choses à dire sur l'*éloquence*, mais les livres n'en disent que trop; et dans un siècle éclairé, le génie aidé des exemples en sait plus que n'en disent tous les maîtres.[18] *Voyez* ÉLOCUTION.[19]

237 TS61-W75G: en fait plus

'C'est donc tout de bon, Sire' au lieu de 'Quoi! Sire'; Mézeray dit: 'En l'état où sont les choses' au lieu de: 'En l'état où vous êtes' (ligne 207). Il y a de plus deux omissions: après 'pour jamais' (ligne 208), Mézeray avait écrit 'On peut bien dire que vos espérances s'en iront au vent avec le vaisseau qui vous emportera; et il ne faut point parler de retour, il serait aussi impossible que de la mort à la vie'. Et après 'Je ne puis croire' (ligne 225), Mézeray avait mis 'pour moi'. Il est vrai que les 'corrections' de Voltaire améliorent le texte et le rendent plus éloquent. Il a lui-même et plus d'une fois pratiqué l'éloquence en matière historique. On citera en particulier le discours de Biron à Henri IV (*La Henriade*, iii), l'*Histoire de Charles XII* et même *La Pucelle d'Orléans*. Souvenir probable des exercices scolaires. De F. E. de Mézeray, Voltaire a utilisé deux éditions de l'*Abrégé chronologique de l'histoire de France* (Amsterdam 1673-1674, 1701; BV, no.2443, 2444).

[18] Une quinzaine d'années séparent la publication de cet article dans l'*Encyclopédie* et sa révision dans les QE70. Les deux articles montrent deux variantes importantes: une addition et un retranchement. Dans le premier cas, Voltaire s'efforce de prêter à une citation une universalité qui prouve la vérité des remarques d'ouverture de l'article qui les renforce. Le retranchement permet à Voltaire d'abréger un article déjà long et de passer sous silence une exception à la règle générale qu'il vient d'énoncer. D'ailleurs, cette exception présente un double défaut: elle exige plus de pages que la règle générale et l'exemple choisi est tout français, nuisant ainsi à l'universalité du sujet. Il en résulte que dans les *Questions sur l'Encyclopédie* cet article, plus universel dans son application, est plus capable d'atteindre son but auprès du lecteur.

[19] 'Elocution' est de d'Alembert (v.520-26).

ESPRIT

Esprit,[1] (*Philos. et Belles-Lettr.*) ce mot, en tant qu'il signifie *une qualité de l'âme*, est un de ces termes vagues, auxquels tous ceux qui les prononcent attachent presque toujours des sens différents. Il exprime autre chose que jugement, génie, goût, talent, pénétration, étendue, grâce, finesse; et il doit tenir de tous ces mérites: on pourrait le définir, *raison ingénieuse*.[2]   5

C'est un mot générique qui a toujours besoin d'un autre mot qui le détermine; et quand on dit, *voilà un ouvrage plein d'esprit, un homme qui a de l'esprit*, on a grande raison de demander *duquel*. L'*esprit* sublime de Corneille n'est ni l'*esprit* exact de Boileau, ni   10 l'*esprit* naïf de Lafontaine; et l'*esprit* de la Bruyère, qui est l'art de peindre singulièrement, n'est point celui de Malebranche, qui est de l'imagination avec de la profondeur.

Quand on dit qu'un homme a un *esprit judicieux*, on entend moins qu'il a ce qu'on appelle de l'*esprit*, qu'une raison épurée.   15 Un *esprit* ferme, mâle, courageux, grand, petit, faible, léger, doux, emporté, *etc*. signifie *le caractère et la trempe de l'âme*, et n'a point de rapport à ce qu'on entend dans la société par cette expression, *avoir de l'esprit*.

L'*esprit*, dans l'acception ordinaire de ce mot, tient beaucoup du   20

---

1   TS61-W75G: De l'esprit. Ce mot

[1] C'est probablement pendant son séjour à Senones que Voltaire a entrepris l'article 'Esprit'. Il écrit le 2 juillet 1754 (D5860) qu'il l'écrit sur la demande de d'Alembert. Il lui demande le 30 s'il a reçu les 'rogatons croquez' demandés (D5896).

[2] Définition capitale. Avant Voltaire on définissait l'esprit soit d'après le sens général du mot, soit comme bel esprit. Voltaire distingue celui-ci du véritable esprit qui est une 'qualité de l'âme' et en marque la complexité. L'ingéniosité est son signe distinctif. L'à-propos n'est pas moins nécessaire, sinon on tombe dans le faux esprit (R. Naves, *Voltaire et l'Encyclopédie*, p.130).

bel esprit, et cependant ne signifie pas précisément la même chose: car jamais ce terme *homme d'esprit* ne peut être pris en mauvaise part, et *bel esprit* est quelquefois prononcé ironiquement. D'où vient cette différence? c'est qu'*homme d'esprit* ne signifie pas *esprit supérieur, talent marqué*, et que *bel esprit* le signifie. Ce mot *homme d'esprit* n'annonce point de prétention, et le *bel esprit* est une affiche; c'est un art qui demande de la culture, c'est une espèce de profession, et qui par là expose à l'envie et au ridicule.

C'est en ce sens que le P. Bouhours aurait eu raison de faire entendre, d'après le cardinal du Perron,[3] que les Allemands ne prétendaient pas à l'*esprit*; parce qu'alors leurs savants ne s'occupaient guère que d'ouvrages laborieux et de pénibles recherches, qui ne permettaient pas qu'on y répandît des fleurs, qu'on s'efforçât de briller, et que le *bel esprit* se mêlât au savant.

Ceux qui méprisent le génie d'Aristote au lieu de s'en tenir à condamner sa physique qui ne pouvait être bonne, étant privée d'expériences, seraient bien étonnés de voir qu'Aristote a enseigné parfaitement dans sa rhétorique la manière de dire les choses avec *esprit*. Il dit que cet art consiste à ne se pas servir simplement du mot propre, qui ne dit rien de nouveau; mais qu'il faut employer une métaphore, une figure dont le sens soit clair et l'expression énergique. Il en apporte plusieurs exemples, et entre autres ce que dit Périclès d'une bataille où la plus florissante jeunesse d'Athènes avait péri, l'*année a été dépouillée de son printemps*.[4] Aristote a bien raison de dire, qu'*il faut du nouveau*; le premier qui pour exprimer que les plaisirs sont mêlés d'amertumes, les regarda

---

46 TS61-W75G: d'amertume

[3] Dominique Bouhours (1628-1702), grammairien et critique; Jacques Davy Du Perron (1556-1618), cardinal, membre du Conseil de régence en 1610. D. Bouhours, *Les Entretiens d'Ariste et d'Eugène* (Amsterdam 1703), p.197, 'Le Bel Esprit'. Voltaire a encore noté une autre anecdote dans ses carnets (Voltaire 82, p.458). Il a utilisé la seconde édition de *La Manière de bien penser dans les ouvrages d'esprit* (Paris 1689; BV, no.500).

[4] Aristote, *La Rhétorique*, I.vii.34: 'τὴν νεότητα ἐκ τῆσ πολεώς ἀνηρῆσθαι ὥσπερ τὸ ἔαρ ἐκ τοῦ ενιαυτοῦ εἰ ἐξαιρεθείη .

comme des roses accompagnées d'épines, eut de l'*esprit*. Ceux qui le répétèrent n'en eurent point.

Ce n'est pas toujours par une métaphore qu'on s'exprime spirituellement; c'est par un tour nouveau; c'est en laissant deviner sans peine une partie de sa pensée, c'est ce qu'on appelle *finesse*, *délicatesse*; et cette manière est d'autant plus agréable, qu'elle exerce et qu'elle fait valoir l'*esprit* des autres. Les allusions, les allégories, les comparaisons, sont un champ vaste de pensées ingénieuses; les effets de la nature, la fable, l'histoire présentés à la mémoire, fournissent à une imagination heureuse des traits qu'elle emploie à propos.

Il ne sera pas inutile de donner des exemples de ces différents genres. Voici un madrigal de M. de la Sablière,[5] qui a toujours été estimé des gens de goût.

> *Eglé tremble que dans ce jour*
> *L'hymen plus puissant que l'amour,*
> *N'enlève ses trésors sans qu'elle ose s'en plaindre.*
> *Elle a négligé mes avis.*
> *Si la belle les eût suivis,*
> *Elle n'aurait plus rien à craindre.*

L'auteur ne pouvait, ce semble, ni mieux cacher ni mieux faire entendre ce qu'il pensait, et ce qu'il craignait d'exprimer.

Le madrigal suivant paraît plus brillant et plus agréable: c'est une allusion à la fable.

> *Vous êtes belle et votre sœur est belle,*
> *Entre vous deux tout choix serait bien doux;*
> *L'Amour était blond comme vous,*
> *Mais il aimait une brune comme elle.*

En voici encore un autre fort ancien; il est de Bertaud évêque

---

[5] Ces vers n'apparaissent pas dans les éditions de *Madrigaux* et de *Poésies* (Paris 1680, 1687, 1758, 1825, 1879) d'Antoine Rambouillet de La Sablière (1624-1679).

de Sées,[6] et paraît au-dessus des deux autres, parce qu'il réunit l'*esprit* et le sentiment.

> *Quand je revis ce que j'ai tant aimé,*
> *Peu s'en fallut que mon feu rallumé*
> *N'en fît le charme en mon âme renaître,*
> *Et que mon cœur autrefois son captif*
> *Ne ressemblât l'esclave fugitif,*
> *A qui le sort fit rencontrer son maître.*

De pareils traits plaisent à tout le monde, et caractérisent l'*esprit* délicat d'une nation ingénieuse. Le grand point est de savoir jusqu'où cet *esprit* doit être admis. Il est clair que dans les grands ouvrages on doit l'employer avec sobriété, par cela même qu'il est un ornement. Le grand art est dans l'à-propos. Une pensée fine, ingénieuse, une comparaison juste et fleurie, est un défaut quand la raison seule ou la passion doivent parler, ou bien quand on doit traiter de grands intérêts: ce n'est pas alors du faux *bel esprit*, mais c'est de l'*esprit* déplacé; et toute beauté hors de sa place cesse d'être beauté. C'est un défaut dans lequel Virgile n'est jamais tombé, et qu'on peut quelquefois reprocher au Tasse, tout admirable qu'il est d'ailleurs: ce défaut vient de ce que l'auteur trop plein de ses idées veut se montrer lui-même, lorsqu'il ne doit montrer que ses personnages. La meilleure manière de connaître l'usage qu'on doit faire de l'*esprit*, est de lire le petit nombre de bons ouvrages de génie qu'on a dans les langues savantes et dans la nôtre.

Le *faux esprit* est autre chose que de l'*esprit déplacé*: ce n'est pas seulement une pensée fausse, car elle pourrait être fausse sans être ingénieuse; c'est une pensée fausse et recherchée. Il a été remarqué ailleurs qu'un homme de beaucoup d'*esprit* qui traduisit,

---

[6] Jean Bertaut (1552-1611), *Œuvres poétiques* (Paris 1620), 'Stances', p.454; on y lit: 'l'amour' là où Voltaire écrit: 'le charme'. Voltaire a noté ces vers dans ses carnets (Voltaire 81, p.270-71, 274).

ou plutôt qui abrégea Homère en vers français,[7] crut embellir ce   105
poète dont la simplicité fait le caractère, en lui prêtant des
ornements. Il dit au sujet de la réconciliation d'Achille:

> *Tout le camp s'écria dans une joie extrême,*
> *Que ne vaincra-t-il point? Il s'est vaincu lui-même.*[8]

Premièrement, de ce qu'on a dompté sa colère, il ne s'ensuit point   110
du tout qu'on ne sera point battu: secondement, toute une armée
peut-elle s'accorder par une inspiration soudaine à dire une pointe?

Si ce défaut choque les juges d'un goût sévère, combien doivent
révolter tous ces traits forcés, toutes ces pensées alambiquées que
l'on trouve en foule dans des écrits, d'ailleurs estimables? comment   115
supporter que dans un livre de mathématiques on dise, que 'si
Saturne venait à manquer, ce serait le dernier satellite qui prendrait
sa place, parce que les grands seigneurs éloignent toujours d'eux
leurs successeurs'? comment souffrir qu'on dise qu'Hercule savait
la physique, et qu'*on ne pouvait résister à un philosophe de cette force?*[9]   120
L'envie de briller et de surprendre par des choses neuves, conduit
à ces excès.

Cette petite vanité a produit les jeux de mots dans toutes les
langues; ce qui est la pire espèce du *faux bel esprit*.

Le faux goût est différent du *faux bel esprit*; parce que celui-ci   125
est toujours une affectation, un effort de faire mal: au lieu que
l'autre est souvent une habitude de faire mal sans effort, et de
suivre par instinct un mauvais exemple établi. L'intempérance et
l'incohérance des imaginations orientales, est un faux goût; mais
c'est plutôt un manque d'*esprit*, qu'un abus d'*esprit*. Des étoiles qui   130
tombent, des montagnes qui se fendent, des fleuves qui reculent,

---

[7] Antoine Houdar de La Motte (1672-1731), auteur de l'*Iliade, poème avec un discours sur Homère* (Paris 1714; BV, no.1669). Voltaire le défend contre Jean-Baptiste Rousseau dans l'article 'Critique' (DP).

[8] Voir la deuxième édition de l'*Iliade* (Paris 1720), p.318.

[9] Voltaire s'en prend au père Noël Regnault (1683-1762) dont il avait lu les *Entretiens d'Ariste et d'Eudoxe* (Amsterdam 1732-1733; BV, no.2919). Celui-ci parlait d'Hercule physicien et non pas philosophe comme Voltaire l'a noté dans ses carnets (Voltaire 81, p.324, 386).

le soleil et la lune qui se dissolvent, des comparaisons fausses et gigantesques, la nature toujours outrée, sont le caractère de ces écrivains, parce que dans ces pays où l'on n'a jamais parlé en public, la vraie éloquence n'a pu être cultivée, et qu'il est bien plus aisé d'être ampoulé, que d'être juste, fin, et délicat.   13

Le *faux esprit* est précisément le contraire de ces idées triviales et ampoulées; c'est une recherche fatiguante de traits trop déliés, une affectation de dire en énigme ce que d'autres ont déjà dit naturellement, de rapprocher des idées qui paraissent incompatibles, de diviser ce qui doit être réuni, de saisir de faux rapports, de mêler contre les bienséances le badinage avec le sérieux, et le petit avec le grand.   14

Ce serait ici une peine superflue d'entasser des citations dans lesquelles le mot d'*esprit* se trouve. On se contentera d'en examiner une de Boileau, qui est rapportée dans le grand dictionnaire de Trévoux: *C'est le propre des grands esprits, quand ils commencent à vieillir et à décliner, de se plaire aux contes et aux fables.*[10] Cette réflexion n'est pas vraie. Un *grand esprit* peut tomber dans cette faiblesse, mais ce n'est pas le propre des *grands esprits*. Rien n'est plus capable d'égarer la jeunesse, que de citer les fautes des bons écrivains comme des exemples.   15

Il ne faut pas oublier de dire ici en combien de sens différents le mot d'*esprit* s'emploie; ce n'est point un défaut de la langue, c'est au contraire un avantage d'avoir ainsi des racines qui se ramifient en plusieurs branches.   15

Esprit d'un corps, d'une société, pour exprimer les usages, la manière de penser, de se conduire, les préjugés d'un corps.

Esprit de parti, qui est à l'*esprit* d'un corps ce que sont les passions aux sentiments ordinaires.   16

---

138   TS61-W75G: traits déliés
158   TS61-W75G: manière de parler, de

[10] *Trévoux*, ii.1958.

Esprit d'une loi, pour en distinguer l'intention; c'est en ce sens qu'on a dit, *la lettre tue* et *l'esprit vivifie.*[11]

Esprit d'un ouvrage, pour en faire concevoir le caractère et le but.

Esprit de vengeance, pour signifier *désir* et *intention* de se venger.

Esprit de discorde, esprit de révolte, etc.   165

On a cité dans un dictionnaire, *esprit de politesse*; mais c'est d'après un auteur nommé Bellegarde,[12] qui n'a nulle autorité. On doit choisir avec un soin scrupuleux ses auteurs et ses exemples. On ne dit point *esprit de politesse,* comme on dit *esprit de vengeance, de dissention, de faction*; parce que la politesse n'est point une   170 passion animée par un motif puissant qui la conduise, lequel on appelle *esprit* métaphoriquement.

Esprit familier se dit dans un autre sens, et signifie ces êtres mitoyens, ces génies, ces démons admis dans l'antiquité, comme l'*esprit de Socrate,* etc.   175

Esprit signifie quelquefois la plus subtile partie de la matière: on dit *esprits animaux, esprits vitaux,* pour signifier ce qu'on n'a jamais vu, et ce qui donne le mouvement et la vie. Ces *esprits* qu'on croit couler rapidement dans les nerfs, sont probablement un feu subtil. Le docteur Méad est le premier qui semble en avoir   180 donné des preuves dans la préface du traité sur les poisons.[13]

Esprit, en chimie, est encore un terme qui reçoit plusieurs acceptions différentes; mais qui signifie toujours la partie subtile de la matière. *Voyez plus bas* ESPRIT, *en chimie.*[14]

Il y a loin de l'*esprit,* en ce sens, au *bon esprit,* au *bel esprit.* Le   185 même mot dans toutes les langues peut donner toujours des idées

---

186   TS61-W75G: donner des idées

---

[11] II Corinthiens iii.6.

[12] Jean-Baptiste Morvan de Bellegarde (1648-1734), littérateur (cf. BV, no.2527). 'Il règne toujours un esprit de politesse dans la société des honnêtes gens', *Trévoux,* ii.1961.

[13] Richard Mead (1673-1754), médecin anglais, auteur de *A mechanical account of poisons* (London 1702); cf. BV, no.2381.

[14] L'article est de Gabriel François Venel (v.975-76).

différentes, parce que tout est métaphore sans que le vulgaire s'en aperçoive. *Voyez* ÉLOQUENCE, ÉLÉGANCE, *etc. Cet article est de M. de Voltaire.*

FACILE

FACILE,[1] adj. (*Littér. et Morale.*) ne signifie pas seulement une chose aisément faite, mais encore qui paraît l'être. Le pinceau du Corrège est *facile*. Le style de Quinaut est beaucoup plus *facile* que celui de Despréaux, comme le style d'Ovide l'emporte en facilité sur celui de Perse. Cette facilité en peinture, en musique, 5 en éloquence, en poésie, consiste dans un naturel heureux, qui n'admet aucun tour de recherche, et qui peut se passer de force et de profondeur. Ainsi les tableaux de Paul Véronèse ont un air plus *facile* et moins fini que ceux de Michel-Ange. Les symphonies de Rameau sont supérieures à celles de Lulli, et semblent moins 10 *faciles*. Bossuet est plus véritablement éloquent et plus *facile* que Fléchier. Rousseau dans ses épîtres n'a pas à beaucoup près la *facilité* et la vérité de Despréaux. Le commentateur de Despréaux dit que ce poète exact et laborieux avait appris à l'illustre Racine à faire difficilement des vers; et que ceux qui paraissent *faciles*, 15 sont ceux qui ont été faits avec le plus de difficulté.[2] Il est très vrai qu'il en coûte souvent pour s'exprimer avec clarté: il est vrai qu'on peut arriver au naturel par des efforts; mais il est vrai aussi qu'un heureux génie produit souvent des beautés *faciles* sans aucune peine, et que l'enthousiasme va plus loin que l'art. La 20 plupart des morceaux passionnés de nos bons poètes, sont sortis

---

1   TS61-W75G: Sur le mot facile. Facile ne signifie

---

[1] En réponse à une lettre inconnue de d'Alembert, Voltaire lui demande le 9 décembre 1755 (D6619) des explications pour le présent article; c'est sa seule mention. Peut-être fut-il envoyé le 28 avec une série d'articles qui le suivaient (D6655*).

[2] Voltaire semble faire allusion au commentaire sur la deuxième satire, où il est rappelé que Boileau se flattait d'avoir appris à Racine 'à rimer difficilement'. Voltaire a annoté son édition des *Œuvres* de Boileau, donnée par Claude Brossette (Genève 1716; BV, no.440), cf. i.23.

achevés de leur plume, et paraissent d'autant plus *faciles* qu'ils ont en effet été composés sans travail: l'imagination alors conçoit et enfante aisément. Il n'en est pas ainsi dans les ouvrages didactiques: c'est là qu'on a besoin d'art pour paraître *facile*. Il y a, par exemple, beaucoup moins de *facilité* que de profondeur dans l'admirable *Essai sur l'homme* de Pope. On peut faire facilement de très mauvais ouvrages qui n'auront rien de gêné, qui paraîtront *faciles*, et c'est le partage de ceux qui ont sans génie la malheureuse habitude de composer. C'est en ce sens qu'un personnage de l'ancienne comédie, qu'on nomme *italienne*, dit à un autre:

Tu fais de méchants vers admirablement bien.[3]

Le terme de *facile* est une injure pour une femme: c'est quelquefois dans la société une louange pour un homme: c'est souvent un défaut dans un homme d'Etat. Les mœurs d'Atticus[4] étaient *faciles*, c'était le plus aimable des Romains. La *facile* Cléopatre se donna à Antoine aussi aisément qu'à César. Le *facile* Claude se laissa gouverner par Agrippine. *Facile* n'est là, par rapport à Claude, qu'un adoucissement, le mot propre est *faible*. Un homme *facile* est en général un esprit qui se rend aisément à la raison, aux remontrances; un cœur qui se laisse fléchir aux prières: et *faible* est celui qui laisse prendre sur lui trop d'autorité. *Article de M. de Voltaire.*

33 TS61: femme, est quelquefois
    NM-W75G: femme et est
37 TS61-W75G: se laissait

[3] Les répliques étant improvisées par les acteurs, on ne peut pas identifier la source de Voltaire. Voir cependant Molière, *Le Misanthrope*, IV.i.1144: 'On peut être honnête homme et faire mal des vers'.
[4] Titus Pomponius Atticus (109-132), chevalier romain, historien, correspondant de Cicéron.

FACTION

FACTION,[1] s. f. (*Politiq. et Gram.*). Le mot *faction* venant du latin *facere*, on l'emploie pour signifier l'état d'un soldat à son poste en *faction*, les quadrilles ou les troupes des combattants dans le cirque, les *factions* vertes, bleues, rouges et blanches. *Voyez* FACTION, (*Hist. anc.*)[2] La principale acception de ce terme signifie *un parti séditieux dans un Etat*. Le terme de *parti* par lui-même n'a rien d'odieux, celui de *faction* l'est toujours. Un grand homme et un médiocre peuvent avoir aisément un parti à la cour, dans l'armée, à la ville, dans la littérature. On peut avoir un parti par son mérite, par la chaleur et le nombre de ses amis, sans être chef de parti. Le maréchal de Catinat,[3] peu considéré à la cour, s'était fait un grand parti dans l'armée, sans y prétendre. Un chef de parti est toujours un chef de *faction*: tels ont été le cardinal de Retz, Henri duc de Guise, et tant d'autres.

Un parti séditieux, quand il est encore faible, quand il ne partage pas tout l'Etat, n'est qu'une *faction*. La *faction* de César devint bientôt un parti dominant qui engloutit la république. Quand l'empereur Charles VI disputait l'Espagne à Philippe V il avait un parti dans ce royaume, et enfin il n'y eut plus qu'une *faction*; cependant on peut dire toujours *le parti de Charles VI*. Il n'en est

1   TS61-W75G: Faction. De ce qu'on entend par ce mot. Le mot

[1] La correspondance ne fait pas mention de cet article, non plus que de 'Fantaisie', 'Faste', 'Favori', 'Fécond', 'Félicité' et 'Fierté'. Nous pouvons supposer qu'il a été commandé en novembre 1755, en même temps que 'Facile', 'Faible', 'Fausseté', 'Feu', 'Finesse', 'Force', 'Fornication' et 'Français', d'Alembert ayant probablement regroupé par ordre alphabétique les articles de la lettre F confiés à Voltaire. Celui-ci ne le mentionne pas dans sa lettre du 9 décembre 1755 (D6619).
[2] L'article est signé de l'astérisque de Diderot (vi.360).
[3] Nicolas Catinat (1637-1717). Voir *Le Siècle de Louis XIV*, ch.16.

pas ainsi des hommes privés. Descartes eut longtemps un parti en France, on ne peut dire qu'il eût une *faction*. C'est ainsi qu'il y a des mots synonymes en plusieurs cas, qui cessent de l'être dans d'autres. *Article de M. de Voltaire.*

FAIBLE

Foible,[1] subst. m. (*Grammaire.*) qu'on prononce *faible*, et que plusieurs écrivent ainsi, est le contraire de *fort*, et non de *dur* et de *solide*. Il peut se dire de presque tous les êtres. Il reçoit souvent l'article *de*: le fort et le *faible* d'une épée; *faible* de reins; armée *faible* de cavalerie; ouvrage philosophique *faible* de raisonnement, 5 *etc.*

Le *faible* du cœur n'est point le *faible* de l'esprit; le *faible* de l'âme n'est point celui du cœur. Une âme *faible* est sans ressort et sans action; elle se laisse aller à ceux qui la gouvernent. Un cœur *faible* s'amollit aisément, change facilement d'inclinations, ne 10 résiste point à la séduction, à l'ascendant qu'on veut prendre sur lui, et peut subsister avec un esprit fort; car on peut penser fortement, et agir faiblement. L'esprit *faible* reçoit les impressions sans les combattre, embrasse les opinions sans examen, s'effraie sans cause, tombe naturellement dans la superstition. *Voyez* FAIBLE, 15 (*Morale*).[2]

Un ouvrage peut être *faible* par les pensées ou par le style; par les pensées, quand elles sont trop communes, ou lorsqu'étant justes, elles ne sont pas assez approfondies; par le style, quand il est dépourvu d'images, de tours, de figures qui réveillent l'atten- 20 tion. Les oraisons funèbres de Mascaron[3] sont *faibles*, et son style n'a point de vie en comparaison de Bossuet. Toute harangue est *faible*, quand elle n'est pas relevée par des tours ingénieux et par des expressions énergiques; mais un plaidoyer est *faible*, quand

---

1 ts61-w75g: Du mot foible. Foible [ts61: faible]

---

[1] Voir 'Facile', n.1. L'article 'Faible' est également à l'ordre du jour.
[2] L'article (vii.27-28) est anonyme.
[3] Sur Jules Mascaron (1634-1703), prédicateur, évêque de Tulle, puis d'Agen, voir le 'Catalogue des écrivains', *Siècle de Louis XIV*, et l'article 'Ordination' (qe). Voltaire possédait son *Recueil des oraisons funèbres* (Paris 1746; BV, no.2344).

avec tout le secours de l'éloquence et toute la véhémence de   25
l'action, il manque de raisons. Nul ouvrage philosophique n'est
faible, malgré la faiblesse d'un style lâche, quand le raisonnement
est juste et profond. Une tragédie est *faible*, quoique le style en
soit fort, quand l'intérêt n'est pas soutenu. La comédie la mieux
écrite est *faible*, si elle manque de ce que les Latins appelaient *vis*   30
comica, la force comique: c'est ce que César reproche à Térence:
lenibus atque utinam scriptis adjuncta foret vis.[4] C'est surtout en quoi
a péché souvent la comédie nommée *larmoyante*. Les vers *faibles*
ne sont pas ceux qui pèchent contre les règles, mais contre le
génie; qui dans leur mécanique sont sans variété, sans choix   35
de termes, sans heureuses inversions, et qui dans leur poésie
conservent trop la simplicité de la prose. On ne peut mieux sentir
cette différence, qu'en comparant les endroits que Racine, et
Campistron[5] son imitateur, ont traités. *Article de M. de Voltaire.*

---

[4] 'Tu quoque, tu, in summis, o dimidiate Menander, / Poneris, et merito, puri
sermonis amator. / Lenibus atque utinam scriptis adiuncta foret vis, / Comica
ut aequato virtus polleret honore / Cum Graecis neve hac despectus parte
iaceres! / Unum hoc maceror ac doleo tibi deesse, Terenti.' (Suétone, 'Vita
Terenti', *De poetis*, v). Il est douteux que cette épigramme soit de César comme
le rapporte Suétone. Chez les Romains 'vis comica' signifiait: 'relatif à la
comédie'. Celle-ci, dans ses règles, ne comportait pas nécessairement le rire.
Pour les modernes, 'vis comica' signifie la capacité qu'a une œuvre littéraire de
provoquer le rire. Cependant, selon des travaux récents, cette signification
moderne serait le résultat d'une erreur de ponctuation; voir A. Barbieri, *La Vis
comica di Terenzio* (Arona 1951).

[5] Dans ses carnets Voltaire note que Campistron 'affadit ce qu'il [Racine]
avoit embelli' (Voltaire 82, p.455). Voir également l'*Epître à la duchesse Du
Maine*' en tête d'*Oreste*, et le 'Catalogue des écrivains' du *Siècle de Louis XIV*.
Voltaire a souligné les mêmes effets, en annotant son édition des *Œuvres* de
Jean-Galbert de Campistron (Paris 1698; BV, no.626; cf. CN, ii.367-74).

FANTAISIE

FANTAISIE,[1] s. f. (*Gramm.*) signifiait autrefois l'*imagination*, et on
ne se servait guère de ce mot que pour exprimer cette faculté de
l'âme qui reçoit les objets sensibles. Descartes, Gassendi, et tous
les philosophes de leur temps, disent que *les espèces, les images des
choses se peignent en la fantaisie*; et c'est de là que vient le mot   5
fantôme.[2] Mais la plupart des termes abstraits sont reçus à la longue
dans un sens différent de leur origine, comme des instruments
que l'industrie emploie à des usages nouveaux. *Fantaisie* veut dire
aujourd'hui *un désir singulier, un goût passager*: il a eu la *fantaisie*
d'aller à la Chine: la *fantaisie* du jeu, du bal, lui a passé. Un peintre   10
fait un portrait de *fantaisie*, qui n'est d'après aucun modèle. Avoir
des *fantaisies*, c'est avoir des goûts extraordinaires qui ne sont pas
de durée. *Voyez l'article suivant*.[3] *Fantaisie* en ce sens est moins que
bizarrerie et que *caprice*. Le caprice peut signifier *un dégoût subit et
déraisonnable*. Il a eu la *fantaisie* de la musique, et il s'en est dégoûté   15
par caprice. La bizarrerie donne une idée d'inconséquence et de
mauvais goût, que la *fantaisie* n'exprime pas: il a eu la *fantaisie* de
bâtir, mais il a construit sa maison dans un goût bizarre. Il y a
encore des nuances entre avoir des *fantaisies* et être *fantasque*: le
fantasque approche beaucoup plus du bizarre. Ce mot désigne un   20

1   TS61-W75G: Du terme fantaisie. Fantaisie signifiait
14-15 TS61-W75G: dégoût subtil et déraisonnable

[1] Voir 'Faction', n.1.
[2] 'Fantôme' vient de 'phantasme'. Sur cette erreur de Voltaire, voir l'*Année
littéraire* (1761), vi.311. En fait c'est tout le problème de la perception qui est
posé. Voir R. Descartes, *Les Principes de la philosophie*, i.69-70, iii.197-198, 203-
204; *Les Passions de l'âme*, §20, 21, 43; *Traité de l'homme, passim*, et en contrepartie
la *Disquisitio metaphysica*, vi.1-2 de P. Gassendi; voir également *Trévoux*, iii.66-
67.
[3] C'est-à-dire la part 'morale' (vi.403) anonyme, mais attribuée à Saint-
Lambert par Schwab-Rex (iii.419).

caractère inégal et brusque. L'idée d'agrément est exclue du mot *fantasque*, au lieu qu'il y a des *fantaisies* agréables. On dit quelquefois en conversation familière, *des fantaisies musquées*; mais jamais on n'a entendu par ce mot, *des bizarreries d'hommes d'un rang supérieur qu'on n'ose condamner*, comme le dit le dictionnaire de Trévoux:[4] au contraire, c'est en les condamnant qu'on s'exprime ainsi; et *musquée* en cette occasion est une explétive qui ajoute à la force du mot, comme on dit *sottise pommée*, *folie fieffée*, pour dire *sottise* et *folie complète*. *Article de M. de Voltaire*.

---

[4] *Trévoux*, iii.67. L'édition de 1771 tiendra compte de la critique et corrigera. La même définition a été donnée par A. J. Panckoucke, *Dictionnaire portatif des proverbes françois* (Utrecht 1751), p.121.

FASTE

FASTE,[1] s. m. (*Gram.*) vient originairement du latin *fasti*, jours de fêtes. C'est en ce sens qu'Ovide l'entend dans son poème intitulé *Les fastes*. Godeau a fait sur ce modèle *Les fastes de l'Eglise*,[2] mais avec moins de succès, la religion des Romains païens étant plus propre à la poésie que celle des chrétiens; à quoi on peut ajouter qu'Ovide était un meilleur poète que Godeau. Les *fastes* consulaires n'étaient que la liste des consuls. *Voyez ci-après les articles* FASTES (*Histoire*).[3]

Les *fastes* des magistrats étaient les jours où il était permis de plaider; et ceux auxquels on ne plaidait pas s'appelaient néfastes, *nefasti*, parce qu'alors on ne pouvait parler, *fari*, en justice. Ce mot *nefastus* en ce sens ne signifiait pas *malheureux*; au contraire, *nefastus* et *nefandus* furent l'attribut des jours infortunés en un autre sens, qui signifiait, jours dont on ne doit pas parler, jours dignes de l'oubli; *ille et nefasto te posuit die.*[4]

Il y avait chez les Romains d'autres *fastes* encore, *fasti urbis, fasti rustici*; c'était un calendrier à l'usage de la ville et de la campagne.

On a toujours cherché dans ces jours de solennité à étaler

5

10

15

---

1   TS61-W75G: Faste. Des différentes significations de ce mot. Faste vient
4   TS61-W75G: païens était plus
14   TS61-W75G: doit point parler
17   TS61-W75G: calendrier de l'usage

---

[1] Voir 'Faction', n.1.

[2] A. Godeau, *Les Fastes de l'Eglise pour les douze mois de l'année* (Paris 1674); voir à ce nom le 'Catalogue des écrivains' du *Siècle de Louis XIV*: 'Il se trompa en croyant égaler les *Fastes* d'Ovide: ni son sujet, ni son génie n'y pouvaient suffire. C'est une grande erreur de penser que les sujets chrétiens puissent convenir à la poésie comme ceux du paganisme, dont la mythologie aussi agréable que fausse animait toute la nature' (M.xiv.77).

[3] L'article est de Jaucourt (vi.419-20).

[4] Horace, *Carmina*, II.xiii.1.

quelque appareil dans ses vêtements, dans sa suite, dans ses festins. Cet appareil étalé dans d'autres jours s'est appelé *faste*. Il n'exprime que la magnificence dans ceux qui par leur état doivent représenter; il exprime la vanité dans les autres. Quoique le mot de *faste* ne soit pas toujours injurieux, *fastueux* l'est toujours.[5] Il fit son entrée avec beaucoup de *faste*: c'est un homme *fastueux*: un religieux qui fait parade de sa vertu, met du *faste* jusque dans l'humilité même. *Voyez l'article suivant.*[6]

Le *faste* n'est pas le luxe. On peut vivre avec luxe dans sa maison sans *faste*, c'est-à-dire sans se parer en public d'une opulence révoltante. On ne peut avoir de *faste* sans luxe. Le *faste* est l'étalage des dépenses que le luxe coûte. *Article de M. de Voltaire.*

26-30   TS61-W75G: l'humilité même.//

[5] Ce sens péjoratif s'est estompé au cours du dix-neuvième siècle par les biais successifs de l'*ostentation* et de l'*étalage*.
[6] 'Fastes consulaires' de Jaucourt (vi.420-21).

FAUSSETÉ

FAUSSETÉ,[1] s. f. (*Morale.*) le contraire de la vérité. Ce n'est pas proprement le mensonge, dans lequel il entre toujours du dessein. On dit qu'il y a eu cent mille hommes écrasés dans le tremblement de terre de Lisbonne, ce n'est pas un mensonge, c'est une *fausseté*. La *fausseté* est presque toujours encore plus qu'erreur. La *fausseté* 5 tombe plus sur les faits; l'erreur sur les opinions. C'est une erreur de croire que le soleil tourne autour de la terre; c'est une *fausseté* d'avancer que Louis XIV dicta le testament de Charles II.[2] La *fausseté* d'un acte est un crime plus grand que le simple mensonge; elle désigne une imposture juridique, un larcin fait avec la plume. 10

Un homme a de la *fausseté* dans l'esprit, quand il prend presque toujours à gauche;[3] quand ne considérant pas l'objet entier, il attribue à un côté de l'objet ce qui appartient à l'autre, et que ce vice de jugement est tourné chez lui en habitude. Il a de la *fausseté* dans le cœur, quand il s'est accoutumé à flatter et à se parer des 15 sentiments qu'il n'a pas; cette *fausseté* est pire que la dissimulation, et c'est ce que les Latins appelaient *simulatio*.[4] Il y a beaucoup de

---

1   TS61-W75G: Sur la fausseté. Fausseté est le
14   TS61-W75G: Il y a de la fausseté
15-16   TS61-W75G: se parer de sentiments
17-18   TS61-W75G: beaucoup de faussetés dans

---

[1] L'article a probablement été commandé à Voltaire en novembre 1755. Dans sa lettre du 9 décembre 1755 (D6619), il demande à d'Alembert une précision à son sujet. L'article a dû être écrit au cours du mois de décembre. Nous ne connaissons pas la date de son envoi.

[2] *Le Siècle de Louis XIV*, ch.17.

[3] *A gauche* - 'pour mal, sans fondement, de travers, au rebours', A. J. Panckoucke, *Dictionnaire portatif des proverbes françois*, p.150.

[4] C'est le sens que Cicéron lui donne en général: *De officiis*, II.(xii).43, III.(xv).61, III.(xxvi).97; *Pro Sulla*, xix.54; *Pro lege Manilia*, xxii.66; *Epistulae*, XI.iii.5; *Post reditum ad Quirites*, ix.21. Voir également César, *De bello gallico*, v.(i).5, VI.(viii).2; *De bello civili*, iii.28.

fausseté dans les historiens, des erreurs chez les philosophes, des mensonges dans presque tous les écrits polémiques, et encore plus dans les satiriques. *Voy.* CRITIQUE.[5] Les esprits *faux* sont insupportables, et les cœurs *faux* sont en horreur. *Article de M. de Voltaire.*

[5] L'article est de l'abbé E. Mallet (iv.489-90).

FAVEUR

FAVEUR,[1] s. f. (*Morale.*) *Faveur*, du mot latin *favor*, suppose plutôt un bienfait qu'une récompense. On brigue sourdement la *faveur*; on mérite et on demande hautement des récompenses. Le dieu *Faveur*, chez les mythologistes romains,[2] était fils de la Beauté et de la Fortune. Toute *faveur* porte l'idée de quelque chose de   5 gratuit; il m'a fait la *faveur* de m'introduire, de me présenter, de recommander mon ami, de corriger mon ouvrage. La *faveur* des princes est l'effet de leur goût, et de la complaisance assidue; la *faveur* du peuple suppose quelquefois du mérite, et plus souvent un hasard heureux. *Faveur* diffère beaucoup de *grâce*. Cet homme   10 est en *faveur* auprès du roi, et cependant il n'en a point encore obtenu de grâces. On dit, il *a été reçu en grâce*. On ne dit point, il *a été reçu en faveur*, quoiqu'on dise *être en faveur*: c'est que la *faveur* suppose un goût habituel; et que *faire grâce*, *recevoir en grâce*, c'est pardonner, c'est moins que donner sa *faveur*. Obtenir grâce,   15 c'est l'effet d'un moment; obtenir la *faveur* est l'effet du temps. Cependant on dit également, *faites-moi la grâce*, *faites-moi la faveur* de recommander mon ami. Des lettres de recommandation s'appe-

---

1   TS61-W75G: Faveur. De ce qu'on entend par ce mot. Faveur du

---

[1] Probablement commandé en même temps que 'Facile', 'Faible', 'Fausseté', 'Feu', 'Finesse', 'Force', 'Fornication' et 'Français' en novembre 1755. Rédigé en décembre 1755, 'Faveur' sera envoyé à d'Alembert le 28 décembre 1755 (D6655*) avec 'Figuré', 'Fleuri', 'Force', 'Fornication' et 'Franchise'.
[2] Les attestations sont rares chez les mythographes, mais il est fait trois fois mention de ce dieu chez Martianus Capella, dans son *Satyricon*, (éd. H. Grotius, [Leyde] 1599), p.48, 50, 55.

laient autrefois *des lettres de faveur*. Sévère dit dans la tragédie de
Polieucte,   20

> *Je mourrais mille fois plutôt que d'abuser*
> *Des lettres de faveur que j'ai pour l'épouser.*[3]

On a la *faveur*, la bienveillance, non la grâce du prince et du
public. On obtient la *faveur* de son auditoire par la modestie: mais
il ne vous fait pas grâce si vous êtes trop long. Les mois des   25
gradués, avril et octobre, dans lesquels un collateur peut donner
un bénéfice simple au gradué le moins ancien, sont des mois de
faveur et de grâce.[4]

Cette expression *faveur* signifiant une bienveillance gratuite
qu'on cherche à obtenir du prince ou du public, la galanterie l'a   30
étendue à la complaisance des femmes: et quoiqu'on ne dise point,
il a eu des *faveurs* du roi, on dit, il a eu les *faveurs* d'une dame.
Voyez l'article suivant.[5] L'équivalent de cette expression n'est point
connu en Asie, où les femmes sont moins reines.

On appelait autrefois *faveurs*, des rubans, des gants, des boucles,   35
des nœuds d'épée, donnés par une dame. Le comte d'Essex portait
à son chapeau un gant de la reine Elisabeth, qu'il appelait *faveur*
de la reine.[6]

Ensuite l'ironie se servit de ce mot pour signifier les suites
fâcheuses d'un commerce hasardé; *faveurs* de Vénus, *faveurs* cuisan-   40
tes, etc. *Article de M. de Voltaire.*

---

[3] La citation exacte est: 'Car je voudrais mourir plutôt que d'abuser...', P.
Corneille, *Polyeucte*, II.i.379.

[4] En opposition à janvier et juillet, dits mois 'de rigueur', au cours desquels
la collation des bénéfices *devait* aller au plus ancien gradué nommé, selon une
hiérarchie statutaire. Depuis la Pragmatique Sanction de Bourges (1438) un
tiers des bénéfices allait aux gradués. Le règlement fut codifié par le concordat
de Bologne en 1516. Voir M. Marion, *Dictionnaire des institutions de la France aux
XVIIe et XVIIIe siècles* (Paris 1969), p.263-64.

[5] La part 'morale et galanterie' de 'Faveur' d'A. Quiret de Margency (vii.433).

[6] Robert Devereux, comte d'Essex (1567-1601).

72

FAVORI, FAVORITE

Favori, favorite,[1] adject. m. et f. (*Hist. et Morale.*) *Voyez* faveur. Ces mots ont un sens tantôt plus resserré tantôt plus étendu. Quelquefois *favori* emporte l'idée de puissance, quelquefois seulement il signifie un homme qui plaît à son maître.

Henri III eut des *favoris* qui n'étaient que des mignons; il en eut qui gouvernèrent l'Etat, comme les ducs de Joyeuse et d'Epernon:[2] on peut comparer un *favori* à une pièce d'or, qui vaut ce que veut le prince. Un ancien a dit: *qui doit être le favori d'un roi? c'est le peuple.*[3] On appelle les bons poètes *les favoris des Muses*, comme les gens heureux *les favoris de la fortune*, parce qu'on suppose que les uns et les autres ont reçu ces dons sans travail. C'est ainsi qu'on appelle un terrain fertile et bien situé le *favori de la nature*.

La femme qui plaît le plus au sultan s'appelle parmi nous *la sultane favorite*; on a fait l'histoire des *favorites*,[4] c'est-à-dire des maîtresses des plus grands princes. Plusieurs princes en Allemagne ont des maisons de campagne qu'on appelle *la favorite*. *Favori* d'une dame, ne se trouve plus que dans les romans et les historiettes du siècle passé. *Voyez* faveur. *Article de M. de Voltaire.*

1-2 ts61-w75g: Favori et favorite. De ce qu'on entend par ces mots. Ces mots
6 ts61: le duc de

---

[1] Voir 'Faction', n.1.
[2] Anne de Joyeuse (1561-1587), amiral de France, fut tué à la bataille de Coutras contre les religionnaires. Jean Louis de Nogaret de La Valette, duc d'Epernon (1554-1642), partisan de Marie de Médicis, fut écarté par Richelieu. Dans ses carnets, Voltaire rappelle qu'en 1702 Louis XIV nomma publiquement Villeroy son favori, 'terme dont il ne s'étoit jamais servi auparavan' (Voltaire 81, p.226).
[3] Voir les carnets (Voltaire 82, p.593).
[4] [Anne de La Roche Guilhem], *Histoire des favorites, contenant ce qui s'est passé de plus remarquable sous plusieurs règnes* (Amsterdam 1697).

FÉCOND

FÉCOND,[1] adj. (*Littérature.*) est le synonyme de *fertile* quand il s'agit de la culture des terres: on peut dire également *un terrain fécond* et *fertile*; *fertiliser* et *féconder un champ*. La maxime qu'il n'y a point de synonymes, veut dire seulement qu'on ne peut se servir dans toutes les occasions des mêmes mots. *Voyez* DICTIONNAIRE, 5
ENCYCLOPÉDIE, *et* SYNONYME.[2] Ainsi une femelle de quelqu'espèce qu'elle soit n'est point *fertile*, elle est *féconde*. On *féconde* des œufs, on ne les *fertilise* pas. La nature n'est pas *fertile*, elle est *féconde*. Ces deux expressions sont quelquefois également employées au figuré et au propre. Un esprit est *fertile* ou *fécond* en grandes idées. 10
Cependant les nuances sont si délicates qu'on dit un orateur *fécond*, et non pas un orateur *fertile*; *fécondité*, et non *fertilité* de paroles; cette méthode, ce principe, ce sujet est d'une grande *fécondité*, et non pas d'une grande *fertilité*. La raison en est qu'un principe, un sujet, une méthode, produisent des idées qui naissent 15
les unes des autres comme des êtres successivement enfantés, ce qui a rapport à la génération. *Bienheureux Scudéri, dont la fertile plume*;[3] le mot *fertile* est là bien placé, parce que cette plume s'exerçait, se répandait sur toutes sortes de sujets. Le mot *fécond* convient plus au génie qu'à la plume. Il y a des temps *féconds* en 20
crimes, et non pas *fertiles* en crimes. L'usage enseigne toutes ces petites différences. *Article de M. de Voltaire.*

---

1 TS61-W75G: Du terme fécond. Fécond est

[1] Voir 'Faction', n.1.
[2] 'Dictionnaire' est de d'Alembert (iv.958-69); 'Encyclopédie' est signé de l'astérisque de Diderot (v.634-49); 'Synonyme' est de Douchet et Beauzée (xv.757-59).
[3] N. Boileau, *Satires*, ii.77.

FÉLICITÉ

FÉLICITÉ,[1] s. f. (*Gramm. et Morale.*) est l'état permanent, du moins
pour quelque temps, d'une âme contente, et cet état est bien rare.
Le bonheur vient du dehors, c'est originairement une *bonne heure*.
Un bonheur vient, on a un bonheur; mais on ne peut dire, *il m'est
venu une félicité, j'ai eu une félicité*: et quand on dit, *cet homme jouit*   5
d'une félicité parfaite, une alors n'est pas prise numériquement, et
signifie seulement qu'on croit que sa *félicité* est parfaite. On peut
avoir un bonheur sans être heureux. Un homme a eu le bonheur
d'échapper à un piège, et n'en est quelquefois que plus malheureux; on ne peut pas dire de lui qu'il a éprouvé la *félicité*. Il y a   10
encore de la différence entre *un* bonheur et *le* bonheur, différence
que le mot *félicité* n'admet point. Un bonheur est un événement
heureux. Le bonheur pris indéfinitivement, signifie une *suite* de
ces événements. Le plaisir est un sentiment agréable et passager,
le bonheur considéré comme sentiment, est une suite de plaisirs,   15
la prospérité une suite d'heureux événements, la *félicité* une jouis-
sance intime de sa prospérité. L'auteur des *Synonymes*[2] dit que *le
bonheur est pour les riches, la félicité pour les sages, la béatitude pour les
pauvres d'esprit*; mais le bonheur paraît plutôt le partage des riches
qu'il ne l'est en effet, et la *félicité* est un état dont on parle plus   20
qu'on ne l'éprouve. Ce mot ne se dit guère en prose au pluriel,
par la raison que c'est un état de l'âme, comme tranquillité,

  1   TS61-W75G: Félicité. Des différents usages de ce terme. Félicité est
  6   TS61-W75G: pas pris numériquement
 13   W75G: pris indécisivement, signifie

[1] Voir 'Faction', n.1.
[2] Gabriel Girard, *Synonymes français* (10ᵉ éd., Genève 1753), p.59 (BV,
no.1471).

sagesse, repos; cependant la poésie qui s'élève au-dessus de la prose, permet qu'on dise dans Polieucte:

> *Ou leurs félicités doivent être infinies.*[3]   25

> *Que vos félicités, s'il se peut, soient parfaites.*[4]

Les mots, en passant du substantif au verbe, ont rarement la même signification. *Féliciter*, qu'on emploie au lieu de *congratuler*, ne veut pas dire *rendre heureux*, il ne dit pas même se *réjouir* avec quelqu'un de sa *félicité*, il veut dire simplement *faire compliment* sur   30 un succès, sur un événement agréable. Il a pris la place de *congratuler*, parce qu'il est d'une prononciation plus douce et plus sonore. *Article de M. de Voltaire.*

---

[3] P. Corneille, *Polyeucte*, IV.v.1324.
[4] *Zaïre*, I.i.77.

FERMETÉ

FERMETÉ,[1] s. f. (*Gramm. et Littér.*) vient de *ferme*, et signifie autre chose que *solidité* et *dureté*. Une toile serrée, un sable battu, ont de la *fermeté* sans être durs ni solides. Il faut toujours se souvenir que les modifications de l'âme ne peuvent s'exprimer que par des images physiques: on dit *la fermeté de l'âme, de l'esprit*; ce qui ne signifie pas plus *solidité* ou *dureté* qu'au propre. La *fermeté* est l'exercice du courage de l'esprit; elle suppose une résolution éclairée: l'opiniâtreté au contraire suppose de l'aveuglement. Ceux qui ont loué la *fermeté* du style de Tacite, n'ont pas tant de tort que le prétend le P. Bouhours:[2] c'est un terme hasardé, mais placé, qui exprime l'énergie et la force des pensées et du style. On peut dire que la Bruyère a un *style ferme*, et que d'autres écrivains n'ont qu'un style dur. *Article de M. de Voltaire.*

1 TS61-W75G: Du mot fermeté. Fermeté vient
4-5 TS61-W75G: par images

[1] Voir 'Faction', n.1.
[2] Dominique Bouhours, *Doutes sur la langue françoise* (Paris 1674; BV, no.499), p.9. Voir le 'laudator eloquentissimus', selon Pline, *Epistulae*, II.i.6.

FEU

FEU,[1] (*Littérat.*) Après avoir parcouru les différentes acceptions de *feu* au physique, il faut passer au moral. Le *feu*, surtout en poésie, signifie souvent l'*amour*, et on l'emploie plus élégamment au pluriel qu'au singulier. Corneille dit souvent un beau *feu*,[2] pour un amour vertueux et noble: un homme a du *feu* dans la conversation, cela ne veut pas dire qu'il a des idées brillantes et lumineuses, mais des expressions vives, animées par les gestes. Le *feu* dans les écrits ne suppose pas non plus nécessairement de la lumière et de la beauté, mais de la vivacité, des figures multi-pliées, des idées pressées. Le *feu* n'est un mérite dans le discours et dans les ouvrages que quand il est bien conduit. On a dit que les poètes étaient animés d'un *feu* divin, quand ils étaient sublimes: on n'a point de génie sans *feu*, mais on peut avoir du *feu* sans génie. *Article de M. de Voltaire.*

1-2 TS61-W75G: Feu. De ce qu'on entend par cette expression au moral. Le feu, surtout
10 TS61-W75G: dans les discours

[1] Voir 'Fausseté', n.1.
[2] P. Corneille, *Cinna*, I.iii.275: 'Souviens-toi du beau feu dont nous sommes épris'; voir aussi *La Place royale*, I.i.92, *L'Illusion comique*, III.i.658, *Théodore*, IV.iii.1217, 1259, *Rodogune*, I.iv.269, *Nicomède*, I.ii.158, *Suréna*, IV.ii.1154.

FIERTÉ

FIERTÉ,[1] s. f. (*Morale.*) est une de ces expressions, qui n'ayant
d'abord été employées que dans un sens odieux, ont été ensuite
détournées à un sens favorable. C'est un blâme quand ce mot
signifie la vanité hautaine, altière, orgueilleuse, dédaigneuse. C'est
presque une louange quand il signifie la hauteur d'une âme noble.   5
C'est un juste éloge dans un général qui marche avec *fierté* à
l'ennemi. Les écrivains ont loué la *fierté* de la démarche de Louis
XIV. Ils auraient dû se contenter d'en remarquer la noblesse. La
fierté de l'âme sans hauteur est un mérite compatible avec la
modestie. Il n'y a que la *fierté* dans l'air et dans les manières qui   10
choque; elle déplaît dans les rois mêmes. La *fierté* dans l'extérieur,
dans la société, est l'expression de l'orgueil: la *fierté* dans l'âme
est de la grandeur. Les nuances sont si délicates, qu'esprit *fier* est
un blâme, âme *fière* une louange; c'est que par esprit *fier*, on entend
un homme qui pense avantageusement de soi-même: et par âme   15
fière, on entend des sentiments élevés. La *fierté* annoncée par
l'extérieur est tellement un défaut, que les petits qui louent
bassement les grands de ce défaut, sont obligés de l'adoucir, ou
plutôt de le relever par une épithète, *cette noble fierté*. Elle n'est pas
simplement la vanité qui consiste à se faire valoir par les petites   20
choses, elle n'est pas la présomption qui se croit capable des
grandes, elle n'est pas le dédain qui ajoute encore le mépris des
autres à l'air de la grande opinion de soi-même, mais elle s'allie
intimement avec tous ces défauts. On s'est servi de ce mot dans
les romans et dans les vers, surtout dans les opéras, pour exprimer   25
la sévérité de la pudeur; on y rencontre partout vaine *fierté*,

---

1   TS61-W75G: De la fierté. Fierté est
3   TS61-W75G: C'est un crime, quand

---

[1] Voir 'Faction', n.1.

rigoureuse *fierté*. Les poètes ont eu peut-être plus de raison qu'ils ne pensaient. La *fierté* d'une femme n'est pas simplement la pudeur sévère, l'amour du devoir, mais le haut prix que son amour-propre met à sa beauté. On a dit quelquefois la *fierté* du pinceau, pour signifier des touches libres et hardies. *Article de M. de Voltaire.*

FIGURÉ

FIGURÉ,[1] adj. (*Littér.*) exprimé en figure. On dit un *ballet figuré*, qui représente ou qu'on croit représenter une action, une passion, une saison, ou qui simplement forme des figures par l'arrangement des danseurs deux à deux, quatre à quatre: *copie figurée*, parce qu'elle exprime précisément l'ordre et la disposition de l'original: 5
vérité figurée par une fable, par une parabole: l'*Eglise figurée* par la jeune épouse du Cantique des cantiques: l'ancienne *Rome figurée* par Babylone:[2] *style figuré* par les expressions métaphoriques qui figurent les choses dont on parle, et qui les défigurent quand les métaphores ne sont pas justes.   10

L'imagination ardente, la passion, le désir souvent trompé de plaire par des images surprenantes, produisent le style *figuré*. Nous ne l'admettons point dans l'histoire, car trop de métaphores nuisent à la clarté; elles nuisent même à la vérité, en disant plus ou moins que la chose même. Les ouvrages didactiques   15
réprouvent ce style. Il est bien moins à sa place dans un sermon, que dans une oraison funèbre; parce que le sermon est une instruction dans laquelle on annonce la vérité, l'oraison funèbre une déclamation dans laquelle on exagère. La poésie d'enthousias-

1 TS61-W70L: Sur le terme figuré. Figuré exprimé

[1] Envoyé à d'Alembert le 28 décembre 1755 (D6655*), l'article est susceptible de corrections. Une partie de ce texte (lignes 1-33, 38-50) a passé dans la section 'Exprimé en figure' de l'article 'Figure' des *Questions sur l'Encyclopédie*, avec quelques variantes et une digression sur J.-B. Rousseau, comme on le verra à cet article.
[2] Dès l'Ancien Testament, Babylone est identifiée avec le lieu de tous les péchés: Isaïe xiv.4-23, Jérémie li.9-11. L'Apocalypse donnera une dimension chrétienne à l'identification (xvii). Les Réformateurs appliquèrent ce lieu commun à la Rome papale. L'interprétation allégorique du Cantique est fort ancienne: l'épouse était identifiée avec Israël. Origène, par son *Commentaire* fameux, contribua à l'identification épouse/Eglise.

me, comme l'épopée, l'ode, est le genre qui reçoit le plus ce style. On le prodigue moins dans la tragédie, où le dialogue doit être aussi naturel qu'élevé; encore moins dans la comédie, dont le style doit être plus simple.

C'est le goût qui fixe les bornes qu'on doit donner au style *figuré* dans chaque genre. Balthasar Gratian[3] dit, que les pensées partent des vastes côtes de la mémoire, s'embarquent sur la mer de l'imagination, arrivent au port de l'esprit pour être enregistrées à la douane de l'entendement.

Un autre défaut du style *figuré* est l'entassement des figures incohérentes: un poète, en parlant de quelques philosophes, les a appelés d'*ambitieux pygmées, qui sur leurs pieds vainement redressés, et sur des monts d'arguments entassés,* etc.[4] Quand on écrit contre les philosophes, il faudrait mieux écrire. Les Orientaux emploient presque toujours le style *figuré*, même dans l'histoire: ces peuples connaissant peu la société, ont rarement eu le bon goût que la société donne, et que la critique éclairée épure.

L'allégorie dont ils ont été les inventeurs, n'est pas le style *figuré*. On peut dans une allégorie ne point employer les figures, les métaphores, et dire avec simplicité ce qu'on a inventé avec imagination. Platon a plus d'allégories encore que de figures; il les exprime élégamment, mais sans faste.

34-38 TS61-W70L: le style figuré. ¶On peut dans
41 TS61-W70L: élégamment, sans

[3] Baltazar Gracián (1601-1658) essaya de combiner cultisme et conceptisme. Si ses maximes le rapprochent du dix-huitième siècle français, le suremploi de tropes, la recherche de l'affectation stylistique l'exposent parfois à ses railleries. La bibliothèque de Voltaire contenait sept volumes de ses ouvrages (BV, no.1510-1516). Dorothy McGhee a montré des ressemblances entre *Candide* et le *Criticón* (*PMla* 52, 1937, p.778-84). La phrase que parodie Voltaire serait apocryphe; voir A. Coster, *Balta\u007far Gracián* (Zaragoza 1947), p.293.
[4] Jean-Baptiste Rousseau, *Epîtres*, ii.v, 'A monsieur L. Racine'. L'édition des *Œuvres* de J.-B. Rousseau que possédait Voltaire (Bruxelles 1743; BV, no.3023) porte: 'd'ingénieux Pygmées, / Qui sur des monts d'argumens entassés / Contre le Ciel burlesquement haussés, / De jour en jour, superbes Encelades, / Vont redoublant leurs folles escalades' (i.497).

Presque toutes les maximes des anciens Orientaux et des
Grecs, sont dans un style *figuré*. Toutes ces sentences sont des
métaphores, de courtes allégories; et c'est là que le style *figuré* fait
un très grand effet en ébranlant l'imagination, et en se gravant   45
dans la mémoire. Pythagore dit, *dans la tempête adorez l'écho,* pour
signifier, *dans les troubles civils retirez-vous à la campagne. N'attisez
pas le feu avec l'épée,* pour dire, *n'irritez pas les esprits échauffés.* [5] Il y
a dans toutes les langues beaucoup de proverbes communs qui
sont dans le style *figuré. Article de M. de Voltaire.*   50

[5] Diogène Laërce, *Des vies et des opinions des plus illustres philosophes,* VIII.xvii-
xviii traitant de l'école italique, notamment de Pythagore, présente une série de
symboles et leurs significations, dont ceux que cite Voltaire.

FINESSE

FINESSE,[1] s. f. (*Gramm.*) ne signifie ni au propre ni au figuré
mince, *léger*, *délié*, d'une contexture rare, faible, ténue; elle exprime
quelque chose de *délicat* et de *fini*. Un drap léger, une toile lâche,
une dentelle faible, un galon mince, ne sont pas toujours *fins*. Ce
mot a du rapport avec *finir*: de là viennent les *finesses* de l'art; ainsi
l'on dit la *finesse* du pinceau de Vanderwerf,[2] de Mieris;[3] on dit un
cheval fin, de l'*or fin*, un *diamant fin*. Le *cheval fin* est opposé au
cheval grossier; le *diamant fin* au *faux*; l'*or fin* ou *affiné*, à l'*or mêlé
d'alliage*. La *finesse* se dit communément des choses déliées, et de
la légèreté de la main-d'œuvre. Quoiqu'on dise un *cheval fin*, on
ne dit guère la *finesse d'un cheval*. On dit la *finesse* des cheveux,
d'une dentelle, d'une étoffe. Quand on veut par ce mot exprimer
le défaut ou le mauvais emploi de quelque chose, on ajoute
l'adverbe *trop*. Ce fil s'est cassé, il était *trop fin*; cette étoffe est *trop
fine* pour la saison.

La *finesse*, dans le sens figuré, s'applique à la conduite, aux
discours, aux ouvrages d'esprit. Dans la conduite, *finesse* exprime
toujours, comme dans les arts, quelque chose de délié; elle peut
quelquefois subsister sans l'habileté; il est rare qu'elle ne soit pas
mêlée d'un peu de fourberie; la politique l'admet, et la société la

1 TS61-W75G: De la finesse, et des différentes significations de ce mot.
Finesse ne
2 TS61-W75G: ténue; ce terme exprime
5-6 TS61-W75G: ainsi on dit

[1] Voir 'Faction', n.1.
[2] Adriaen van der Werff (1659-1722), peintre hollandais conventionnel et
académique. Ses œuvres très nombreuses sont bibliques ou mythologiques.
[3] Willem van Mieris (1662-1747), peintre hollandais.

réprouve. Le proverbe des *finesses cousues de fil blanc*,[4] prouve que ce mot au sens figuré, vient du sens propre de *couture fine*, d'*étoffe fine*.

La *finesse* n'est pas tout à fait la subtilité. On tend un piège avec *finesse*, on en échappe avec subtilité; on a une conduite *fine*, on joue un tour subtil; on inspire la défiance, en employant toujours la *finesse*. On se trompe presque toujours en entendant *finesse* à tout. La *finesse* dans les ouvrages d'esprit, comme dans la conversation, consiste dans l'art de ne pas exprimer directement sa pensée, mais de la laisser aisément apercevoir: c'est une énigme dont les gens d'esprit devinent tout d'un coup le mot. Un chancelier offrant un jour sa protection au parlement, le premier président se tournant vers sa compagnie: *Messieurs*, dit-il, *remercions M. le chancelier, il nous donne plus que nous ne lui demandons*;[5] c'est là une répartie *très fine*. La *finesse* dans la conversation, dans les écrits, diffère de la délicatesse; la première s'étend également aux choses piquantes et agréables, au blâme et à la louange même, aux choses même indécentes, couvertes d'un voile à travers lequel on les voit sans rougir. On dit des choses hardies avec *finesse*. La délicatesse exprime des sentiments doux et agréables, des louanges *fines*; ainsi la *finesse* convient plus à l'épigramme, la délicatesse au madrigal. Il entre de la délicatesse dans les jalousies des amants; il n'y entre point de *finesse*. Les louanges que donnait Despréaux à Louis xiv ne sont pas toujours également délicates;[6] ses satires ne sont pas toujours assez *fines*. Quand Iphigénie dans Racine a reçu l'ordre de son père de ne plus revoir Achille, elle s'écrie:

25

30

35

40

45

---

44 TS61-W75G: délicates; les satires

[4] 'Une *finesse* cousue de fil blanc; pour dire, une ruse grossière, dont tout le monde s'aperçoit' (A. J. Panckoucke, *Dictionnaire portatif des proverbes françois*, p.130).
[5] Il s'agit probablement d'une anecdote transmise oralement et dont on ne peut plus identifier la source.
[6] Voir en particulier le *Discours au roi*, les *Epîtres* I, IV, VIII, l'*Ode sur la prise de Namur*, sans oublier l'*Impromptu à une dame sur la prise de Mons*, dont l'attribution est cependant contestée.

dieux plus doux vous n'aviez demandé que ma vie.[7] Le véritable caractère de ce vers est plutôt la délicatesse que la *finesse. Article de M. de Voltaire.*

[7] J. Racine, *Iphigénie*, v.i.1510.

FLEURI

FLEURI,[1] adj. (*Littér.*) qui est en *fleur, arbre fleuri, rosier fleuri*; on ne dit point des fleurs qu'elles *fleurissent*, on le dit des plantes et des arbres. *Teint fleuri*, dont la carnation semble un mélange de blanc et de couleur de rose. On a dit quelquefois, c'est un *esprit fleuri*, pour signifier un homme qui possède une littérature légère, et dont l'imagination est riante.

Un *discours fleuri* est rempli de pensées plus agréables que fortes, d'images plus brillantes que sublimes, de termes plus recherchés qu'énergiques: cette métaphore si ordinaire est justement prise des fleurs qui ont de l'éclat sans solidité. Le *style fleuri* ne messied pas dans ces harangues publiques, qui ne sont que des compliments. Les beautés légères sont à leur place, quand on n'a rien de solide à dire: mais le *style fleuri* doit être banni d'un plaidoyer, d'un sermon, de tout livre instructif. En bannissant le *style fleuri*, on ne doit pas rejeter les images douces et riantes, qui entreraient naturellement dans le sujet. Quelques fleurs ne sont pas condamnables; mais le *style fleuri* doit être proscrit dans un sujet solide. Ce style convient aux pièces de pur agrément, aux idylles, aux églogues, aux descriptions des saisons, des jardins; il remplit avec grâce une stance de l'ode la plus sublime, pourvu qu'il soit relevé par des stances d'une beauté plus mâle. Il convient peu à la comédie qui étant l'image de la vie commune, doit être généralement dans le style de la conversation ordinaire. Il est encore moins admis dans la tragédie, qui est l'empire des grandes passions et des grands intérêts; et si quelquefois il est reçu dans le genre tragique et dans le comique, ce n'est que dans quelques descrip-

---

1 TS61-W75G: Sur le mot fleuri. Fleuri qui est
9 TS61-W75G: métaphore est justement

[1] Voir 'Faveur', n.1.

tions où le cœur n'a point de part, et qui amusent l'imagination avant que l'âme soit touchée ou occupée. Le *style fleuri* nuirait à l'intérêt dans la tragédie, et affaiblirait le ridicule dans la comédie. Il est très à sa place dans un opéra français,[2] où d'ordinaire on effleure plus les passions qu'on ne les traite.

Le *style fleuri* ne doit pas être confondu avec le style doux.

> *Ce fut dans ces jardins, où par mille détours*
> *Inachus prend plaisir à prolonger son cours;*
> *Ce fut sur ce charmant rivage*
> *Que sa fille volage*
> *Me promit de m'aimer toujours.*
> *Le Zéphyr fut témoin, l'onde fut attentive,*
> *Quand la nymphe jura de ne changer jamais:*
> *Mais le Zéphyr léger, et l'onde fugitive,*
> *Ont bientôt emporté les serments qu'elle a faits.*[3]

C'est là le modèle du *style fleuri*. On pourrait donner pour exemple du style doux, qui n'est pas le doucereux, et qui est moins agréable que le *style fleuri*, ces vers d'un autre opéra:

> *Plus j'observe ces lieux, et plus je les admire;*
> *Ce fleuve coule lentement,*
> *Et s'éloigne à regret d'un séjour si charmant.*[4]

Le premier morceau est *fleuri*, presque toutes les paroles sont des images riantes. Le second est plus dénué de ces fleurs; il n'est que doux. *Article de M. de Voltaire.*

[2] Opéra français - tragédie lyrique mise en musique. Genre dramatique employé aux dix-septième et dix-huitième siècles, où la musique servait surtout à souligner le sens du texte. Conçu par Lulli, continué par Rameau, il finit avec Gluck.
[3] P. Quinault, *Isis*, i.ii; *Théâtre* (Paris 1739; BV, no.2847), iv.353.
[4] P. Quinault, *Armide*, ii.iii; *Théâtre*, v.430.

FORCE

FORCE,[1] s. f. (*Gramm. et Littér.*) ce mot a été transporté du simple au figuré.

Force se dit de toutes les parties du corps qui sont en mouvement, en action; la *force* du cœur, que quelques-uns ont faite de quatre cents livres, et d'autres de trois onces; la *force* des viscères, des poumons, de la voix; à *force* de bras.   5

On dit par analogie, faire *force* de voiles, de rames; rassembler ses *forces*; connaître, mesurer ses *forces*; aller, entreprendre au-delà de ses *forces*; le travail de l'Encyclopédie est au-dessus des *forces* de ceux qui se sont déchaînés contre ce livre. On a longtemps   10
appelé *forces* de grands ciseaux (*Voyez* FORCES, *Arts méch.*);[2] et c'est pourquoi dans les Etats de la Ligue on fit une estampe de l'ambassadeur d'Espagne, cherchant avec ses lunettes ses ciseaux qui étaient à terre, avec ce jeu de mots pour inscription, *j'ai perdu mes forces*.[3]   15

Le style très familier admet encore, *force* gens, *force* gibier, *force* fripons, *force* mauvais critiques. On dit, à *force* de travailler il s'est épuisé; le fer s'affaiblit à *force* de le polir.

La métaphore qui a transporté ce mot dans la morale, en a fait une vertu cardinale. La *force* en ce sens est le courage de soutenir   20

---

1   TS61-W75G: Du mot force. Ce mot

---

[1] Voir 'Faveur', n.1.
[2] Article de d'Alembert (vii.110-20).
[3] Pour l'étymologie, voir Bloch et von Wartburg, p.270. S'il s'agit de l'ambassadeur d'Espagne, il peut être question soit de Bernardino Mendoza soit de Diego Ibarra. L'affaiblissement du parti espagnol est largement décrit par le père Daniel dans son *Histoire de France* (Paris 1755-1757), xi.561-763. Une anecdote à peu près identique mais concernant le duc de Mayenne apparaît à la date du 1er août 1590 dans le *Journal* de Pierre de L'Estoile dont Voltaire a annoté ses exemplaires de 1741 et 1744 (BV, no.2063, 2064); cf. l'édition de R. Lefèvre (Paris 1948), p.60.

l'adversité, et d'entreprendre des choses vertueuses et difficiles, *animi fortitudo*.

La *force* de l'esprit est la pénétration, et la profondeur, *ingenii vis*.[4] La nature la donne comme celle du corps; le travail modéré les augmente, et le travail outré les diminue.

La *force* d'un raisonnement consiste dans une exposition claire, des preuves exposées dans leur jour, et une conclusion juste; elle n'a point lieu dans les théorèmes mathématiques, parce qu'une démonstration ne peut recevoir plus ou moins d'évidence, plus ou moins de *force*; elle peut seulement procéder par un chemin plus long ou plus court, plus simple ou plus compliqué. La *force* du raisonnement a surtout lieu dans les questions problématiques. La *force* de l'éloquence n'est pas seulement une suite de raisonnements justes et vigoureux, qui subsisteraient avec la sécheresse; cette *force* demande de l'embonpoint, des images frappantes, des termes énergiques. Ainsi on a dit que les sermons de Bourdaloue avaient plus de *force*, ceux de Massillon plus de grâces. Des vers peuvent avoir de la *force*, et manquer de toutes les autres beautés. La *force* d'un vers dans notre langue vient principalement de l'art de dire quelque chose dans chaque hémistiche:

> *Et monté sur le faîte, il aspire à descendre.*[5]
> *L'éternel est son nom, le monde est son ouvrage.*[6]

Ces deux vers pleins de *force* et d'élégance, sont le meilleur modèle de la poésie.

La *force* dans la peinture est l'expression des muscles, que des touches ressenties font paraître en action sous la chair qui les couvre. Il y a trop de *force* quand ces muscles sont trop prononcés.

39-40 TS61-W75G: principalement de dire

---

[4] Voir Cicéron, *Tusculanae disputationes*, IV.(xxiv).53, et *De officiis*, I.(xix).62; cf. les 'domesticae fortitudines', *De officiis*, I.(xxii).78. Pour l'*ingenii vis*, voir son *Brutus*, (xxiv).93: 'vis non ingeni solum, sed etiam animi'.

[5] P. Corneille, *Cinna*, II.i.370.

[6] J. Racine, *Esther*, III.iv.1052.

Les attitudes des combattants ont beaucoup de *force* dans les batailles de Constantin, dessinées par Raphael et par Jules Romain, et dans celles d'Alexandre peintes par le Brun. La *force* outrée est   50
dure dans la peinture, ampoulée dans la poésie.

Des philosophes ont prétendu que la *force* est une qualité inhérente à la matière; que chaque particule invisible, ou plutôt *monade*, est douée d'une *force* active:[7] mais il est aussi difficile de démontrer cette assertion, qu'il le serait de prouver que la blan-   55
cheur est une qualité inhérente à la matière, comme le dit le dictionnaire de Trévoux à l'article *Inhérent*.[8]

La *force* de tout animal a reçu son plus haut degré, quand l'animal a pris toute sa croissance; elle décroît, quand les muscles ne reçoivent plus une nourriture égale, et cette nourriture cesse   60
d'être égale quand les esprits animaux n'impriment plus à ces muscles le mouvement accoutumé. Il est si probable que ces esprits animaux sont du feu, que les vieillards manquent de mouvement, de *force*, à mesure qu'ils manquent de chaleur. *Voyez les articles suivants.*[9] *Article de M. de Voltaire.*   65

[7] Référence à la philosophie de Leibniz.
[8] *Trévoux*, iii.1686.
[9] Suivent la part iconologique, anonyme, puis la part des arts mécaniques; cf. n.2.

FORNICATION

FORNICATION,[1] s. f. (*Morale.*) Le dictionnaire de Trévoux dit que c'est un terme de théologie.[2] Il vient du mot latin *fornix*,[3] petites chambres voûtées dans lesquelles se tenaient les femmes publiques à Rome. On a employé ce terme pour signifier le *commerce des personnes libres*. Il n'est point d'usage dans la conversation, et n'est guère reçu aujourd'hui que dans le style marotique. La décence l'a banni de la chaire. Les casuistes en faisaient un grand usage, et le distinguaient en plusieurs espèces. On a traduit par le mot de *fornication*[4] les infidélités du peuple juif pour des dieux étrangers, parce que chez les prophètes ces infidélités sont appelées *impuretés, souillures*. C'est par la même extension qu'on a dit

5

10

---

1 TS61-W75G: Du terme fornication. Le dictionnaire

---

[1] 'Fornication' fait partie du lot d'articles commandés à Voltaire en novembre 1755. Le 9 décembre (D6619) celui-ci le commente plaisamment. L'article est envoyé le 28 décembre (D6655*). La rédaction de l'article se situe entre ces deux dates. Voltaire a probablement demandé à J. A. N. Polier de Bottens des informations, car celui-ci lui répond longuement dans une lettre (D7106) que nous situerions volontiers en décembre 1755.

[2] *Trévoux*, iii.377. L'édition de 1771 (iv.252) corrigera.

[3] Cette étymologie a été indiquée à Voltaire par J. A. N. Polier de Bottens (D7106); cf. Horace, *Sermones*, I.ii.30.

[4] Sur ce développement voir également la lettre de Polier de Bottens à Voltaire (D7106): 'Le terme que les interprètes de la bible ont rendu par celui de forniquer, de fornication, est très fréquemment emploié dans les écrits des prophêtes hébreux [...] Mais ce qui vous surprendra, M^r c'est que contre l'usage des langues orientales qui abondent en synonimes, je n'ai pu trouver qu'un seul et même mot pour désigner des péchés qui diffèrent et dans leurs objets et dans leurs degrés; Idolâtrie, paillardise, concubinage, adultère, maquerelage.' La Vulgate n'utilise que deux fois 'fornix': I Rois xv.12; Proverbes xx.26. Elle utilise également et assez souvent 'fornicor', 'fornicarius, -a', 'fornicatio' et 'fornicator'. 'Adultère' peut être interprété au sens particulier (Lévitique xx.10), général (Exode xx.14; Deutéronome v.18; Matthieu v.27-28) et symbolique (Jérémie iii.8-9; Ezéchiel xxiii.37, 43; Osée ii.2-13).

que les Juifs avaient rendu aux faux dieux un hommage *adultère*.
Article de M. de Voltaire.

FRANÇAIS

FRANÇOIS, *ou* FRANÇAIS,[1] s. m. (*Hist. Littérat. et Morale.*) On prononce aujourd'hui *Français*, et quelques auteurs l'écrivent de même;[2] ils en donnent pour raison, qu'il faut distinguer *Français* qui signifie une *nation*, de *François* qui est un nom propre, comme St *François*, ou *François Ier*. Toutes les nations adoucissent à la   5 longue la prononciation des mots qui sont le plus en usage; c'est ce que les Grecs appelaient *euphonie*. On prononçait la diphtongue *oi* rudement, au commencement du seizième siècle. La cour de François Ier adoucit la langue, comme les esprits: de là vient qu'on ne dit plus *François* par un *o*, mais *Français*; qu'on dit, *il aimait, il*   10 *croyait*, et non pas, *il aimoit, il croyoit*, etc.

Les *Français* avaient été d'abord nommés *Francs*; et il est à remarquer que presque toutes les nations de l'Europe accourcis-

---

1-2 TS61-W75G: Du mot françois. On prononce

---

[1] La correspondance témoigne de l'intérêt que porta Voltaire à l'article 'Français', commandé probablement en novembre 1755: le 9 décembre (D6619) il demande à d'Alembert si, 'en traitant l'article *Français* sous l'acception de peuple, on ne doit pas aussi parler des autres significations de ce mot'. L'article lui paraît trop important pour qu'il envisage de le traiter sur-le-champ, comme un simple article de définition: il nécessite des recherches que Voltaire ne peut effectuer à Monrion, d'où il écrit le 10 février 1756 (D6724): 'Dès que je serai de retour à mes petites Délices je travaillerai à français': l'envoi de l'article est annoncé le 9 mars (D6770): 'vous aurez *français* à la fin du mois à mon retour aux Délices'. Il sera envoyé le 24 mars (D6803) et complété le 13 novembre (D7055): 'Voici *Froid* et une petite queue à *Français* par un *a*'. Un an s'est écoulé de la commande de l'article à son achèvement. Voltaire a sans doute plus d'une fois songé à son sujet, mais le travail effectif de recherche et de rédaction doit se situer entre les mois de février et de mars; en effet le 13 février (D6731) Voltaire 'avant de travailler' à l'article 'Français', écrit à Briasson pour lui demander de rechercher des documents à la Bibliothèque royale.

[2] En particulier Voltaire: voir D1054, note 6, D9128, D13962, D14299, D15504.

94

saient les noms que nous allongeons aujourd'hui. Les Gaulois s'appelaient *Velchs*, nom que le peuple donne encore aux *Français* 15 dans presque toute l'Allemagne; et il est indubitable que les *Welchs* d'Angleterre, que nous nommons *Gallois*, sont une colonie de Gaulois.

Lorsque les Francs s'établirent dans le pays des premiers Velchs, que les Romains appelaient *Gallia*, la nation se trouva 20 composée des anciens Celtes ou Gaulois subjugués par César, des familles romaines qui s'y étaient établies, des Germains qui y avaient déjà fait des émigrations, et enfin des Francs qui se rendirent maîtres du pays sous leur chef Clovis. Tant que la monarchie qui réunit la Gaule et la Germanie subsista, tous les 25 peuples, depuis la source du Veser jusqu'aux mers des Gaules, portèrent le nom de *Francs*. Mais lorsqu'en 843, au congrès de Verdun, sous Charles le Chauve, la Germanie et la Gaule furent séparées; le nom de *Francs* resta aux peuples de la France occidentale, qui retint seule le nom de *France*.[3] 30

On ne connut guère le nom de *Français*, que vers le dixième siècle.[4] Le fond de la nation est de familles gauloises, et le caractère des anciens Gaulois a toujours subsisté.

En effet, chaque peuple a son caractère, comme chaque homme; et ce caractère général est formé de toutes les ressemblances que 35 la nature et l'habitude ont mises entre les habitants d'un même pays, au milieu des variétés qui les distinguent. Ainsi le caractère, le génie, l'esprit *français*, résultent de tout ce que les différentes provinces de ce royaume ont entre elles de semblable. Les peuples de la Guienne et ceux de la Normandie diffèrent beaucoup: 40 cependant on reconnaît en eux le génie *français*, qui forme une nation de ces différentes provinces, et qui les distingue au premier

17-18 TS61-W75G: colonie des Gaulois.
38 TS61-W75G: de ce que

[3] Voir *Essai sur les mœurs*, ch.24.
[4] Bloch et von Wartburg (p.275) situent l'apparition du mot vers 1080 dans *La Chanson de Roland*.

coup d'œil, des Italiens et des Allemands. Le climat et le sol imprime évidemment aux hommes, comme aux animaux et aux plantes, des marques qui ne changent point; celles qui dépendent du gouvernement, de la religion, de l'éducation, s'altèrent: c'est là le nœud qui explique comment les peuples ont perdu une partie de leur ancien caractère, et ont conservé l'autre. Un peuple qui a conquis autrefois la moitié de la terre, n'est plus reconnaissable aujourd'hui sous un gouvernement sacerdotal: mais le fond de son ancienne grandeur d'âme subsiste encore, quoique caché sous la faiblesse.[5]

Le gouvernement barbare des Turcs a énervé de même les Egyptiens et les Grecs, sans avoir pu détruire le fond du caractère, et la trempe de l'esprit de ces peuples.

Le fond du *Français* est tel aujourd'hui, que César a peint le Gaulois, prompt à se résoudre, ardent à combattre, impétueux dans l'attaque, se rebutant aisément. César, Agatias, et d'autres, disent que de tous les barbares le Gaulois était le plus poli:[6] il est encore dans le temps le plus civilisé, le modèle de la politesse de ses voisins.

Les habitants des côtes de la France furent toujours propres à la marine; les peuples de la Guienne composèrent toujours la meilleure infanterie: ceux qui habitent les campagnes de Blois et de Tours, ne sont pas, dit le Tasse,

> ... *Gente robusta, e faticosa.*
> *La terra molle, e lieta, e dilettosa,*
> *Simili a se gli abitator produce.*[7]

Mais comment concilier le caractère des Parisiens de nos jours, avec celui que l'empereur Julien, le premier des princes et des

---

[5] On aura reconnu l'écho des thèses de Montesquieu. Voir les carnets (Voltaire 81, p.113).
[6] César, *De bello gallico*, I.xxxi: 'Posteaquam agros et cultus et copias Gallorum homines feri ac barbari adamassent, traductos plures'. Agathias le scolastique, historien et poète byzantin du sixième siècle; cf. les *Commentaires* annotés (Paris 1714; BV, no.605).
[7] T. Tasso, *Gerusalemme liberata*, I.vi.

hommes après Marc-Aurèle,[8] donne aux Parisiens de son temps? *J'aime ce peuple*, dit-il dans son Misopogon,[9] *parce qu'il est sérieux et sévère comme moi.* Ce sérieux qui semble banni aujourd'hui d'une ville immense, devenue le centre des plaisirs, devait régner dans une ville alors petite, dénuée d'amusements: l'esprit des Parisiens a changé en cela malgré le climat.

L'affluence du peuple, l'opulence, l'oisiveté, qui ne peut s'occuper que des plaisirs et des arts, et non du gouvernement, ont donné un nouveau tour d'esprit à un peuple entier.

Comment expliquer encore par quels degrés ce peuple a passé des fureurs qui le caractérisèrent du temps du roi Jean, de Charles VI, de Charles IX, de Henri III et de Henri IV même, à cette douce facilité de mœurs que l'Europe chérit en lui? C'est que les orages du gouvernement et ceux de la religion poussèrent la vivacité des esprits aux emportements de la faction et du fanatisme; et que cette même vivacité, qui subsistera toujours, n'a aujourd'hui pour objet que les agréments de la société. Le Parisien est impétueux dans ses plaisirs, comme il le fut autrefois dans ses fureurs. Le fonds du caractère qu'il tient du climat, est toujours le même. S'il cultive aujourd'hui tous les arts dont il fut privé si longtemps, ce n'est pas qu'il ait un autre esprit, puisqu'il n'a point d'autres organes, mais c'est qu'il a eu plus de secours; et ces secours il ne se les est pas donnés lui-même, comme les Grecs et les Florentins, chez qui les arts sont nés, comme des fruits naturels de leur terroir; le *Français* les a reçus d'ailleurs: mais il a cultivé heureusement ces plantes étrangères; et ayant tout adopté chez lui, il a presque tout perfectionné.

Le gouvernement des *Français* fut d'abord celui de tous les peuples du Nord: tout se réglait dans des assemblées générales de la nation: les rois étaient les chefs de ces assemblées; et ce fut

___

[8] Passage critiqué par l'abbé J. Saas dans les *Lettres sur l'Encyclopédie* (Amsterdam 1764; BV, no.3055), p.165, 166.
[9] Dans le *Misopogon*, Julien abonde en éloges sur les Gaulois. Voir J. P. R. de La Bléterie, *Histoire de l'empereur Jovien* (Amsterdam 1750), p.320, 327, 329-37 (BV, no.1797; édition de 1748).

presque la seule administration des *Français* dans les deux premières races, jusqu'à Charles le Simple.

Lorsque la monarchie fut démembrée dans la décadence de la
race carlovingienne; lorsque le royaume d'Arles s'éleva, et que
les provinces furent occupées par des vassaux peu dépendants de
la couronne, le nom de *Français* fut plus restreint; et sous Hugues-
Capet, Robert, Henri, et Philippe, on n'appela *Français* que les
peuples en deçà de la Loire. On vit alors une grande diversité
dans les mœurs comme dans les lois des provinces demeurées à
la couronne de France. Les seigneurs particuliers qui s'étaient
rendus les maîtres de ces provinces, introduisirent de nouvelles
coutumes dans leur nouveaux Etats. Un Breton, un habitant de
Flandres, ont aujourd'hui quelque conformité, malgré la différence
de leur caractère qu'ils tiennent du sol et du climat: mais alors ils
n'avaient entre eux presque rien de semblable.

Ce n'est guère que depuis François Ier que l'on vit quelque
uniformité dans les mœurs et dans les usages: la cour ne commença que dans ce temps à servir de modèle aux provinces
réunies; mais en général l'impétuosité dans la guerre, et le peu
de discipline, furent toujours le caractère dominant de la nation.
La galanterie et la politesse commencèrent à distinguer les *Français*
sous François Ier. Les mœurs devinrent atroces depuis la mort de
François II. Cependant au milieu de ces horreurs, il y avait
toujours à la cour une politesse que les Allemands et les Anglais
s'efforçaient d'imiter. On était déjà jaloux des *Français* dans le
reste de l'Europe, en cherchant à leur ressembler. Un personnage
d'une comédie de Shakespear dit qu'*à toute force on peut être poli
sans avoir été à la cour de France*.[10]

Quoique la nation ait été taxée de légèreté par César,[11] et par

---

106-107 TS61-W75G: restreint; sous Hugues-Capet

---

[10] Le propos ne se trouve pas comme tel dans Shakespeare. Peut-être Voltaire
a-t-il résumé plusieurs propos de *Henry V* où les manières de la cour de France
sont dépeintes comme particulièrement polies (II.iv; III.iv; v.ii).
[11] César, *De bello gallico*, III.xix.

tous les peuples voisins, cependant ce royaume si longtemps   130
démembré, et si souvent prêt à succomber, s'est réuni et soutenu
principalement par la sagesse des négociations, l'adresse, et la
patience. La Bretagne n'a été réunie au royaume, que par un
mariage;[12] la Bourgogne, par droit de mouvance, et par l'habileté
de Louis XI;[13] le Dauphiné, par une donation qui fut le fruit de la   135
politique;[14] le comté de Toulouse, par un accord soutenu d'une
armée;[15] la Provence, par de l'argent:[16] un traité de paix a donné
l'Alsace;[17] un autre traité a donné la Lorraine.[18] Les Anglais ont
été chassés de France autrefois, malgré les victoires les plus
signalées; parce que les rois de France ont su temporiser et profiter   140
de toutes les occasions favorables. Tout cela prouve que si la
jeunesse *française* est légère, les hommes d'un âge mûr qui la
gouvernent, ont toujours été très sages: encore aujourd'hui, la
magistrature en général a des mœurs sévères, comme le rapporte
Aurélien.[19] Si les premiers succès en Italie, du temps de Charles   145
VIII,[20] furent dus à l'impétuosité guerrière de la nation, les disgrâces
qui les suivirent vinrent de l'aveuglement d'une cour qui n'était
composée que de jeunes gens. François premier ne fut malheureux
que dans sa jeunesse, lorsque tout était gouverné par des favoris
de son âge, et il rendit son royaume florissant dans un âge plus   150
avancé.

---

[12] Celui de Charles VIII avec Anne de Bretagne en 1491 (*Essai sur les mœurs*, ch.101).

[13] En 1477 (*Essai sur les mœurs*, ch.44).

[14] En 1343 (*Essai sur les mœurs*, ch.75).

[15] En 1229 (*Essai sur les mœurs*, ch.62).

[16] En 1487 (*Essai sur les mœurs*, ch.101).

[17] En 1648 (*Le Siècle de Louis XIV*, ch.6).

[18] Elle fut réunie à la France en 1766, après la mort de Stanislas Ier Leszczynski, en vertu du traité de Vienne (1735-1738).

[19] Ce propos de l'empereur Lucius Domitius Aurelianus (214-275) peut se trouver dans la biographie des *Scriptores historiae augustae*, xxi.6-7, xxxvii.4, xxxix.3-9, xlix.6-9, l.1-5; cf. l'édition par Michel de Marolles, abbé de Villeloin, *L'Histoire auguste des six autheurs anciens* (Paris 1667), ou *L'Histoire auguste* de Jacques Esprinchard (Genève 1610).

[20] Voir *Essai sur les mœurs*, ch.107.

Les *Français* se servirent toujours des mêmes armes que leurs voisins, et eurent à peu près la même discipline dans la guerre. Ils ont été les premiers qui ont quitté l'usage de la lance et des piques. La bataille d'Ivri[21] commença à décrier l'usage des lances, qui fut bientôt aboli; et sous Louis XIV les piques ont été hors d'usage. Ils portèrent des tuniques et des robes jusqu'au seizième siècle. Ils quittèrent sous Louis le Jeune l'usage de laisser croître la barbe, et le reprirent sous François premier, et on ne commença à se raser entièrement que sous Louis XIV. Les habillements changèrent toujours; et les *Français* au bout de chaque siècle, pouvaient prendre les portraits de leurs aïeux pour des portraits étrangers.

La langue française ne commença à prendre quelque forme que vers le dixième siècle; elle naquit[22] des ruines du latin et du celte, mêlées de quelques mots tudesques. Ce langage était d'abord le *romanum rusticum*, le romain rustique; et la langue tudesque fut la langue de la cour jusqu'au temps de Charles le Chauve. Le tudesque demeura la seule langue de l'Allemagne, après la grande époque du partage en 843. Le romain rustique, la langue romance prévalut dans la France occidentale. Le peuple du pays de Vaud, du Vallais, de la vallée d'Engadina, et quelques autres cantons, conservent encore aujourd'hui des vestiges manifestes de cet idiome.

A la fin du dixième siècle le *français* se forma. On écrivit en *français* au commencement du onzième; mais ce *français* tenait encore plus du romain rustique, que du *français* d'aujourd'hui. Le roman de Philomena écrit au dixième siècle[23] en romain rustique, n'est pas dans une langue fort différente des lois normandes. On

---

166   TS61-W75G: mêlée de

[21] Henri de Navarre vainquit les troupes de la Ligue à Ivry (Eure) le 14 mars 1590.
[22] Le point de vue a été développé dans l'*Essai sur la poésie épique* et dans les carnets (Voltaire 81, p.65; 82, p.444, 580).
[23] On le situe plutôt au douzième siècle.

voit encore les origines celtes, latines, et allemandes. Les mots   180
qui signifient les parties du corps humain, ou des choses d'un
usage journalier, et qui n'ont rien de commun avec le latin ou
l'allemand, sont de l'ancien gaulois ou celte; comme *tête, jambe,*
sabre, pointe, aller, parler, écouter, regarder, aboyer, crier, coutume,
ensemble,[24] et plusieurs autres de cette espèce. La plupart des   185
termes de guerre étaient francs ou allemands; *marche, maréchal,*
halte, bivouac, reître, lansquenet. Presque tout le reste est latin; et les
mots latins furent tous abrégés selon l'usage et le génie des
nations du Nord: ainsi de *palatium* palais, de *lupus* loup, d'*Auguste*
août, de *Junius* juin, d'*unctus* oint, de *purpura* pourpre, de *pretium*   190
prix, *etc...*[25] A peine restait-il quelques vestiges de la langue
grecque qu'on avait si longtemps parlée à Marseille.

   On commença au douzième siècle à introduire dans la langue
quelques termes grecs de la philosophie d'Aristote; et vers le
seizième on exprima par des termes grecs toutes les parties du   195
corps humain, leurs maladies, leurs remèdes: de là les mots
de *cardiaque, céphalique, podagre, apoplectique, asthmatique, iliaque,*
empyème, et tant d'autres. Quoique la langue s'enrichît alors du
grec, et que depuis Charles VIII elle tirât beaucoup de secours de
l'italien déjà perfectionné, cependant elle n'avait pas pris encore   200
une consistance régulière. François premier abolit l'ancien usage
de plaider, de juger, de contracter en latin; usage qui attestait la
barbarie d'une langue dont on n'osait se servir dans les actes
publics, usage pernicieux aux citoyens dont le sort était réglé dans
une langue qu'ils n'entendaient pas.[26] On fut alors obligé de   205
cultiver le *français*; mais la langue n'était ni noble, ni régulière. La
syntaxe était abandonnée au caprice. Le génie de la conversation
étant tourné à la plaisanterie, la langue devint très féconde en
expressions burlesques et naïves, et très stérile en termes nobles

194   TS61-W75G: termes de la philosophie

[24] On trouve une critique de ce morceau dans l'*Année littéraire* (1761), vi.301-11.
[25] Voir l'article 'Langue française' (QE).
[26] Voir *Essai sur les mœurs*, ch.125.

et harmonieux: de là vient que dans les dictionnaires de rimes on 2♦
trouve vingt termes convenables à la poésie comique, pour un
d'un usage plus relevé; et c'est encore une raison pour laquelle
Marot ne réussit jamais dans le style sérieux, et qu'Amiot ne put
rendre qu'avec naïveté l'élégance de Plutarque.

Le *français* acquit de la vigueur sous la plume de Montaigne; 2♦
mais il n'eut point encore d'élévation et d'harmonie. Ronsard gâta
la langue en transportant dans la poésie française les composés
grecs dont se servaient les philosophes et les médecins. Malherbe
répara un peu le tort de Ronsard. La langue devint plus noble et
plus harmonieuse par l'établissement de l'Académie française, et 22
acquit enfin dans le siècle de Louis xiv la perfection où elle pouvait
être portée dans tous les genres.

Le génie de cette langue[27] est la clarté et l'ordre: car chaque
langue a son génie, et ce génie consiste dans la facilité que donne
le langage de s'exprimer plus ou moins heureusement, d'employer 22
ou de rejeter les tours familiers aux autres langues. Le *français*
n'ayant point de déclinaisons, et étant toujours asservi aux articles,
ne peut adopter les inversions grecques et latines; il oblige les
mots à s'arranger dans l'ordre naturel des idées. On ne peut dire
que d'une seule manière, *Plancus*[28] *a pris soin des affaires de César*; 2♦
voilà le seul arrangement qu'on puisse donner à ces paroles.
Exprimez cette phrase en latin, *res Caesaris Plancus diligenter curavit*;
on peut arranger ces mots de cent vingt manières sans faire tort
au sens, et sans gêner la langue. Les verbes auxiliaires qui
allongent et qui énervent les phrases dans les langues modernes, 2♦
rendent encore la langue française peu propre pour le style

[27] Voltaire reprendra ces considérations sur le génie des langues, dans l'article
'Langues', section I (QE).
[28] L. Munatius Plancus, fondateur de Lyon, orateur, consul, lieutenant de
César, souvent cité par Pline dans *Historia naturalis* (Préface, §31, II.(xxxi).99,
VII.(xii).55, IX.(lviii).121, XI.(cv).254, XXXV.(xxxvi).108), par Suétone dans 'Divus
Augustus', *De vita cæsarum* (vii, ci) et Cicéron (*Ad Atticum*, xii.52, xiii.33); ami
d'Horace qui lui dédia des vers (*Carmina*, i.7). Si les variations de style rappellent
le billet de Monsieur Jourdain, elles annoncent aussi les *Exercices* de Raymond
Queneau.

lapidaire.[29] Ses verbes auxiliaires, ses pronoms, ses articles, son manque de participes déclinables, et enfin sa marche uniforme, nuisent au grand enthousiasme de la poésie: elle a moins de ressources en ce genre que l'italien et l'anglais; mais cette gêne et cet esclavage même la rendent plus propre à la tragédie et à la comédie, qu'aucune langue de l'Europe. L'ordre naturel dans lequel on est obligé d'exprimer ses pensées et de construire ses phrases, répand dans cette langue une douceur et une facilité qui plaît à tous les peuples; et le génie de la nation se mêlant au génie de la langue, a produit plus de livres agréablement écrits, qu'on n'en voit chez aucun autre peuple. 240 245

La liberté et la douceur de la société n'ayant été longtemps connues qu'en France, le langage en a reçu une délicatesse d'expression, et une finesse pleine de naturel qui ne se trouve guère ailleurs. On a quelquefois outré cette finesse; mais les gens de goût ont su toujours la réduire dans de justes bornes. 250

Plusieurs personnes ont cru que la langue française s'était appauvrie depuis le temps d'Amiot et de Montaigne: en effet on trouve dans ces auteurs plusieurs expressions qui ne sont plus recevables; mais ce sont pour la plupart des termes familiers auxquels on a substitué des équivalents. Elle s'est enrichie de quantité de termes nobles et énergiques, et sans parler ici de l'éloquence des choses, elle a acquis l'éloquence des paroles. C'est dans le siècle de Louis XIV, comme on l'a dit, que cette éloquence a eu son plus grand éclat, et que la langue a été fixée. Quelques changements que le temps et le caprice lui préparent, les bons auteurs du dix-septième et du dix-huitième siècles serviront toujours de modèle. 255 260

On ne devait pas attendre que le *français* dût se distinguer dans la philosophie. Un gouvernement longtemps gothique étouffa 265

250-251 TS61-W75G: qui ne se trouvent guère

[29] Voir D11425, D11426.

toute lumière pendant près de douze cents ans; et des maîtres d'erreurs payés pour abrutir la nature humaine, épaissirent encore les ténèbres: cependant aujourd'hui il y a plus de philosophie dans Paris que dans aucune ville de la terre, et peut-être que dans toutes les villes ensemble, excepté Londres. Cet esprit de raison pénètre même dans les provinces. Enfin le génie *français* est peut-être égal aujourd'hui à celui des Anglais en philosophie, peut-être supérieur à tous les autres peuples depuis 80 ans, dans la littérature, et le premier sans doute pour les douceurs de la société, et pour cette politesse si aisée, si naturelle, qu'on appelle improprement *urbanité*.[30] *Article de M. de Voltaire.*

267 TS61-W75G: pendant plus de
269-270 NM: plus de philosophes dans
276 TS61-W75G: société, pour

[30] Voltaire reviendra sur ce terme dans une lettre à d'Olivet du 20 août 1761 (D9959).

FRANCHISE

FRANCHISE,[1] s. f. (*Hist. et Morale.*) mot qui donne toujours une
idée de liberté dans quelque sens qu'on le prenne; mot venu des
Francs, qui étaient libres: il est si ancien, que lorsque le Cid
assiégea et prit Tolède dans le onzième siècle,[2] on donna des
franchies ou *franchises* aux Français qui étaient venus à cette expédi-   5
tion, et qui s'établirent à Tolède. Toutes les villes murées avaient
des *franchises*, des libertés, des privilèges jusque dans la plus
grande anarchie du pouvoir féodal. Dans tous les pays d'Etats, le
souverain jurait à son avènement de garder leurs *franchises*.

Ce nom qui a été donné généralement aux droits des peuples,   10
aux immunités, aux asiles, a été plus particulièrement affecté aux
quartiers des ambassadeurs à Rome; c'était un terrain autour de
leurs palais; et ce terrain était plus ou moins grand, selon la volonté
de l'ambassadeur: tout ce terrain était un asile aux criminels; on
ne pouvait les y poursuivre: cette *franchise* fut restreinte sous   15
Innocent XI à l'enceinte des palais.[3] Les églises et les couvents en
Italie ont la même *franchise*, et ne l'ont point dans les autres Etats.
Il y a dans Paris plusieurs lieux de *franchises*, où les débiteurs ne
peuvent être saisis pour leurs dettes par la justice ordinaire, et où
les ouvriers peuvent exercer leurs métiers sans être passés maîtres.   20
Les ouvriers ont cette *franchise* dans le faubourg St Antoine; mais
ce n'est pas un asile, comme le Temple.

Cette *franchise*, qui exprime originairement la liberté d'une
nation, d'une ville, d'un corps, a bientôt après signifié *la liberté*

---

1 TS61-W75G: Du mot franchise. Mot qui
12-13 TS61-W75G: autour des palais

---

[1] Voir 'Faveur', n.1, et la lettre de Voltaire à d'Alembert du 9 décembre [1755]
(D6619).
[2] Voir *Essai sur les mœurs*, ch.44.
[3] Voir *Le Siècle de Louis XIV*, ch.14.

d'un discours, d'un conseil qu'on donne, d'un procédé dans une   25
affaire: mais il y a une grande nuance entre *parler avec franchise*, et
parler avec liberté. Dans un discours à son supérieur, la liberté est
une hardiesse ou mesurée ou trop forte; la *franchise* se tient plus
dans les justes bornes, et est accompagnée de candeur. Dire son
avis avec liberté, c'est ne pas craindre; le dire avec *franchise*   30
c'est n'écouter que son cœur. Agir avec liberté, c'est agir avec
indépendance; procéder avec *franchise*, c'est se conduire ouvertement et noblement. Parler avec trop de liberté, c'est marquer de
l'audace; parler avec trop de *franchise*, c'est trop ouvrir son cœur.
Article de M. de Voltaire.   35

30-33   TS61-W75G: franchise, c'est se conduire ouvertement et noblement.

FROID

FROID,[1] (*Belles-Lettres.*) on dit qu'un morceau de poésie, d'éloquence, de musique, un tableau même est *froid*, quand on attend
dans ces ouvrages une expression animée qu'on n'y trouve pas.
Les autres arts ne sont pas si susceptibles de ce défaut. Ainsi
l'architecture, la géométrie, la logique, la métaphysique, tout ce   5
qui a pour unique mérite la justesse, ne peut être ni échauffé ni
refroidi. Le tableau de la famille de Darius peint par Mignard, est
très *froid*, en comparaison du tableau de Lebrun, parce qu'on
ne trouve point dans les personnages de Mignard, cette même
affliction que Lebrun a si vivement exprimée sur le visage et dans   10
les attitudes des princesses persanes.[2] Une statue même peut être
froide. On doit voir la crainte et l'horreur dans les traits d'une
Andromède, l'effort de tous les muscles et une colère mêlée
d'audace dans l'attitude et sur le front d'un Hercule qui soulève
Anthée.   15
Dans la poésie, dans l'éloquence, les grands mouvements des
passions deviennent *froids* quand ils sont exprimés en termes trop
communs, et dénués d'imagination. C'est ce qui fait que l'amour
qui est si vif dans Racine, est languissant dans Campistron son
imitateur.[3]   20

---

1 TS61-W75G: Froid. De ce qu'on entend par ce terme dans les belles-lettres
et les beaux-arts. On dit

[1] Article envoyé à d'Alembert avec 'Galant' et 'Garant' le 13 novembre [1756]
(D7055).
[2] Pierre Mignard (1612-1695), connu pour ses portraits flattés, s'opposa
vivement à Charles Le Brun (1619-1690). Dans la section 'Artistes célèbres' qui
accompagne *Le Siècle de Louis XIV*, Voltaire avait déjà exprimé son admiration
pour *La Famille de Darius*, peint par Le Brun. Ce tableau, aujourd'hui au Louvre,
se trouvait alors à Versailles où Voltaire a pu le voir.
[3] Cf. ci-dessus, article 'Faible', lignes 37-39.

Les sentiments qui échappent à une âme qui veut les cacher, demandent au contraire les expressions les plus simples. Rien n'est si vif, si animé que ces vers du Cid, *va, je ne te hais point... tu le dois... je ne puis.*[4] Ce sentiment deviendrait *froid* s'il était relevé par des termes étudiés.

C'est par cette raison que rien n'est si *froid* que le style ampoulé.[5] Un héros dans une tragédie dit qu'il a essuyé une tempête, qu'il a vu périr son ami dans cet orage. Il touche, il intéresse s'il parle avec douleur de sa perte, s'il est plus occupé de son ami que de tout le reste. Il ne touche point, il devient *froid*, s'il fait une description de la tempête, s'il parle de *source de feu bouillonnant sur les eaux, et de la foudre qui gronde et qui frappe à sillons redoublés la terre et l'onde.*[6] Ainsi le style *froid* vient tantôt de la stérilité, tantôt de l'intempérance des idées; souvent d'une diction trop commune, quelquefois d'une diction trop recherchée.

L'auteur qui n'est *froid* que parce qu'il est vif à contretemps, peut corriger ce défaut d'une imagination trop abondante. Mais celui qui est *froid* parce qu'il manque d'âme, n'a pas de quoi se corriger. On peut modérer son feu. On ne saurait en acquérir. *Article de M. de Voltaire.*

---

[4] P. Corneille, *Le Cid*, III.iv.973.

[5] Voltaire s'emporte souvent contre l'affectation, qui lui semble un vice. 'Les bons auteurs n'ont de l'esprit qu'autant qu'il en faut, ne le recherchent jamais, pensent avec bon sens, et s'expriment avec clarté' (D6900); les mauvais s'éloignent en tout de la nature, en voulant avoir trop d'esprit. Le résultat est un style recherché, violent, inintelligible, boursouflé. La facilité d'écrire fait dégénérer la belle langue du dix-septième siècle. 'Oh, qui est ce qui n'a pas d'esprit dans ce siècle? mais du talent, du génie, où les trouve-t-on?' (D8041).

[6] Ces citations, pour réelles qu'elles soient, n'ont pas été identifiées.

GALANT

GALANT,[1] adj. pris subst. (*Gramm.*) ce mot vient de *gal*,[2] qui d'abord signifia *gaieté* et *réjouissance*, ainsi qu'on le voit dans Alain Chartier et dans Froissard: on trouve même dans le Roman de la rose, *galandé*, pour signifier *orné, paré*.

> *La belle fut bien atornée* 5
> *Et d'un filet d'or galandée.*[3]

Il est probable que le *gala* des Italiens et le *galan* des Espagnols, sont dérivés du mot *gal*, qui paraît originairement celtique; de là se forma insensiblement *galant*, qui signifie *un homme empressé à plaire*: ce mot reçut une signification plus noble dans les temps de 10 chevalerie, où ce désir de plaire se signalait par des combats. *Se conduire galamment, se tirer d'affaire galamment*, veut même encore dire, *se conduire en homme de cœur*. Un *galant* homme, chez les

---

1   TS61-W75G: Du mot galant. Ce mot
8   TS61-W75G: paraît ordinairement celtique

---

[1] Entre octobre et décembre 1756, Voltaire met la dernière main aux articles 'Français', 'Goût' et 'Histoire'. Dans une lettre du 9 octobre 1756 (D7018), il suggère à d'Alembert: 'si vous avez quelques articles de l'enciclopédie à me donner, ayez la bonté de vous y prendre un peu à l'avance. Un malade n'est pas toujours le maitre de ses moments'. La commande des articles de la lettre G, destinés au tome VII de l'*Encyclopédie*, se situe-t-elle en août ou octobre? Voltaire l'aurait alors exécutée très rapidement puisque 'Galant', ainsi que 'Froid' et 'Garant', seront envoyés le 13 novembre 1756 (D7055); 'Grand, grandeur', le 29 novembre avec 'Grave, gravité' (D7067). Quoi qu'il en soit, la date de rédaction doit être très proche de l'envoi, Voltaire s'acquittant très vite de ce genre d'ouvrage et se réservant un temps plus long pour les recherches nécessaires aux articles d'histoire ou de littérature.

[2] *Trévoux*, iii.574: 'Ce mot vient du vieux François *Gale*, qui signifie *réjouissance & bonne chère*'. Bloch et von Wartburg (p.284) remontent à *galer* représentant le gallo-roman **wallare* (se la couler douce), du francique *wala*, 'bien'.

[3] 'Bele fu et bien atornée; / D'un fil d'or ere galonnée', *Roman de la rose*, 59-60.

Anglais, signifie *un homme de courage*: en France, il veut dire de plus, *un homme à nobles procédés*. Un homme *galant* est tout autre 15 chose qu'un *galant* homme; celui-ci tient plus de l'honnête homme, celui-là se rapproche plus du petit-maître, de l'homme à bonnes fortunes. *Etre galant*, en général, c'est chercher à plaire par des soins agréables, par des empressements flatteurs. *Voyez l'article* GALANTERIE.[4] *Il a été très galant avec ces dames*, veut dire seulement, 20 *il a montré quelque chose de plus que de la politesse*: mais *être le galant d'une dame*, a une signification plus forte; cela signifie *être son amant*; ce mot n'est presque plus d'usage aujourd'hui que dans les vers familiers. Un *galant* est non seulement un homme à bonne fortune; mais ce mot porte avec soi quelque idée de hardiesse, et 25 même d'effronterie: c'est en ce sens que la Fontaine a dit:

Mais un galant chercheur de pucelage.[5]

Ainsi le même mot se prend en plusieurs sens. Il en est de même de *galanterie*, qui signifie tantôt *coquetterie* dans l'esprit, paroles flatteuses, tantôt présent de petits bijoux, tantôt intrigue avec une 30 femme ou plusieurs; et même depuis peu il a signifié ironiquement *faveurs de Vénus*: ainsi *dire des galanteries, donner des galanteries, avoir des galanteries, attraper une galanterie*, sont des choses toutes différentes. Presque tous les termes qui entrent fréquemment dans la conversation, reçoivent ainsi beaucoup de nuances qu'il est 35 difficile de démêler: les mots techniques ont une signification plus précise et moins arbitraire. *Article de M. de Voltaire.*

23 TS61-W75G: d'usage que
24-25 TS61-W75G: homme à bonnes fortunes

[4] Cet article anonyme (vii.427-28) est attribué à Diderot par J. Lough (*Studies* 93, p.93).
[5] Voltaire cite sans doute de mémoire. Cf. 'Les Rémois', *Contes*, III.iii.93: 'De nos galants et chercheurs d'aventure'; voir aussi 'La Mandragore', *Contes*, III.ii.25.

GARANT

GARANT,[1] adj. pris subst. (*Hist.*) est celui qui se rend responsable de quelque chose envers quelqu'un, et qui est obligé de l'en faire jouir. Le mot *garant* vient du celte et du tudesque *warrant*.[2] Nous avons changé en *g* tous les doubles *v*, des termes que nous avons conservés de ces anciens langages. *Warant* signifie encore chez la plupart des nations du Nord, *assurance, garantie*; et c'est en ce sens qu'il veut dire en anglais *édit du roi*, comme signifiant *promesse du roi*. Lorsque dans le moyen âge les rois faisaient des traités, ils étaient *garantis* de part et d'autre par plusieurs chevaliers, qui juraient de faire observer le traité, et même qui le signaient, lorsque par hasard ils savaient écrire. Quand l'empereur Frédéric Barberousse céda tant de droits au pape Alexandre III dans le célèbre congrès de Venise en 1177, l'empereur mit son sceau à l'instrument, que le pape et les cardinaux signèrent.[3] Douze princes de l'Empire *garantirent* le traité par un serment sur l'Evangile; mais aucun d'eux ne signa. Il n'est point dit que le doge de Venise *garantit* cette paix qui se fit dans son palais.

Lorsque Philippe-Auguste conclut la paix en 1200 avec Jean roi d'Angleterre, les principaux barons de France et ceux de Normandie en jurèrent l'observation comme cautions, comme parties *garantes*. Les Français firent serment de combattre le roi

5

10

15

20

---

1 TS61-W75G: Du mot garant. Garant est
4 TS61-W75G: doubles W des termes
13 TS61-W75G: en 1117

---

[1] Voir 'Galant', n.1.
[2] Du francique *wãrjan*. On trouve 'guarant' dans la *Chanson de Roland*, vers 1080 (Bloch et von Wartburg, p.287).
[3] Cf. *Essai sur les mœurs*, ch.58; *Annales de l'empire*, année 1177.

de France s'il manquait à sa parole, et les Normands de combattre leur souverain s'il ne tenait pas la sienne.[4]

Un connétable de Montmorenci ayant traité avec un comte de la Marche en 1227, pendant la minorité de Louis IX, jura l'observation du traité sur l'âme du roi.[5]

L'usage de *garantir* les Etats d'un tiers, était très ancien, sous un nom différent. Les Romains *garantirent* ainsi les possessions de plusieurs princes d'Asie et d'Afrique, en les prenant sous leur protection, en attendant qu'ils s'emparassent des terres protégées.

On doit regarder comme une *garantie* réciproque, l'alliance ancienne de la France et de la Castille de roi à roi, de royaume à royaume, et d'homme à homme.

On ne voit guère de traité où la *garantie* des Etats d'un tiers soit expressément stipulée, avant celui que la médiation de Henri IV fit conclure entre l'Espagne et les états généraux en 1609. Il obtint que le roi d'Espagne Philippe III reconnût les Provinces-Unies pour libres et souveraines; il signa, et fit même signer au roi d'Espagne la *garantie* de cette souveraineté des sept provinces, et la république reconnut qu'elle lui devait sa liberté.[6] C'est surtout dans nos derniers temps que les traités de *garantie* ont été plus fréquents. Malheureusement ces *garanties* ont quelquefois produit des ruptures et des guerres; et on a reconnu que la force est le meilleur *garant* qu'on puisse avoir. *Article de M. de Voltaire.*

[4] Traité du Goulet, 22 mai 1200. Le texte se trouve dans Thomas Rymer, *Foedera, conventiones, litterae et cujuscumque generis acta publica* (Londini 1704-1717), i.79-80; cf. BV, no.2871.

[5] Traité de Vendôme de 1227, entre Hugues de Lusignan, comte de La Marche et le roi, représenté par le connétable Mathieu de Montmorency. Le texte du traité se trouve dans dom Edmond Martène, *Veterum scriptorum et monumentorum historicorum, dogmaticorum, moralium, amplissima collectio* (Parisiis 1724), i.1214-17.

[6] Le premier traité réel entre les deux couronnes est celui que conclurent le 1er juillet 1345 Philippe VI et Alphonse XI. Le texte qui inclut la réciprocité a été donné par J. Dumont, *Corps universel diplomatique du droit des gens* (Amsterdam-La Haye 1726-1731), ii.231-33. Selon J. Chifflet, *Recueil des traittez de paix, trèves et neutralité entre les couronnes d'Espagne et de France* (Anvers 1645), le premier cité est le traité de Madrid conclu entre Charles-Quint et François Ier en 1526. Pour le traité entre l'Espagne et les Provinces-Unies, voir *Essai sur les mœurs*, ch.177.

GAZETTE

GAZETTE,[1] s. f. (*Hist. mod.*) relation des affaires publiques. Ce fut au commencement du XVIIe siècle que cet usage utile fut inventé à Venise,[2] dans le temps que l'Italie était encore le centre des négociations de l'Europe, et que Venise était toujours l'asile de la liberté. On appela ces feuilles qu'on donnait une fois par 5 semaine, *gazettes*, du nom de *gazetta*, petite monnaie revenant à un de nos demi-sous, qui avait cours alors à Venise. Cet exemple fut ensuite imité dans toutes les grandes villes de l'Europe.

De tels journaux étaient établis à la Chine de temps immémorial;[3] on y imprime tous les jours la *gazette* de l'empire 10 par ordre de la cour. Si cette *gazette* est vraie, il est à croire que toutes les vérités n'y sont pas. Aussi ne doivent-elles pas y être.

Le médecin Théophraste Renaudot donna en France les premières *gazettes* en 1631;[4] et il en eut le privilège, qui a été longtemps un patrimoine de sa famille. Ce privilège est devenu un objet 15

---

1 TS61-W75G: De la gazette. Relation

---

[1] Article envoyé à d'Alembert le 29 novembre 1756 avec 'Généreux', 'Genre de style', 'Gens de lettres', 'Gloire, glorieux', 'Grand, grandeur', 'Goût', 'Grâce' et 'Grave' (D7067). L'errata du tome VII, p.1030, porte: '*Pag.*534. *col.*2 ces mots *Article de* M. DE VOLTAIRE, doivent être transposés à la fin de l'article GAZETTE'. Voltaire est donc le seul auteur du présent article.

[2] Les feuilles vénitiennes remontent en effet au seizième siècle. Voir A. Stolp, *De Eerste hollandsche couranten* (Haarlem 1938), p.1-20.

[3] Les annales chinoises, que Voltaire connaissait d'après la *Description géographique, historique, chronologique, politique et physique de l'empire de la Chine et de la Tartarie chinoise* (Paris 1735) du père Jean-Baptiste Du Halde (BV, no.1132) et d'après les *Lettres édifiantes et curieuses* (1732), xix.266 (BV, no.2104), 'sont peut-être les plus anciens monuments du monde', dit-il au chapitre 18 de la *Philosophie de l'histoire* (Voltaire 59, p.153).

[4] La *Gazette* (1631-1792), fondée par Théophraste Renaudot en 1631, devint en 1762 l'organe officiel du gouvernement français et prit alors le nom de *Gazette de France*.

important dans Amsterdam; et la plupart des *gazettes* des Provinces-Unies sont encore un revenu pour plusieurs familles de magistrats, qui paient les écrivains.[5] La seule ville de Londres a plus de douze *gazettes* par semaine. On ne peut les imprimer que sur du papier timbré, ce qui n'est pas une taxe indifférente pour l'Etat.

Les *gazettes* de la Chine ne regardent que cet empire; celles de l'Europe embrassent l'univers. Quoiqu'elles soient souvent remplies de fausses nouvelles, elles peuvent cependant fournir de bons matériaux pour l'histoire; parce que d'ordinaire les erreurs d'une *gazette* sont rectifiées par les suivantes, et qu'on y trouve presque toutes les pièces authentiques que les souverains mêmes y font insérer. Les *gazettes* de France ont toujours été revues par le ministère. C'est pourquoi les auteurs ont toujours employé certaines formules qui ne paraissent pas être dans les bienséances de la société, en ne donnant le titre de *monsieur* qu'à certaines personnes, et celui de *sieur* aux autres; les auteurs ont oublié qu'ils ne parlaient pas au nom du roi.[6] Ces journaux publics n'ont d'ailleurs été jamais souillés par la médisance, et ont été toujours assez correctement écrits. Il n'en est pas de même des *gazettes* étrangères. Celles de Londres, excepté celles de la cour, sont souvent remplies de cette indécence que la liberté de la nation autorise. Les *gazettes* françaises faites en pays étranger ont été rarement écrites avec pureté, et n'ont pas peu servi quelquefois

---

38-39   TS61-W75G: faites en ce pays, ont été rarement

---

[5] Sur la connaissance qu'avait Voltaire des gazettes étrangères et surtout de celles de Hollande, voir J. Vercruysse, *Voltaire et la Hollande*, Studies 46 (1966), p.141-42, 170-72.

[6] Quand Voltaire écrit 'revues' il faut entendre 'censurées'. Les preuves matérielles d'une réécriture par les soins du 'ministère', trahissant par le style son intervention, ont généralement disparu.

à corrompre la langue.⁷ Un des grands défauts qui s'y sont glissés,   40
c'est que les auteurs, en voyant la teneur des arrêts du conseil de
France qui s'expriment suivant les anciennes formules, ont cru
que ces formules étaient conformes à notre syntaxe, et ils les ont
imitées dans leurs narrations; c'est comme si un historien romain
eût employé le style de la loi des douze tables. Ce n'est que dans   45
le style des lois qu'il est permis de dire, *le roi aurait reconnu, le roi
aurait établi une loterie.* Mais il faut que le *gazetier* dise, *nous apprenons
que le roi a établi,* et non pas *aurait établi une loterie,* etc. ... *nous
apprenons que les Français ont pris Minorque,* et non pas *auraient pris
Minorque.* Le style de ces écrits doit être de la plus grande   50
simplicité; les épithètes y sont ridicules. Si le parlement a une
audience du roi, il ne faut pas dire, *cet auguste corps a eu une audience,
ces pères de la patrie sont revenus à cinq heures précises.* On ne doit
jamais prodiguer ces titres; il ne faut les donner que dans les
occasions où ils sont nécessaires. *Son altesse dîna avec Sa Majesté,*   55
*et Sa Majesté mena ensuite son altesse à la comédie, après quoi son altesse
joua avec Sa Majesté; et les autres altesses et leurs excellences messieurs
les ambassadeurs assistèrent au repas que Sa Majesté donna à leurs
altesses.* C'est une affectation servile qu'il faut éviter. Il n'est pas
nécessaire de dire que les termes injurieux ne doivent jamais être   60
employés, sous quelque prétexte que ce puisse être.

   A l'imitation des *gazettes* politiques, on commença en France à
imprimer des *gazettes* littéraires en 1665;⁸ car les premiers journaux

41-42   ts61-w75g: des arrêts de France
44   ts61-w75g: dans leur narration;
52-53   ts61-w75g: audience du roi, ces pères

⁷ Voltaire reprend ici les observations qu'il avait déjà faites sous une forme
légèrement différente dans les 'Avis à un journaliste', publiés dans le *Mercure*
de novembre 1744, puis réimprimés sous le titre de 'Conseils à un journaliste'
au tome vi (1745) des *Œuvres* (Bengesco, iv.10-12). Sur Voltaire journaliste,
voir *Dictionnaire des journalistes (1600-1789)* (Grenoble 1976), p.373-74.
⁸ Le *Journal des sçavans,* fondé en 1665, n'accordait cependant qu'un espace
restreint à la littérature et aux belles-lettres. Le *Mercure galant* de 1672 fut la
première gazette à accorder aux lettres une place de choix.

ne furent en effet que de simples annonces des livres nouveaux imprimés en Europe; bientôt après on y joignit une critique raisonnée. Elle déplut à plusieurs auteurs, toute modérée qu'elle était. Nous ne voulons point anticiper ici *l'art.* JOURNAL; nous ne parlerons que de ces *gazettes* littéraires, dont on surchargea le public, qui avait déjà de nombreux journaux de tous les pays de l'Europe, où les sciences sont cultivées. Ces *gazettes* parurent vers l'an 1723 à Paris sous plusieurs noms différents, *Nouvelliste du Parnasse, Observations sur les écrits modernes*,[9] etc. La plupart ont été faites uniquement pour gagner de l'argent; et comme on n'en gagne point à louer des auteurs, la satire fit d'ordinaire le fond de ces écrits. On y mêla souvent des personnalités odieuses; la malignité en procura le débit: mais la raison et le bon goût qui prévalent toujours à la longue, les firent tomber dans le mépris et dans l'oubli.

Une espèce de *gazette* très utile dans une grande ville, et dont Londres a donné l'exemple, est celle dans laquelle on annonce aux citoyens tout ce qui doit se faire dans la semaine pour leur intérêt ou pour leur amusement; les spectacles, les ouvrages nouveaux en tout genre; tout ce que les particuliers veulent vendre ou acheter; le prix des effets commerçables, celui des denrées; en un mot tout ce qui peut contribuer aux commodités de la vie. Paris a imité en partie cet exemple depuis quelques années.[10] *Article de M. de Voltaire.*

64-65   TS61-W75G: annonces des nouveaux imprimés en
78-87   TS61-W75G: dans l'oubli.//

[9] *Le Nouvelliste du Parnasse, ou réflexions sur les ouvrages nouveaux*, 52 vol. (Paris 1730-1732), et les *Observations sur les écrits modernes*, 34 vol. (Paris 1735-1743) sont de l'abbé Pierre François Guyot Desfontaines.
[10] Ce sont les *Affiches de Paris*, éditées par Antoine Boudet, de 1745 à 1751, et continuées par Meusnier de Querlon (*Affiches de province*) et l'abbé Aubert sous le titre d'*Annonces, affiches et avis divers*. Ce genre de gazette n'est pas nécessairement une imitation de celles d'Angleterre: les *Affiches de Paris* de Jean Dugone remontent à 1716.

GENRE DE STYLE

GENRE DE STYLE,[1] (*Littérat.*) Comme le *genre* d'exécution que
doit employer tout artiste dépend de l'objet qu'il traite; comme
le *genre* du Poussin n'est point celui de Teniers, ni l'architecture
d'un temple celle d'une maison commune, ni la musique d'un
opéra tragédie celle d'un opéra bouffon: aussi chaque *genre* d'écrire   5
a son style propre en prose et en vers. On sait assez que le
style de l'histoire n'est point celui d'une oraison funèbre; qu'une
dépêche d'ambassadeur ne doit point être écrite comme un sermon; que la comédie ne doit point se servir des tours hardis de
l'ode, des expressions pathétiques de la tragédie, ni des métapho-   10
res et des comparaisons de l'épopée.

Chaque *genre* a ses nuances différentes; on peut au fond les
réduire à deux, le simple et le relevé. Ces deux *genres* qui en
embrassent tant d'autres ont des beautés nécessaires qui leur sont
également communes; ces beautés sont la justesse des idées, leur   15
convenance, l'élégance, la propriété des expressions, la pureté du
langage; tout écrit, de quelque nature qu'il soit, exige ces qualités.
Les différences consistent dans les idées propres à chaque sujet,
dans les figures, dans les tropes; ainsi un personnage de comédie
n'aura ni idées sublimes ni idées philosophiques, un berger n'aura   20
point les idées d'un conquérant, une épître didactique ne respirera
point la passion; et dans aucun de ces écrits on n'emploiera ni

---

1   TS61-W75G: Du genre de style. Comme
7   TS61-W75G: n'est pas celui
8   TS61-W75G: doit pas être

---

[1] Article envoyé le 29 novembre 1756 (voir 'Gazette', n.1) et complété dans
une lettre du 22 décembre (D7093*): 'J'ay fait une grosse faute au mot *Genre*,
vous en verrez cy contre l'aveu et la correction'. Ce texte est malheureusement
perdu.

métaphores hardies, ni exclamations pathétiques, ni expressions
véhémentes.

Entre le simple et le sublime il y a plusieurs nuances; et c'est
l'art de les assortir qui contribue à la perfection de l'éloquence et
de la poésie: c'est par cet art que Virgile s'est élevé quelquefois
dans l'églogue; ce vers

Ut vidi! ut perii! ut me malus abstulit error![2]

serait aussi beau dans la bouche de Didon que dans celle d'un
berger; parce qu'il est naturel, vrai et élégant, et que le sentiment
qu'il renferme convient à toutes sortes d'états. Mais ce vers

Castaneaeque nuces mea quas Amarillis amabat.[3]

ne conviendrait pas à un personnage héroïque, parce qu'il a pour
objet une chose trop petite pour un héros.

Nous n'entendons point par *petit* ce qui est bas et grossier; car
le bas et le grossier n'est point un *genre*, c'est un défaut.

Ces deux exemples font voir évidemment dans quel cas on doit
se permettre le mélange des styles, et quand on doit se le défendre.
La tragédie peut s'abaisser, elle le doit même; la simplicité relève
souvent la grandeur selon le précepte d'Horace.

Et tragicus plerumque dolet sermone pedestri.[4]

Ainsi ces deux beaux vers de Titus si naturels et si tendres,

Depuis cinq ans entiers chaque jour je la vois,
Et crois toujours la voir pour la première fois.[5]

ne seraient point du tout déplacés dans le haut comique.
Mais ce vers d'Antiochus

Dans l'orient désert quel devint mon ennui![6]

ne pourrait convenir à un amant dans une comédie, parce que

[2] Virgile, *Eclogae*, VIII.41.
[3] Virgile, *Eclogae*, II.52.
[4] Horace, *Ars poetica*, 95.
[5] J. Racine, *Bérénice*, II.ii.545.
[6] J. Racine, *Bérénice*, I.iv.234.

cette belle expression figurée *dans l'orient désert*, est d'un *genre* trop   50
relevé pour la simplicité des brodequins.

Le défaut le plus condamnable et le plus ordinaire dans le
mélange des styles, est celui de défigurer les sujets les plus sérieux
en croyant les égayer par les plaisanteries de la conversation
familière.   55

Nous avons remarqué déjà au mot ESPRIT, qu'un auteur[7] qui a
écrit sur la physique, et qui prétend qu'il y a eu un Hercule
physicien, ajoute qu'on ne pouvait résister à un philosophe de
cette force. Un autre qui vient d'écrire un petit livre (lequel il
suppose être physique et moral) contre l'utilité de l'inoculation,   60
dit *que si on met en usage la petite vérole artificielle, la mort sera bien
attrapée.*[8]

Ce défaut vient d'une affectation ridicule; il en est un autre qui
n'est que l'effet de la négligence, c'est de mêler au style simple
et noble qu'exige l'histoire, ces termes populaires, ces expressions   65
triviales que la bienséance réprouve. On trouve trop souvent dans
Mézeray, et même dans Daniel[9] qui ayant écrit longtemps après
lui, devrait être plus correct; *qu'un général sur ces entrefaites se mit
aux trousses de l'ennemi, qu'il suivit sa pointe, qu'il le battit à plate
couture.* On ne voit point de pareilles bassesses de style dans Tite-   70
Live, dans Tacite, dans Guichardin, dans Clarendon.

Remarquons ici qu'un auteur qui s'est fait un *genre* de style,
peut rarement le changer quand il change d'objet. La Fontaine

---

51-56   TS61-W75G: brodequins. Nous avons
61   TS61-W75G: la mort serait bien
70   TS61-W75G: pareille bassesse de style

---

[7] Voir 'Esprit', n.9.

[8] L'ouvrage n'a pas été identifié mais il pourrait s'agir de la *Lettre à une jeune
dame sur l'inoculation* (s.l. 1756) de Jean Soret, dont la *Correspondance littéraire*
souligne, elle aussi, le ton 'exécrable' (CLT, iii.224).

[9] François Eudes de Mézeray, *Histoire de France avant Clovis* (Amsterdam 1696;
BV, no.2445); Gabriel Daniel, *Histoire de France* (Paris 1729; BV, no.938). Cf.
les carnets (Voltaire 81, p.77).

dans ses opéras emploie ce même *genre* qui lui est si naturel dans ses contes et dans ses fables. Benserade[10] mit dans sa traduction des Métamorphoses d'Ovide, le *genre* de plaisanterie qui l'avait fait réussir à la cour dans des madrigaux. La perfection consisterait à savoir assortir toujours son style à la matière qu'on traite; mais qui peut être le maître de son habitude, et ployer à son gré son génie? *Article de M. de Voltaire.*

74   TS61-W75G: emploie le même
77   TS61-W75G: réussir dans des
79-80   TS61-W75G: et ployer son génie à son gré?

[10] Isaac de Benserade (1613-1691), poète et auteur dramatique. *Métamorphoses d'Ovide en rondeaux, imprimés et enrichis de figures, par ordre de sa majesté* (Paris 1676). Voltaire a cité des exemples dans ses carnets (Voltaire 81, p.305).

GENS DE LETTRES

GENS DE LETTRES,[1] (*Philosophie et Littérat.*) ce mot répond précisément à celui de *grammairiens*: chez les Grecs et les Romains, on
entendait par *grammairien*, non seulement un homme versé dans
la grammaire proprement dite, qui est la base de toutes les
connaissances, mais un homme qui n'était pas étranger dans   5
la géométrie, dans la philosophie, dans l'histoire générale et
particulière; qui surtout faisait son étude de la poésie et de
l'éloquence: c'est ce que sont nos *gens de lettres* aujourd'hui.[2] On
ne donne point ce nom à un homme qui avec peu de connaissances
ne cultive qu'un seul genre. Celui qui n'ayant lu que des romans   10
ne fera que des romans; celui qui sans aucune littérature aura
composé au hasard quelques pièces de théâtre, qui dépourvu de
science aura fait quelques sermons, ne sera pas compté parmi les
gens de lettres. Ce titre a de nos jours encore plus d'étendue que
le mot *grammairien* n'en avait chez les Grecs et chez les Latins.   15
Les Grecs se contentaient de leur langue; les Romains n'appre-
naient que le grec: aujourd'hui l'*homme de lettres* ajoute souvent à
l'étude du grec et du latin celle de l'italien, de l'espagnol, et
surtout de l'anglais. La carrière de l'histoire est cent fois plus
immense qu'elle ne l'était pour les anciens; et l'histoire naturelle   20
s'est accrue à proportion de celle des peuples: on n'exige pas
qu'un *homme de lettres* approfondisse toutes ces matières; la science
universelle n'est plus à la portée de l'homme: mais les véritables

---

1   TS61-W75G: Gens de lettres. Ce mot

---

[1] Voir 'Gazette', n.1.
[2] En grec γραμματικος signifie quelqu'un capable de lire et d'écrire (Xénophon, *Mémorables*, IV.ii.20; Platon, *Théétète*, 207 b; Aristote, *Éthique*, II.iv.1),
qui enseigne l'écriture et la lecture (Plutarque, *Moralia*, 59 f), un scribe tout
comme γραμματικεύς (Les Septante, Isaïe xxxiii.18). Postérieurement le terme
a désigné un critique (Polybe, *Fragments*, XXXII.ii.5) et un savant (Philon, i.502).

gens de lettres se mettent en état de porter leurs pas dans ces différents terrains, s'ils ne peuvent les cultiver tous. 25

Autrefois dans le seizième siècle, et bien avant dans le dix-septième, les littérateurs s'occupaient beaucoup de la critique grammaticale des auteurs grecs et latins; et c'est à leurs travaux que nous devons les dictionnaires, les éditions correctes, les commentaires des chefs-d'œuvre de l'antiquité; aujourd'hui cette 30 critique est moins nécessaire, et l'esprit philosophique lui a succédé. C'est cet esprit philosophique qui semble constituer le caractère des *gens de lettres*; et quand il se joint au bon goût, il forme un littérateur accompli.

C'est un des grands avantages de notre siècle, que ce nombre 35 d'hommes instruits qui passent des épines des mathématiques aux fleurs de la poésie, et qui jugent également bien d'un livre de métaphysique et d'une pièce de théâtre: l'esprit du siècle les a rendus pour la plupart aussi propres pour le monde que pour le cabinet; et c'est en quoi ils sont fort supérieurs à ceux des siècles 40 précédents. Ils furent écartés de la société jusqu'au temps de Balzac et de Voiture; ils en ont fait depuis une partie devenue nécessaire. Cette raison approfondie et épurée que plusieurs ont répandue dans leurs écrits et dans leurs conversations, a contribué beaucoup à instruire et à polir la nation: leur critique ne s'est plus 45 consumée sur des mots grecs et latins; mais appuyée d'une saine philosophie, elle a détruit tous les préjugés dont la société était infectée; prédictions des astrologues, divinations des magiciens, sortilèges de toute espèce, faux prodiges, faux merveilleux, usages superstitieux; elle a relégué dans les écoles mille disputes puériles 50 qui étaient autrefois dangereuses et qu'ils ont rendues méprisables: par là ils ont en effet servi l'Etat. On est quelquefois étonné que ce qui bouleversait autrefois le monde, ne le trouble plus aujourd'hui; c'est aux véritables *gens de lettres* qu'on en est redevable. 55

44 TS61-W75G: répandue dans leurs conversations
49 TS61-W75G: de toutes espèces, faux prestiges, faux
50 TS61-W75G: superstitieux. Ils ont relégué

Ils ont d'ordinaire plus d'indépendance dans l'esprit que les autres hommes; et ceux qui sont nés sans fortune trouvent aisément dans les fondations de Louis xiv de quoi affermir en eux cette indépendance: on ne voit point, comme autrefois, de ces épîtres dédicatoires que l'intérêt et la bassesse offraient à la vanité. 60
Voyez ÉPÎTRE.[3]

Un *homme de lettres* n'est pas ce qu'on appelle *un bel esprit*: le bel esprit seul suppose moins de culture, moins d'étude, et n'exige nulle philosophie; il consiste principalement dans l'imagination brillante, dans les agréments de la conversation, aidés d'une 65 lecture commune. Un bel esprit peut aisément ne point mériter le titre d'*homme de lettres*; et l'*homme de lettres* peut ne point prétendre au brillant du bel esprit.[4]

Il y a beaucoup de gens de lettres qui ne sont point auteurs, et ce sont probablement les plus heureux; ils sont à l'abri des dégoûts 70 que la profession d'auteur entraîne quelquefois, des querelles que la rivalité fait naître, des animosités de parti, et des faux jugements; ils sont plus unis entre eux; ils jouissent plus de la société; ils sont juges, et les autres sont jugés. *Article de M. de Voltaire.*

72-73   TS61-W75G: jugements; ils jouissent

[3] L'article est de Jaucourt (v.821-22).
[4] Cf. les carnets: 'La plus grande des dignités pour un homme de lettres est sa réputation' (Voltaire 82, p.507, 607). La conformité avec l'article 'Esprit' est parfaite.

GLOIRE

GLOIRE, GLORIEUX, GLORIEUSEMENT, GLORIFIER,[1] (*Gramm.*) La *gloire* est la réputation jointe à l'estime; elle est au comble, quand l'admiration s'y joint. Elle suppose toujours des choses éclatantes, en actions, en vertus, en talents, et toujours de grandes difficultés surmontées. César, Alexandre ont eu de la *gloire*. On ne peut guère dire que Socrate en ait eu; il attire l'estime, la vénération, la pitié, l'indignation contre ses ennemis; mais le terme de *gloire* serait impropre à son égard. Sa mémoire est respectable, plutôt que *glorieuse*. Attila eut beaucoup d'éclat; mais il n'a point de *gloire*, parce que l'histoire, qui peut-être se trompe, ne lui donne point de vertus. Charles XII a encore de la *gloire*, parce que sa valeur, son désintéressement, sa libéralité, ont été extrêmes. Les succès suffisent pour la réputation, mais non pas pour la *gloire*. Celle de Henri IV augmente tous les jours, parce que le temps a fait connaître toutes ses vertus, qui étaient incomparablement plus grandes que ses défauts.

La *gloire* est aussi le partage des inventeurs dans les beaux-arts; les imitateurs n'ont que des applaudissements. Elle est encore accordée aux grands talents, mais dans les arts sublimes. On dira bien la *gloire* de Virgile, de Cicéron, mais non de Martial et d'Aulu-Gelle.

On a osé dire la *gloire* de Dieu;[2] il travaille pour la *gloire* de

1-2 TS61-W75G: Des mots gloire et glorieux. La gloire
10   TS61-W75G: l'histoire, qui peut se tromper, ne lui
19   TS61-W75G: mais dans des arts

---

[1] Voir 'Gazette', n.1. Le *Dictionnaire* de Trévoux de 1771 tiendra compte des remarques de Voltaire qui n'a traité que l'aspect grammatical des mots.
[2] Selon la *Concordance de la Bible de Jérusalem* (Paris 1982), le terme 'gloire' apparaît 296 fois dans l'Ancien Testament et 164 fois dans le Nouveau.

Dieu,[3] Dieu a créé le monde pour sa *gloire*:[4] ce n'est pas que l'Etre suprême puisse avoir de la *gloire*; mais les hommes n'ayant point d'expressions qui lui conviennent, emploient pour lui celles dont ils sont les plus flattés. 25

La vaine *gloire* est cette petite ambition qui se contente des apparences, qui s'étale dans le grand faste, et qui ne s'élève jamais aux grandes choses. On a vu des souverains qui ayant une *gloire* réelle, ont encore aimé la vaine *gloire*, en recherchant trop les 30 louanges, en aimant trop l'appareil de la représentation.[5]

La fausse *gloire* tient souvent à la vaine, mais souvent elle se porte à des excès; et la vaine se renferme plus dans les petitesses. Un prince qui mettra son honneur à se venger, cherchera une *gloire* fausse plutôt qu'une *gloire* vaine. 35

Faire gloire, faire vanité, se faire honneur, se prennent quelquefois dans le même sens, et ont aussi des sens différents. On dit également, *il fait gloire, il fait vanité, il se fait honneur de son luxe, de ses excès*: alors *gloire* signifie *fausse gloire*. Il fait *gloire* de souffrir pour la bonne cause, et non pas il fait *vanité*. Il se fait *honneur* de 40 son bien, et non pas il fait *gloire* ou *vanité* de son bien.

Rendre *gloire* signifie reconnaître, attester. *Rende₂ gloire à la*

---

26 TS61-W75G: ils sont le plus
30-31 TS61-W75G: trop de louanges
32-33 TS61-W75G: elle porte à

---

[3] Allusion à la devise des Jésuites, 'Ad majorem Dei gloriam', expliquée par saint Ignace de Loyola dans ses *Exercices spirituels* (889) et à l'hymne attribuée à saint Ambroise, 'Gloria in excelsis Deo', empruntée à la Vulgate, Luc ii.14, xix.38; cf. I Samuel vi.5, Psaumes lxvi.2.

[4] Cf. Isaïe xliii.7; Jean xi.4, xvii.1-26. Le propos a été constamment repris par tous les catéchismes chrétiens; cf. saint Thomas d'Aquin, *Summa*, ii.15-30.

[5] 'Il résulte de tout ce qu'on vient de rapporter que ce monarque [Louis XIV] aimait en tout la grandeur et la gloire. Un prince qui, ayant fait d'aussi grandes choses que lui, serait encore simple et modeste, serait le premier des rois, et Louis XIV le second' (*Le Siècle de Louis XIV*, ch.28, M.xiv.496; cf. Voltaire 81, p.407).

vérité, reconnaissez la vérité. *Au Dieu que vous servez, princesse, rendez gloire* (Athal.),[6] attestez le Dieu que vous servez.

La *gloire* est prise pour le ciel; il est au séjour de la *gloire*.

> *Où le conduisez-vous?... à la mort... à la gloire*
>
> Polieucte.[7]

On ne se sert de ce mot pour désigner le ciel que dans notre religion. Il n'est pas permis de dire que Bacchus, Hercule, furent reçus dans la *gloire*, en parlant de leur apothéose.

Glorieux, quand il est l'épithète d'une chose inanimée, est toujours une louange; bataille, paix, affaire *glorieuse*. Rang *glorieux* signifie *rang élevé*, et non pas *rang qui donne de la gloire*, mais dans lequel on peut en acquérir. Homme *glorieux*, esprit *glorieux*, est toujours une injure; il signifie celui qui se donne à lui-même ce qu'il devrait mériter des autres: ainsi on dit *un règne glorieux*, et non pas *un roi glorieux*. Cependant ce ne serait pas une faute de dire au pluriel, les plus *glorieux* conquérants ne valent pas un prince bienfaisant; mais on ne dira pas, *les princes glorieux*, pour dire *les princes illustres*.

Le *glorieux* n'est pas tout à fait le fier, ni l'avantageux, ni l'orgueilleux. Le fier tient de l'arrogant et du dédaigneux, et se communique peu. L'avantageux abuse de la moindre déférence qu'on a pour lui. L'orgueilleux étale l'excès de la bonne opinion qu'il a de lui-même. Le *glorieux* est plus rempli de vanité; il cherche plus à s'établir dans l'opinion des hommes; il veut réparer par les dehors ce qui lui manque en effet. L'orgueilleux se croit quelque chose; le *glorieux* veut paraître quelque chose. Les nouveaux parvenus[8] sont d'ordinaire plus *glorieux* que les autres. On a appelé quelquefois les saints et les anges, les *glorieux*, comme habitants du séjour de la *gloire*.

Glorieusement est toujours pris en bonne part; il règne *glorieuse-*

---

[6] J. Racine, *Athalie*, III.iv.1012.
[7] P. Corneille, *Polyeucte*, v.iii.1679.
[8] Parvenu: le mot semble attesté pour la première fois comme nom vers 1732, P. N. Destouches, *Le Glorieux*, IV.x.1824.

ment; il se tira *glorieusement* d'un grand danger, d'une mauvaise affaire.

Se *glorifier* est tantôt pris en bonne part, tantôt en mauvaise, 75
selon l'objet dont il s'agit. Il se *glorifie d'avoir* exercé son emploi
avec dureté. Il se glorifie d'une disgrâce qui est le fruit de ses
talents et l'effet de l'envie. On dit des martyrs qu'ils *glorifiaient*
Dieu, c'est-à-dire que leur constance rendait respectable aux
hommes le Dieu qu'ils annonçaient. *Article de M. de Voltaire.* 80

76-77   TS61-W75G: s'agit. Il se glorifie d'une disgrâce

GOÛT

GOÛT,[1] (*Gramm. Littérat. et Philos.*) On a vu dans l'article précédent[2] en quoi consiste le *goût* au physique. Ce sens, ce don de discerner nos aliments, a produit dans toutes les langues connues, la métaphore qui exprime par le mot *goût*, le sentiment des beautés et des défauts dans tous les arts: c'est un discernement prompt comme celui de la langue et du palais, et qui prévient comme lui la réflexion; il est comme lui sensible et voluptueux à l'égard du bon; il rejette comme lui le mauvais avec soulèvement; il est souvent, comme lui, incertain et égaré, ignorant même si ce qu'on lui présente doit lui plaire, et ayant quelquefois besoin comme lui d'habitude pour se former.[3]

Il ne suffit pas pour le *goût*, de voir, de connaître la beauté d'un ouvrage; il faut la sentir, en être touché. Il ne suffit pas de sentir, d'être touché d'une manière confuse, il faut démêler les différentes nuances; rien ne doit échapper à la promptitude du discernement; et c'est encore une ressemblance de ce *goût* intellectuel, de ce *goût*

1-2   TS61-W75G: Du goût. Le goût, ce sens, ce don

[1] Discuté dès décembre 1755 (D6619), l'article a été inclus dans l'envoi de la série 'Gazette'-'Grave' (voir 'Gazette', n.1). Voltaire évoque le texte dans sa lettre à Briasson du 13 février 1756 (D6731).

[2] La part physiologique, qui est de Jaucourt; cf. Schwab-Rex, iii.481. Il convient également de signaler la parenté existant entre le présent article et celui qui suit, tiré des manuscrits de Montesquieu, précédé d'une note de Diderot (vii.761-67) et continué par d'Alembert (vii.767-70).

[3] Malgré ses concessions à la sensibilité, Voltaire varie souvent à ce sujet; certains prétendent que c'est le côté intellectuel qui prédomine le plus souvent chez lui; voir David Williams, *Voltaire: literary critic*, Studies 48 (1966), p.128-62; pourtant, dans l'article 'Beau, beauté' (DP), Voltaire raffine sa conception du goût. Il semble y donner la préférence au goût qui relève de la sensibilité.

128

des arts, avec le *goût* sensuel:[4] car si le gourmet sent et reconnaît promptement le mélange de deux liqueurs, l'homme de *goût*, le connaisseur, verra d'un coup d'œil prompt le mélange de deux styles; il verra un défaut à côté d'un agrément; il sera saisi d'enthousiasme à ce vers des Horaces: *Que vouliez-vous qu'il fît contre trois? qu'il mourût.*[5] Il sentira un dégoût involontaire au vers suivant: *Ou qu'un beau désespoir alors le secourût.*

Comme le mauvais *goût* au physique consiste à n'être flatté que par des assaisonnements trop piquants et trop recherchés, aussi le mauvais *goût* dans les arts est de ne se plaire qu'aux ornements étudiés, et de ne pas sentir la belle nature.

Le *goût* dépravé dans les aliments, est de choisir ceux qui dégoûtent les autres hommes; c'est une espèce de maladie. Le *goût* dépravé dans les arts est de se plaire à des sujets qui révoltent les esprits bien faits; de préférer le burlesque au noble, le précieux et l'affecté au beau simple et naturel: c'est une maladie de l'esprit. On se forme le *goût* des arts beaucoup plus que le *goût* sensuel; car dans le *goût* physique, quoiqu'on finisse quelquefois par aimer les choses pour lesquelles on avait d'abord de la répugnance, cependant la nature n'a pas voulu que les hommes en général apprissent à sentir ce qui leur est nécessaire; mais le *goût* intellectuel demande plus de temps pour se former. Un jeune homme sensible, mais sans aucune connaissance, ne distingue point d'abord les parties d'un grand chœur de musique; ses yeux ne distinguent point d'abord dans un tableau, les dégradations, le clair-obscur, la perspective, l'accord des couleurs, la correction du dessin: mais peu à peu ses oreilles apprennent à entendre, et

17   TS61-W75G: car le gourmet sent
25-26 TS61-W75G: recherchés, ainsi le mauvais
40   TS61-W75G: musique; les yeux
41   TS61-W75G: les gradations

[4] Voir les carnets: 'Les passions sont au goust, ce que la faim canine est à l'appétit' (Voltaire 81, p.353; 82, p.518).
[5] P. Corneille, *Horace*, III.vi.1021-22.

ses yeux à voir; il sera ému à la première représentation qu'il verra d'une belle tragédie; mais il n'y démêlera ni le mérite des unités, ni cet art délicat par lequel aucun personnage n'entre ni ne sort sans raison, ni cet art encore plus grand qui concentre des intérêts divers dans un seul, ni enfin les autres difficultés surmontées. Ce n'est qu'avec de l'habitude et des réflexions qu'il parvient à sentir tout d'un coup avec plaisir ce qu'il ne démêlait pas auparavant. Le *goût* se forme insensiblement dans une nation qui n'en avait pas, parce qu'on y prend peu à peu l'esprit des bons artistes: on s'accoutume à voir des tableaux avec les yeux de Lebrun, du Poussin, de Le Sueur;[6] on entend la déclamation notée des scènes de Quinaut avec l'oreille de Lulli; et les airs, les symphonies, avec celle de Rameau. On lit les livres avec l'esprit des bons auteurs.

Si toute une nation s'est réunie dans les premiers temps de la culture des beaux-arts, à aimer des auteurs pleins de défauts, et méprisés avec le temps, c'est que ces auteurs avaient des beautés naturelles que tout le monde sentait, et qu'on n'était pas encore à portée de démêler leurs imperfections: ainsi Lucilius[7] fut chéri des Romains, avant qu'Horace l'eût fait oublier; Régnier[8] fut goûté des Français avant que Boileau parût: et si des auteurs anciens qui bronchent à chaque page, ont pourtant conservé leur grande réputation, c'est qu'il ne s'est point trouvé d'écrivain pur et châtié chez ces nations, qui leur ait désillé les yeux, comme il s'est trouvé un Horace chez les Romains, un Boileau chez les Français.

---

55 TS61-W75G: et les airs et les
65 TS61-W75G: à chaque pas, ont

---

[6] Eustache Le Sueur (1617-1655), peintre et décorateur, connu pour ses compositions sensibles et sobres.

[7] Caius Lucilius (vers 148- vers 103), poète latin qui perfectionna la satire.

[8] Mathurin Régnier (1573-1613), auteur entre autres de *Satires* célèbres par leur force et leur réalisme.

On dit qu'il ne faut point disputer des *goûts*,[9] et on a raison
quand il n'est question que du *goût* sensuel, de la répugnance que
l'on a pour une certaine nourriture, de la préférence qu'on donne
à une autre; on n'en dispute point, parce qu'on ne peut corriger
un défaut d'organes. Il n'en est pas de même dans les arts; comme
ils ont des beautés réelles, il y a un bon *goût* qui les discerne, et
un mauvais *goût* qui les ignore; et on corrige souvent le défaut
d'esprit qui donne un *goût* de travers. Il y a aussi des âmes froides,
des esprits faux, qu'on ne peut ni échauffer ni redresser: c'est avec
eux qu'il ne faut point disputer des *goûts*, parce qu'ils n'en ont
aucun.[10]

Le *goût* est arbitraire dans plusieurs choses, comme dans les
étoffes, dans les parures, dans les équipages, dans ce qui n'est pas
au rang des beaux-arts: alors il mérite plutôt le nom de *fantaisie*.
C'est la fantaisie, plutôt que le *goût*, qui produit tant de modes
nouvelles.

Le *goût* peut se gâter chez une nation; ce malheur arrive
d'ordinaire après les siècles de perfection. Les artistes craignant
d'être imitateurs, cherchent des routes écartées; ils s'éloignent de
la belle nature que leurs prédécesseurs ont saisie: il y a du
mérite dans leurs efforts; ce mérite couvre leurs défauts, le public
amoureux des nouveautés, court après eux; il s'en dégoûte bientôt,

70

75

80

85

90

79-80   TS61-W75G: ils n'en ont point.
91-92   TS61-W75G: il s'en dégoûte, et

[9] Voir les carnets: 'Il ne faut pas disputer des goûts, c'est à dire il faut
permettre d'être plus touché de la passion de Phèdre que de la situation de Joas,
d'aimer mieux être ému par la terreur que par la pitié, de préférer un sujet
romain à un grec. N.B. Mais quand il s'agit de savoir si un sujet est bien traitté,
bien écrit, etc. c'est alors qu'il ne peut y avoir qu'un goust qui soit bon' (Voltaire
82, p.456).
[10] Voir les articles 'Esprit' (QE), 'Froid' (QE), 'Goût' (QE), 'Beau, beauté' (DP),
etc.; voir aussi la 'Dissertation de l'éditeur, sur l'*Héraclius* de Calderón' (Voltaire
55, p.628-32). Dans la préface de l'édition parisienne des *Scythes*, Voltaire dit:
'Il n'est rien de beau en aucun genre que ce qui soutient l'examen attentif de
l'homme de goût' (M.vi.269).

et il en paraît d'autres qui font de nouveaux efforts pour plaire; ils s'éloignent de la nature encore plus que les premiers: le *goût* se perd, on est entouré de nouveautés qui sont rapidement effacées les unes par les autres; le public ne sait plus où il en est, et il regrette en vain le siècle du bon *goût* qui ne peut plus revenir; c'est un dépôt que quelques bons esprits conservent alors loin de la foule.[11]

Il est de vastes pays où le *goût* n'est jamais parvenu; ce sont ceux où la société ne s'est point perfectionnée, où les hommes et les femmes ne se rassemblent point, où certains arts, comme la sculpture, la peinture des êtres animés, sont défendus par la religion. Quand il y a peu de société, l'esprit est rétréci, sa pointe s'émousse, il n'a pas de quoi se former le *goût*. Quand plusieurs beaux-arts manquent, les autres ont rarement de quoi se soutenir, parce que tous se tiennent par la main, et dépendent les uns des autres. C'est une des raisons pourquoi les Asiatiques n'ont jamais eu d'ouvrages bien faits presque en aucun genre, et que le *goût* n'a été le partage que de quelques peuples de l'Europe. *Article de M. de Voltaire.*

97 TS61-W75G: conservent encore loin

[11] Sur la décadence du goût, voir les carnets (Voltaire 81, p.388).

GRÂCE

Grâce,[1] (*Gramm. Littérat. et Mytholog.*) dans les personnes, dans les ouvrages, signifie non seulement *ce qui plaît*, mais *ce qui plaît avec attrait*. C'est pourquoi les anciens avaient imaginé que la déesse de la beauté ne devait jamais paraître sans les *grâces*. La beauté ne déplaît jamais, mais elle peut être dépourvue de ce   5
charme secret qui invite à la regarder, qui attire, qui remplit l'âme d'un sentiment doux. Les *grâces* dans la figure, dans le maintien, dans l'action, dans les discours, dépendent de ce mérite qui attire. Une belle personne n'aura point de *grâces* dans le visage, si la bouche est fermée sans sourire, si les yeux sont sans douceur. Le   10
sérieux n'est jamais gracieux; il n'attire point; il approche trop du sévère qui rebute.

Un homme bien fait, dont le maintien est mal assuré ou gêné, la démarche précipitée ou pesante, les gestes lourds, n'a point de *grâce*, parce qu'il n'a rien de doux, de liant dans son extérieur.   15

La voix d'un orateur qui manquera d'inflexion et de douceur, sera sans *grâce*.

Il en est de même dans tous les arts. La proportion, la beauté, peuvent n'être point gracieuses. On ne peut dire que les pyramides d'Egypte aient des *grâces*. On ne pouvait le dire du colosse de   20
Rhodes, comme de la Vénus de Cnide. Tout ce qui est uniquement dans le genre fort et vigoureux, a un mérite qui n'est pas celui des *grâces*. Ce serait mal connaître Michel-Ange et le Caravage, que de leur attribuer les *grâces* de l'Albane.[2] Le sixième livre de

1-2 TS61-W75G: Du mot grâce. Dans les personnes, dans les ouvrages, grâce signifie
19 TS61, NM: On ne pourrait le dire

[1] Voir 'Gazette', n.1.
[2] Francesco Albani (1578-1660).

l'Enéide est sublime: le quatrième a plus de *grâce*. Quelques odes galantes d'Horace respirent les *grâces*, comme quelques-unes de ses épîtres enseignent la raison.

Il semble qu'en général le petit, le joli en tout genre, soit plus susceptible de *grâces* que le grand. On louerait mal une oraison funèbre, une tragédie, un sermon, si on leur donnait l'épithète de *gracieux*.

Ce n'est pas qu'il y ait un seul genre d'ouvrage qui puisse être bon en étant opposé aux *grâces*. Car leur opposé est la rudesse, le sauvage, la sécheresse. L'Hercule Farnèse ne devait point avoir les *grâces* de l'Apollon du Belvédère et de l'Antinoüs;[3] mais il n'est ni sec, ni rude, ni agreste. L'incendie de Troie dans Virgile[4] n'est point décrit avec les *grâces* d'une élégie de Tibulle. Il plaît par des beautés fortes. Un ouvrage peut donc être sans *grâces*, sans que cet ouvrage ait le moindre désagrément. Le terrible, l'horrible, la description, la peinture d'un monstre, exigent qu'on s'éloigne de tout ce qui est *gracieux*: mais non pas qu'on affecte uniquement l'opposé. Car si un artiste, en quelque genre que ce soit, n'exprime que des choses affreuses, s'il ne les adoucit pas par des contrastes agréables, il rebutera.

La *grâce* en peinture, en sculpture, consiste dans la mollesse des contours, dans une expression douce; et la peinture a par-dessus la sculpture, la *grâce* de l'union des parties, celle des figures qui s'animent l'une par l'autre, et qui se prêtent des agréments par leurs attitudes et par leurs regards. *Voyez l'article suivant.*[5]

Les *grâces* de la diction, soit en éloquence, soit en poésie, dépendent du choix des mots, de l'harmonie des phrases, et encore

35 TS61-W75G: grâces du Belvédère
35-36 TS61-W75G: n'est ni rude, ni agreste.

[3] Il existe de nombreuses œuvres figurant Antinoüs, symbole des grâces (Athènes, Naples, Rome-Capitole).
[4] L'incendie de Troie figure dans l'*Aeneis*, ii.298-765.
[5] La partie de l'article 'Grâce' (vii.805-806) consacrée aux beaux-arts est de Claude Henri Watelet.

plus de la délicatesse des idées, et des descriptions riantes. L'abus
des *grâces* est l'afféterie, comme l'abus du sublime est l'ampoulé;
toute perfection est près d'un défaut.

Avoir de la grâce, s'entend de la chose et de la personne. *Cet*   55
ajustement, cet ouvrage, cette femme, a de la grâce. La bonne *grâce*
appartient à la personne seulement. *Elle se présente de bonne grâce.*
Il a fait de bonne grâce ce qu'on attendait de lui. Avoir des grâces, dépend
de l'action. *Cette femme a des grâces dans son maintien, dans ce qu'elle*
dit, dans ce qu'elle fait.   60

Obtenir sa grâce, c'est par métaphore obtenir son pardon: comme
faire grâce est *pardonner.* On fait *grâce* d'une chose, en s'emparant
du reste. *Les commis lui prirent tous ses effets, et lui firent grâce de son*
argent. Faire des grâces, répandre des grâces, est le plus bel apanage
de la souveraineté, c'est *faire du bien:* c'est plus que justice. *Avoir*   65
les bonnes grâces de quelqu'un, ne se dit que par rapport à un
supérieur; *avoir les bonnes grâces d'une dame*, c'est être son amant
favorisé. *Être en grâce*, se dit d'un courtisan qui a été en disgrâce;
on ne doit pas faire dépendre son bonheur de l'un, ni son malheur
de l'autre. On appelle *bonnes grâces*, ces demi-rideaux d'un lit qui   70
sont aux côtés du chevet. Les *grâces*, en latin *charites*, terme qui
signifie *aimables.*[6]

Les *Grâces*, divinités de l'antiquité, sont une des plus belles
allégories de la mythologie des Grecs. Comme cette mythologie
varia toujours tantôt par l'imagination des poètes, qui en furent   75
les théologiens, tantôt par les usages des peuples, le nombre, les
noms, les attributs des *Grâces* changèrent souvent. Mais enfin on
s'accorda à les fixer au nombre de trois, et à les nommer *Aglaé*,

58-59   w75G: Avoir des grâces. Cette femme
71   TS61-W75G: aux deux côtés du chevet. Les grâces, en grec [TS61: latin]
charites
72   TS61-W75G: aimable.

[6] Voltaire a pu prendre ses informations chez l'abbé G. Massieu qui donna le
9 janvier 1711 une 'Dissertation sur les grâces', parue tardivement dans les
Mémoires de l'Académie royale des inscriptions et belles-lettres 3 (Paris 1746), p.8-27.

Thalie, Euphrosine, c'est-à-dire *brillant, fleur, gaieté*.[7] Elles étaient toujours auprès de Vénus. Nul voile ne devait couvrir leurs charmes. Elles présidaient aux bienfaits, à la concorde, aux réjouissances, aux amours, à l'éloquence même; elles étaient l'emblème sensible de tout ce qui peut rendre la vie agréable. On les peignait dansantes, et se tenant par la main; on n'entrait dans leurs temples que couronné de fleurs. Ceux qui ont insulté à la mythologie fabuleuse, devaient au moins avouer le mérite de ces fictions riantes, qui annoncent des vérités dont résulterait la félicité du genre humain. *Article de M. de Voltaire.*

85   TS61-W75G: ont consulté la

[7] 'ἀγλαός' 'brillant', 'éclatant', 'splendide'; 'θάλλω' 'fleurir'; 'εὐφροσύνος' 'joyeux'.

GRACIEUX

GRACIEUX,[1] adj. (*Gramm.*) est un terme qui manquait à notre langue, et qu'on doit à Ménage. Bouhours[2] en avouant que Ménage en est l'auteur, prétend qu'il en a fait aussi l'emploi le plus juste, en disant: *pour moi de qui les vers n'ont rien de gracieux.*[3] Le mot de Ménage n'en a pas moins réussi. Il veut dire plus   5 qu'*agréable*; il indique l'envie de plaire: des manières *gracieuses*, un air *gracieux*. Boileau, dans *son ode sur Namur*, semble l'avoir employé d'une façon impropre, pour signifier *moins fier*, *abaissé*, *modeste*:

> *Et désormais gracieux*   10
> *Allez à Liége, à Bruxelles*
> *Porter les humbles nouvelles*
> *De Namur pris à vos yeux.*[4]

La plupart des peuples du nord disent, *notre gracieux souverain*; apparemment qu'ils entendent *bienfaisant*. De *gracieux* on a fait   15 *disgracieux*, comme de *grâce* on a formé *disgrâce*; des paroles *disgracieuses*, une aventure *disgracieuse*. On dit *disgracié*, et on ne dit pas *gracié*. On commence à se servir du mot *gracieuser*, qui signifie *recevoir, parler obligeamment*; mais ce mot n'est pas encore employé par les bons écrivains dans le style noble.[5] *Article de M. de Voltaire.*   20

---

1 TS61-W75G: Du mot gracieux. Gracieux est
19 TS61-W75G: n'est pas employé

---

[1] 'Gracieux' n'est pas mentionné dans la correspondance. Le mot dut faire partie du lot d'articles de définition pour la lettre G; voir 'Galant', n.1.
[2] D. Bouhours, *Remarques nouvelles sur la langue françoise* (Paris 1675; BV, no.501), p.539-40.
[3] G. Ménage, *Christine, églogue* (Paris 1654), p.7, l.147: 'Pour moi de qui le chant n'a rien de gracieux'.
[4] Boileau, *Ode sur la prise de Namur* (Paris 1693), p.15, vers 157-160.
[5] Le terme est attesté dans le *Dictionnaire* de Trévoux dès 1732 (iii.303).

GRAND, GRANDEUR

GRAND, adj. GRANDEUR,[1] s. f. (*Gramm. et Littérat.*) c'est un des mots les plus fréquemment employés dans le sens moral, et avec le moins de circonspection. *Grand* homme, *grand* génie, *grand* esprit, *grand* capitaine, *grand* philosophe, *grand* orateur, *grand* poète; on entend par cette expression *quiconque dans son art passe de loin les bornes ordinaires.* Mais comme il est difficile de poser ces bornes, on donne souvent le nom de *grand* au médiocre.

On se trompe moins dans les significations de ce terme au physique. On sait ce que c'est qu'un *grand* orage, un *grand* malheur, une *grande* maladie, de *grands* biens, une *grande* misère.

Quelquefois le terme *gros* est mis au physique pour *grand*, mais jamais au moral. On dit de *gros biens*, pour *grandes richesses*; une *grosse pluie*, pour *grande pluie*; mais non pas *gros capitaine*, pour *grand capitaine*; *gros ministre*, pour *grand ministre*. *Grand* financier, signifie *un homme très intelligent dans les finances de l'Etat. Gros financier*, ne veut dire qu'*un homme enrichi dans la finance.*

Le *grand homme* est plus difficile à définir que le *grand artiste.* Dans un art, dans une profession, celui qui a passé de loin ses rivaux, ou qui a la réputation de les avoir surpassés, est appelé *grand* dans son art, et semble n'avoir eu besoin que d'un seul mérite. Mais le *grand homme* doit réunir des mérites différents. Gonsalve,[2] surnommé *le grand capitaine*, qui disait que *la toile d'honneur doit être grossièrement tissue*, n'a jamais été appelé *grand homme.* Il est plus aisé de nommer ceux à qui l'on doit refuser

---

1   TS61-W75G: Grand et grandeur. De ce qu'on entend par ces mots. Grand est
22   TS61-W75G: disait, la

---

[1] Voir 'Galant', n.1, et 'Gazette', n.1.
[2] Gonzalo Fernández de Córdoba (1453-1515); voir *Essai sur les mœurs*, ch.111 (*Essai*, ii.98).

138

l'épithète de *grand homme,* que de trouver ceux à qui on doit 25
l'accorder. Il semble que cette dénomination suppose quelques
grandes vertus. Tout le monde convient que Cromwel était le
général le plus intrépide de son temps, le plus profond politique,
le plus capable de conduire un parti, un parlement, une armée.
Nul écrivain cependant ne lui donne le titre de *grand homme,* parce 30
qu'avec de *grandes* qualités il n'eut aucune *grande* vertu.

Il paraît que ce titre n'est le partage que du petit nombre
d'hommes dont les vertus, les travaux, et les succès ont éclaté.
Les succès sont nécessaires, parce qu'on suppose qu'un homme
toujours malheureux l'a été par sa faute. 35

Grand tout court, exprime seulement une *dignité.* C'est en
Espagne un nom appellatif honorifique, distinctif, que le roi donne
aux personnes qu'il veut honorer. Les *grands* se couvrent devant
le roi, ou avant de lui parler, ou après lui avoir parlé, ou seulement
en se mettant en leur rang avec les autres. 40

Charles-Quint confirma à 16 principaux seigneurs les privilèges
de la *grandesse;* cet empereur, roi d'Espagne, accorda les mêmes
honneurs à beaucoup d'autres. Ses successeurs en ont toujours
augmenté le nombre. Les *grands* d'Espagne ont longtemps prétendu être traités comme les électeurs et les princes d'Italie. Ils 45
ont à la cour de France les mêmes honneurs que les pairs.

Le titre de *grand* a toujours été donné en France à plusieurs
premiers officiers de la couronne, comme *grand*-sénéchal, *grand*-
maître, *grand*-chambellan, *grand*-écuyer, *grand*-échanson; *grand*-
panetier, *grand*-veneur, *grand*-louvetier, *grand*-fauconnier. On leur 50
donna ce titre par prééminence, pour les distinguer de ceux qui
servaient sous eux. On ne le donna ni au connétable, ni au
chancelier, ni aux maréchaux, quoique le connétable fût le premier
des *grands* officiers, le chancelier le second officier de l'Etat, et le
maréchal le second officier de l'armée. La raison en est qu'ils 55
n'avaient point de vice-gérants, de sous-connétables, de sous-
maréchaux, de sous-chanceliers, mais des officiers d'une autre

51 TS61-W75G: donna ces titres par

dénomination qui exécutaient leurs ordres; au lieu qu'il y avait des maîtres-d'hôtel sous le *grand*-maître, des chambellans sous le *grand*-chambellan, des écuyers sous le *grand*-écuyer, *etc.* 60

Grand qui signifie *grand seigneur*, a une signification plus étendue et plus incertaine; nous donnons ce titre au sultan des Turcs, qui prend celui de *padisha*, auquel *grand seigneur* ne répond point. On dit un *grand*, en parlant d'un homme d'une naissance distinguée, revêtu de dignités; mais il n'y a que les petits qui le disent. Un 65 homme de quelque naissance ou un peu illustré, ne donne ce nom à personne. Comme on appelle communément *grand seigneur* celui qui a de la naissance, des dignités, et des richesses, la pauvreté semble ôter ce titre. On dit un *pauvre gentilhomme*, et non pas un *pauvre grand seigneur.* 70

Grand est autre que *puissant*; on peut être l'un et l'autre. Mais le *puissant* désigne une place importante. Le *grand* annonce plus d'extérieur et moins de réalité. Le *puissant* commande: le *grand* a des honneurs.

On a de la *grandeur* dans l'esprit, dans les sentiments, dans les 75 manières, dans la conduite. Cette expression n'est point employée pour les hommes d'un rang médiocre, mais pour ceux qui par leur état sont obligés à montrer de l'élévation. Il est bien vrai que l'homme le plus obscur peut avoir plus de *grandeur* d'âme qu'un monarque. Mais l'usage ne permet pas qu'on dise, *ce marchand, ce* 80 *fermier s'est conduit avec grandeur*; à moins que dans une circonstance singulière et par opposition on ne dise, par exemple, *le fameux négociant*[3] *qui reçut Charles-Quint dans sa maison, et qui alluma un fagot de canelle avec une obligation de cinquante mille ducats qu'il avait de ce prince, montra plus de grandeur d'âme que l'empereur.* 85

On donnait autrefois le titre de *grandeur* aux hommes constitués en dignité. Les curés en écrivant aux évêques, les appelaient

---

[3] Les Fugger, grands négociants d'Augsbourg, reçurent avec magnificence Charles v à son retour de Tunis. L'anecdote est racontée par A. Félibien dans le *Journal des savants* du 8 janvier 1685, d'où Bayle l'extrait pour la citer à l'article 'Charles v' de son *Dictionnaire* (1720), i.850, n.FF.

encore *votre grandeur*. Ces titres que la bassesse prodigue et que la vanité reçoit, ne sont guère plus en usage.[4]

La *hauteur* est souvent prise pour de la *grandeur*. Qui étale la   90
grandeur, montre la vanité. On s'est épuisé à écrire sur la *grandeur*, selon ce mot de Montaigne: *nous ne pouvons y atteindre, vengeons-nous par en médire.*[5] *Voyez* GRANDEUR *et l'article suivant.*[6] *Article de M. de Voltaire.*

90   TS61-W75G: pour la

[4] Le vocatif 'Votre Grandeur' pour s'adresser à un évêque catholique a été utilisé jusque dans les premières décennies du vingtième siècle.

[5] Montaigne, *Essais*, III.vii.

[6] L'article 'Grandeur' (philosophie morale) est de Marmontel (vii.855-57) et est suivi de 'Grandeur d'âme' de J. H. S. Formey (vii.857-58).

GRAVE, GRAVITÉ

GRAVE, GRAVITÉ,[1] (*Gramm. Littérat. et Morale.*) *Grave*, au sens moral, tient toujours du physique; il exprime quelque chose de poids. C'est pourquoi on dit, *un homme, un auteur, des maximes de poids*, pour *homme, auteur, maximes graves*. Le *grave* est au sérieux ce que le plaisant est à l'enjoué: il a un degré de plus; et ce degré est considérable. On peut être sérieux par humeur, et même faute d'idées. On est *grave* ou par bienséance, ou par l'importance des idées qui donnent de la *gravité*. Il y a de la différence entre être *grave* et être un homme *grave*. C'est un défaut d'être *grave* hors de propos. Celui qui est *grave* dans la société est rarement recherché. Un homme *grave* est celui qui s'est concilié de l'autorité plus par sa sagesse que par son maintien.

Pietate gravem ac meritis si forte virum quem.[2]

L'air décent est nécessaire partout; mais l'air *grave* n'est convenable que dans les fonctions d'un ministère important, dans un conseil. Quand la *gravité* n'est que dans le maintien, comme il arrive très souvent, on dit *gravement* des inepties. Cette espèce de ridicule inspire de l'aversion. On ne pardonne pas à qui veut en imposer par cet air d'autorité et de suffisance.

Le duc de la Rochefoucauld a dit que, *la gravité est un mystère du corps inventé pour cacher les défauts de l'esprit.*[3] Sans examiner si cette expression, *mystère du corps*, est naturelle et juste, il suffit de remarquer que la réflexion est vraie pour tous ceux qui affectent la *gravité*, mais non pour ceux qui ont dans l'occasion une *gravité*

---

1 TS61-W75G: Des mots grave et gravité. Grave, au sens

---

[1] Voir 'Galant', n.1.
[2] Virgile, *Aeneis*, i.151.
[3] La Rochefoucauld, *Maximes*, 257.

convenable à la place qu'ils tiennent, au lieu où ils sont, aux   25
matières qu'on traite.

Un auteur *grave* est celui dont les opinions sont suivies dans
les matières contentieuses. On ne le dit pas d'un auteur qui a écrit
sur des choses hors de doute. Il serait ridicule d'appeler Euclide,
Archimède, des auteurs *graves*.   30

Il y a de la *gravité* dans le style. Tite-Live, de Thou, ont écrit
avec *gravité*. On ne peut pas dire la même chose de Tacite, qui a
recherché la précision, et qui laisse voir de la malignité; encore
moins du cardinal de Retz, qui met quelquefois dans ses récits
une gaieté déplacée, et qui s'écarte quelquefois des bienséances.[4]   35

Le style *grave* évite les saillies, les plaisanteries; s'il s'élève
quelquefois au sublime, si dans l'occasion il est touchant, il rentre
bientôt dans cette sagesse, dans cette simplicité noble qui fait son
caractère; il a de la force, mais peu de hardiesse. Sa plus grande
difficulté est de n'être point monotone.   40

Affaire *grave*, cas *grave*, se dit plutôt d'une cause criminelle que
d'un procès civil. Maladie *grave* suppose du danger. *Article de M. de
Voltaire.*

[4] Si Jacques Auguste de Thou (1553-1617) a écrit avec gravité (*Le Président
de Thou justifié*, *Histoire du parlement de Paris*, ch.28 et 40), Voltaire le tient
néanmoins pour un *pauvre physicien* dans ses carnets (Voltaire 81, p.253). Il a
évoqué les *Mémoires* de Retz, dont il a utilisé l'édition d'Amsterdam (1731; BV,
no.2967), dans le 'Catalogue des écrivains' du *Siècle de Louis XIV*, et dans
l'*Histoire de l'empire de Russie* (préface, ch.7).

HABILE

HABILE,[1] (*Gramm.*) terme adjectif, qui, comme presque tous les autres, a des acceptions diverses, selon qu'on l'emploie: il vient évidemment du latin *habilis*, et non pas, comme le prétend Pezron, du celte *abil*:[2] mais il importe plus de savoir la signification des mots que leur source.

En général il signifie plus que *capable*, plus qu'*instruit*, soit qu'on parle d'un général, ou d'un savant, ou d'un juge. Un homme peut avoir lu tout ce qu'on a écrit sur la guerre, et même l'avoir vue, sans être *habile* à la faire: il peut être capable de commander; mais pour acquérir le nom d'*habile général*, il faut qu'il ait commandé plus d'une fois avec succès.

Un juge peut savoir toutes les lois, sans être *habile* à les appliquer. Le savant peut n'être *habile* ni à écrire, ni à enseigner. L'*habile* homme est donc celui qui fait un grand usage de ce qu'il sait. Le *capable* peut, et l'*habile* exécute.

Ce mot ne convient point aux arts de pur génie; on ne dit pas un *habile* poète, un *habile* orateur; et si on le dit quelquefois d'un

---

1   NM-W75G: Habile, habileté. Habile, terme
3   NM-W75G: et non, comme le prétend
7   NM-W75G: parle d'un artiste ou d'un général

---

[1] 'Habile' et ses dérivés a pu être commandé en même temps qu''Historiographe', à la fin du mois de décembre 1757. La rédaction de cet article fut probablement rapide, car en l'envoyant à d'Alembert le 3 janvier 1758 (D7550) Voltaire déclare: 'Je me suis hâté, parce qu'après *Habacuc*, *Habile* doit venir'. D'Alembert accuse réception de l'article le 11 janvier 1758 (D7573). La suspension de l'*Encyclopédie* en retardera l'impression. Il ne paraîtra qu'en 1765, sans signature. Les *Nouveaux mélanges* ont réuni les trois termes en un article.

[2] *Trévoux*, iv.1048: 'Ce mot vient du latin *habilis*, mais *habilis* selon le P. Pezron, est pris des Celtes, qui disent *habil*, pour signifier le même'. Ce propos a été soutenu par le cistercien Paul Yves Pezron (1640-1706) dans l'*Antiquité de la nation et de la langue des Celtes* (Paris 1703).

orateur, c'est lorsqu'il s'est tiré avec *habileté*, avec dextérité d'un sujet épineux.

Par exemple, Bossuet ayant à traiter dans l'oraison funèbre du grand Condé l'article de ses guerres civiles, dit qu'il y a une pénitence aussi glorieuse que l'innocence même. Il manie ce morceau *habilement*, et dans le reste il parle avec grandeur.[3]

On dit *habile* historien, c'est-à-dire historien qui a puisé dans de bonnes sources, qui a comparé les relations, qui en juge sainement, en un mot qui s'est donné beaucoup de peine. S'il a encore le don de narrer avec l'éloquence convenable, il est plus qu'*habile*, il est grand historien, comme Tite-Live, de Thou.

Le mot d'*habile* convient aux arts qui tiennent à la fois de l'esprit et de la main, comme la peinture, la sculpture. On dit un *habile* peintre, un *habile* sculpteur, parce que ces arts supposent un long apprentissage; au lieu qu'on est poète presque tout d'un coup, comme Virgile, Ovide, *etc.* et qu'on est même orateur sans avoir beaucoup étudié, ainsi que plus d'un prédicateur.[4]

Pourquoi dit-on pourtant *habile prédicateur*? c'est qu'alors on fait plus d'attention à l'art qu'à l'éloquence; et ce n'est pas un grand éloge. On ne dit pas du sublime Bossuet, c'est *un habile faiseur d'oraisons funèbres*. Un simple joueur d'instruments est *habile*; un compositeur doit être plus qu'*habile*, il lui faut du génie. Le metteur en œuvre travaille adroitement ce que l'homme de goût a dessiné *habilement*.

Dans le style comique, *habile* peut signifier *diligent*, *empressé*. Molière fait dire à M. Loyal:

.... *Que chacun soit* habile
A vider de céans jusqu'au moindre ustensile.[5]

24-25   NM-W75G: dans les bonnes
28   NM-W75G: de Thou, etc.

[3] Voltaire résume fortement les propos de l'*Oraison funèbre de Louis de Bourbon* du 10 mars 1687.
[4] Voir 'Eloquence', n.4.
[5] Molière, *Tartuffe*, v.iv.1789: 'Mais demain, du matin, il vous faut être habile'.

Un *habile* homme dans les affaires est instruit, prudent, et actif: si l'un de ces trois mérites lui manque, il n'est point *habile*.

L'*habile* courtisan emporte un peu plus de blâme que de louange; il veut dire trop souvent *habile flatteur*, il peut aussi ne signifier qu'un homme adroit, qui n'est ni bas ni méchant. Le renard qui interrogé par le lion sur l'odeur qui exhale de son palais, lui répond qu'il est enrhumé, est un courtisan *habile*.[6] Le renard qui pour se venger de la calomnie du loup, conseille au vieux lion la peau d'un loup fraîchement écorché, pour réchauffer sa majesté, est plus qu'*habile* courtisan.[7] C'est en conséquence qu'on dit, un *habile* fripon, un *habile* scélérat.

Habile, en jurisprudence, signifie reconnu *capable* par la loi; et alors *capable* veut dire *ayant droit*, ou *pouvant avoir droit*. On est *habile* à succéder; les filles sont quelquefois *habiles* à posséder une pairie; elles ne sont point *habiles* à succéder à la couronne.[8]

Les particules *a*, *dans*, et *en*, s'emploient avec ce mot. On dit, *habile* dans un art, *habile* à manier le ciseau, *habile* en mathématiques.

On ne s'étendra point ici sur le moral, sur le danger de vouloir être trop *habile*, ou de faire l'*habile* homme; sur les risques que court ce qu'on appelle une *habile femme*, quand elle veut gouverner les affaires de sa maison sans conseil.

On craint d'enfler ce dictionnaire d'inutiles déclamations; ceux qui président à ce grand et important ouvrage doivent traiter au long les articles des arts et des sciences qui instruisent le public;

48   NM-W75G: Habile courtisan
51   NM-W75G: qu'exhale son palais
61   NM-W75G: Les particules dans, à, et en
62-63   NM-W75G: en mathématique.
67   NM-W75G, avec note à 'conseil' [NM, à 'déclamations']: Ces mots ont été composés pour le Dictionnaire encyclopédique.

[6] La Fontaine, 'La cour du lion', *Fables*, VII.vii.
[7] La Fontaine, 'Le lion, le loup et le renard', *Fables*, VIII.iii.
[8] 'Habilis' qui a donné 'able' (vers 1361) a conservé le sens de 'capable' dans le langage juridique jusqu'à nos jours.

et ceux auxquels ils confient de petits articles de littérature doivent avoir le mérite d'être courts.

HABILETÉ

HABILETÉ, s. f. (*Gramm.*) ce mot est à *capacité* ce qu'*habile* est à *capable*; *habileté* dans une science, dans un art, dans la conduite.

On exprime une qualité acquise, en disant, *il a de l'habileté*; on exprime une action en disant, *il a conduit cette affaire avec habileté.*

HABILEMENT

HABILEMENT, adv. a les mêmes acceptions; il travaille, il joue, il enseigne *habilement*; il a surmonté *habilement* cette difficulté. Ce n'est guère la peine d'en dire davantage sur ces petites choses.

HAUTAIN

HAUTAIN,[1] adj. (*Gramm.*) est le superlatif de *haut* et d'*altier*; ce mot ne se dit que de l'espèce humaine. On peut dire en vers:

Un coursier plein de feu levant sa tête altière.

> *J'aime mieux ces forêts* altières
> *Que ces jardins plantés par l'art.*

mais on ne peut pas dire, forêt *hautaine*, tête *hautaine* d'un coursier. On a blâmé dans Malherbe, et il paraît que c'est à tort, ces vers à jamais célèbres:

> *Et dans ces grands tombeaux où leurs âmes* hautaines
> *Font encore les vaines,*
> *Ils sont mangés des vers.*[2]

On a prétendu que l'auteur a supposé mal à propos les âmes dans ces sépulcres: mais on pouvait se souvenir qu'il y avait deux sortes d'âmes chez les poètes anciens; l'une était l'entendement,

---

1 NM-W75G: Hautain. Hautain est
6 NM-W75G: mais on ne peut dire
7-8 NM-W75G: ces vers si connus:

[1] Article commandé par d'Alembert et envoyé avec 'Habile' et 'Hauteur' le 3 janvier [1758] (D7550). D'Alembert en accusa réception le 11 (D7573). Un peu plus tard, Voltaire demandait à Diderot (D7585) et à d'Alembert qui les avait encore en sa possession (D7618), le renvoi de ses articles (D7631) par l'intermédiaire du comte d'Argental. Les ayant revus et corrigés, Voltaire devait les renvoyer à d'Argental avec de nouvelles contributions vers le 7 juin (D7751). Ces articles parurent finalement dans les *Nouveaux mélanges* en 1765 avant que Voltaire n'ait pris connaissance du tome VIII de l'*Encyclopédie*, publié la même année et où ils parurent anonymes.

[2] Malherbe, 'Imitation du pseaume Lauda anima mea Dominum', *Œuvres*, éd. A. Adam (Paris 1971), p.153.

et l'autre l'ombre légère, le simulacre du corps.[3] Cette dernière 15
restait quelquefois dans les tombeaux, ou errait autour d'eux. La
théologie ancienne est toujours celle des poètes, parce que c'est
celle de l'imagination. On a cru cette petite observation nécessaire.

Hautain est toujours pris en mauvaise part; c'est l'orgueil qui
s'annonce par un extérieur arrogant: c'est le plus sûr moyen de 20
se faire haïr, et le défaut dont on doit le plus soigneusement
corriger les enfants. On peut être *haut* dans l'occasion avec
bienséance. Un prince peut et doit rejeter avec une *hauteur* héroïque des propositions humiliantes, mais non pas avec des airs
hautains, un ton *hautain*, des paroles *hautaines*. Les hommes pardon- 25
nent quelquefois aux femmes d'être *hautaines*, parce qu'ils leur
passent tout; mais les autres femmes ne leur pardonnent pas.

L'âme *haute* est l'âme grande; la *hautaine* est superbe. On peut
avoir le cœur *haut*, avec beaucoup de modestie; on n'a point
l'humeur *hautaine* sans un peu d'insolence. L'insolent est à l'égard 30
du *hautain* ce qu'est le *hautain* à l'impérieux; ce sont des nuances
qui se suivent, et ces nuances sont ce qui détruit les synonymes.

On a fait cet article le plus court qu'on a pu, par les mêmes
raisons qu'on peut voir *au mot* HABILE;[4] le lecteur sent combien il
serait aisé et ennuyeux de déclamer sur ces matières. 35

[3] Le propos mériterait un long développement en tenant compte de la
distinction antique entre le principe de vie et les ombres, du θυμός (*Iliade*, i.593,
ii.589, vii.68, viii.301, 322, xiii.73, xv.596, xvi.255) et de ψυχή (*Iliade*, v.296,
604, 696, viii.23, 315, xi.334, xvi.453). Voir l'article 'Ame' (QE).
[4] Voltaire fait allusion à ce passage dans la lettre à d'Alembert du 3 janvier
1758 (D7550).

HAUTEUR

HAUTEUR,[1] (*Gramm. Morale.*) Si *hautain* est toujours pris en mal, *hauteur* est tantôt une bonne, tantôt une mauvaise qualité, selon la place qu'on tient, l'occasion où l'on se trouve, et ceux avec qui l'on traite. Le plus bel exemple d'une *hauteur* noble et bien placée est celui de Popilius qui trace un cercle autour d'un puissant roi de Syrie, et lui dit: vous ne sortirez pas de ce cercle sans satisfaire à la république, ou sans attirer sa vengeance.[2] Un particulier qui en userait ainsi serait un impudent; Popilius qui représentait Rome, mettait toute la grandeur de Rome dans son procédé, et pouvait être un homme modeste.

Il y a des *hauteurs* généreuses; et le lecteur dira que ce sont les plus estimables. Le duc d'Orléans régent du royaume, pressé par M. Sum, envoyé de Pologne, de ne point recevoir le roi Stanislas, lui répondit: dites à votre maître que la France a toujours été l'asile des rois.[3]

La *hauteur* avec laquelle Louis XIV traita quelquefois ses ennemis, est d'un autre genre, et moins sublime. On ne peut s'empêcher de remarquer ici, que le père Bouhours dit du ministre d'Etat Pompone; il avait une *hauteur*, une fermeté *d'âme, que rien ne faisait ployer*.[4] Louis XIV, dans un mémoire de sa main, (qu'on trouve

---

1   NM-W75G: Hauteur, *Grammaire, Morale.* Si
18   NM-W75G: ici ce que le père Bouhours
20-21   NM-W75G, avec la référence en note: On trouve ce mémoire [w68-w75G: morceau] tout entier dans le *Siècle de Louis XIV.*

---

[1] Voir 'Hautain', n.1.
[2] Tite-Live, *Ab urbe condita*, XLV.xii.5-6.
[3] Voir *Zaïre*, II.iii.242. Pour Burchard von Suhm (†1720), voir *Histoire de Charles XII*, ch.7.
[4] La citation est prise dans *Trévoux*, article 'Hauteur' (iii.1134), qui ne cite pas la source de ce propos, qui s'applique à Simon Arnauld de Pomponne (1618-1699). Voir la liste des secrétaires d'Etat, *Siècle de Louis XIV.*

dans le siècle de Louis XIV) dit de ce même ministre, qu'*il n'avait ni fermeté ni dignité*.[5] On a souvent employé au pluriel le mot *hauteur* dans le style relevé; *les hauteurs de l'esprit humain*; et on dit dans le style simple, il a eu des *hauteurs*, il s'est fait des ennemis par ses *hauteurs*.

Ceux qui ont approfondi le cœur humain en diront davantage sur ce petit article.

25

---

[5] 'Enfin il a fallu que je lui ordonne de se retirer, parce que tout ce qui passait par lui perdait de la grandeur et de la force qu'on doit avoir en exécutant les ordres d'un roi de France'. Dans le *Mémoire*, Louis XIV se reproche d'avoir eu la faiblesse de garder trop longtemps en fonction Pomponne qui n'était pas à la hauteur de sa charge. Voltaire en conclut à la 'droiture' et à la 'magnanimité' du roi (*Siècle de Louis XIV*, ch. 28).

HÉMISTICHE

HÉMISTICHE,[1] sub. m. (*Littérature.*) moitié de vers, demi-vers, repos au milieu du vers. Cet article qui paraît d'abord une minutie, demande pourtant l'attention de quiconque veut s'instruire. Ce repos à la moitié d'un vers, n'est proprement le partage que des vers alexandrins. La nécessité de couper toujours ces vers en deux parties égales, et la nécessité non moins forte d'éviter la monotonie, d'observer ce repos et de le cacher, sont des chaînes qui rendent l'art d'autant plus précieux, qu'il est plus difficile.

Voici des vers techniques[2] qu'on propose (quelque faibles qu'ils soient) pour montrer par quelle méthode on doit rompre cette monotonie, que la loi de l'*hémistiche* semble entraîner avec elle.

> Observe*z* l'hémistiche, et redoute*z* l'ennui
> Qu'un repos uniforme attache auprès de lui.
> Que votre phrase heureuse, et clairement rendue
> Soit tantôt terminée, et tantôt suspendue;
> C'est le secret de l'art. Imite*z* ces accents
> Dont l'aisé Géliotte[3] avait charmé nos sens:
> Toujours harmonieux, et libre sans licence,
> Il n'appesantit point ses sons et sa cadence.
> Sallé,[4] dont Terpsicore avait conduit les pas,
> Fit sentir la mesure, et ne la marqua pas.

1 NM-W75G: Hémistiche, ἡμίσιξος, s.m. moitié
3 NM-W75G: pourtant toute l'attention

[1] Voir 'Hautain', n.1.
[2] Voltaire fit la plupart des vers suivants lui-même pour fournir des exemples au contexte: 'Je voudrais y donner en vers de petits préceptes et de petits exemples de la manière dont on peut varier l'uniformité des hémistiches' (D7550).
[3] Pierre Jéliotte (1713-1797), chanteur et créateur à l'Opéra des premiers rôles de Rameau, Grétry, Gluck, etc.
[4] Marie Sallé (1707-1755), danseuse de l'Opéra.

Ceux qui n'ont point d'oreilles n'ont qu'à consulter seulement les points et les virgules de ces vers; ils verront qu'étant toujours partagés en deux parties égales, chacune de six syllabes, cependant la cadence y est toujours variée, la phrase y est contenue ou dans un demi-vers, ou dans un vers entier, ou dans deux. On peut même ne compléter le sens qu'au bout de six ou de huit; et c'est ce mélange qui produit une harmonie dont on est frappé, et dont peu de lecteurs voient la cause. 25

Plusieurs dictionnaires[5] disent que l'*hémistiche* est la même chose que la césure, mais il y a une grande différence: l'*hémistiche* est toujours à la moitié du vers; la césure qui rompt le vers est partout où elle coupe la phrase. 30

Tiens. Le voilà. Marchons. Il est à nous. Viens. Frappe.

Presque chaque mot est une césure dans ce vers. 35

Hélas, quel est le prix des vertus? La souffrance.

Dans les vers de cinq pieds ou de dix syllabes, il n'y a point d'*hémistiche*, quoi qu'en disent tant de dictionnaires; il n'y a que des césures; on ne peut couper ces vers en deux parties égales de deux pieds et demi. 40

Ainsi partagés, | boiteux et malfaits,
Ces vers languissants | ne plairaient jamais.

On en voulut faire autrefois de cette espèce dans le temps qu'on cherchait l'harmonie qu'on n'a que très difficilement trouvée. On prétendait imiter les vers pentamètres[6] latins, les seuls qui ont en 45

27   NM-W75G: de six vers ou
36-37   NM-W75G: souffrance. / La césure est ici à la neuvième syllabe. ¶Dans les vers

[5] Voltaire vise l'article du *Trévoux* (iii.1165) car la distinction ne se trouve ni dans Furetière ni dans le *Dictionnaire* de l'Académie.
[6] Pentamètre, vers grec ou latin de cinq pieds, se composant de deux parties entre lesquelles il y a une coupure. La première comprend deux dactyles ou spondées et une syllabe indifférente; la deuxième deux dactyles et une syllabe indifférente.

effet naturellement cet *hémistiche*; mais on ne songeait pas que les vers pentamètres étaient variés par les spondées et par les dactyles; que leurs *hémistiches* pouvaient contenir ou cinq, ou six, ou sept syllabes. Mais ce genre de vers français au contraire ne peuvent jamais avoir que des *hémistiches* de cinq syllabes égales, et ces 50 deux mesures étant trop rapprochées, il en résultait nécessaire-ment cette uniformité ennuyeuse qu'on ne peut rompre, comme dans les vers alexandrins. De plus, le vers pentamètre latin venant après un hexamètre, produisait une variété qui nous manque.

Ces vers de cinq pieds à deux *hémistiches* égaux pourraient se 55 souffrir dans des chansons: ce fut pour la musique que Sapho inventa chez les Grecs une mesure à peu près semblable, qu'Horace les imita quelquefois lorsque le chant était joint à la poésie, selon sa première institution. On pourrait parmi nous introduire dans le chant cette mesure qui approche de la saphique. 60

> *L'amour est un dieu | que la terre adore,*
> *Il fait nos tourments, | il sait les guérir.*
> *Dans un doux repos | heureux qui l'ignore!*
> *Plus heureux cent fois | qui peut le servir.*

Mais ces vers ne pourraient être tolérés dans des ouvrages de 65 longue haleine, à cause de la cadence uniforme. Les vers de dix syllabes ordinaires sont d'une autre mesure; la césure sans *hémistiche* est presque toujours à la fin du second pied, de sorte que le vers est souvent en deux mesures, l'une de quatre, l'autre de six syllabes; mais on lui donne aussi souvent une autre place, 70 tant la variété est nécessaire.

> *Languissant, faible, et courbé sous les maux,*
> *J'ai consumé mes jours dans les travaux:*
> *Quel fut le prix de tant de soins? L'envie.*
> *Son souffle impur empoisonna ma vie.* 75

Au premier vers la césure est après le mot *faible*; au second après

---

49-50 NM-W75G: ne pouvant jamais
51 NM-W75G: trop courtes et trop rapprochées
56-58 NM-W75G: que Sapho les inventa chez les Grecs, et qu'Horace

jours; au troisième elle est encore plus loin après *soins*; au quatrième elle est après *impur*.

Dans les vers de huit syllabes il n'y a jamais d'*hémistiche*, et rarement de césure. 80

> *Loin de nous ce discours vulgaire,*
> *Que la nature dégénère,*
> *Que tout passe et que tout finit.*
> *La nature est inépuisable,*
> *Et le travail infatigable* 85
> *Est un dieu qui la rajeunit.*[7]

Au premier vers s'il y avait une césure, elle serait à la troisième syllabe, *loin de nous*; au second vers à la quatrième syllabe, *nature*. Il n'est qu'un cas où ces vers consacrés à l'ode ont des césures, c'est quand le vers contient deux sens complets comme dans celui- 90 ci.

> *Je vis en paix, je fuis la cour.*

Il est sensible que *je vis en paix*, forme une césure; mais cette mesure répétée serait intolérable. L'harmonie de ces vers de quatre pieds consiste dans le choix heureux des mots et des rimes 95 croisées: faible mérite sans les pensées et les images.

79-80 NM-W75G: huit syllabes il n'y a ni hémistiche [W70L: hémistiches] ni césure.

87-95 NM-W75G: serait à la sixième syllabe. Au troisième elle serait à la troisième syllabe, *passe*, plutôt à la quatrième *se*, qui est confondue avec la troisième *pas*. Mais en effet il n'y a point là de césure. L'harmonie des vers de cette mesure consiste dans le choix

95 NM-W75G: des mots et dans les rimes

---

[7] 'Ode sur la félicité des temps' (1746), strophe xi (M.viii.459):
> Loin ce discours lâche et vulgaire,
> Que toujours l'homme dégénère,
> Que tout s'épuise et tout finit:
> La nature est inépuisable,
> Et le travail infatigable
> Est un dieu qui la rajeunit.

Les Grecs et les Latins n'avaient point d'*hémistiche* dans leurs vers hexamètres;[8] les Italiens n'en ont dans aucune de leurs poésies.

> *Lé donné, i cavalier, l'armi, gli amori,*　　　　　　　　100
> *Lé cortésie, l'audaci impresé io canto*
> *Ché furo al tempo ché passaro i mori*
> *D'Africa il mar, e in Francia nocquer tanto,* etc.[9]

Ces vers sont composés d'onze syllabes, et le génie de la langue italienne l'exige. S'il y avait un *hémistiche*, il faudrait qu'il tombât　105 au deuxième pied et trois quarts.

La poésie anglaise est dans le même cas; les grands vers anglais sont de dix syllabes; ils n'ont point d'*hémistiche*, mais ils ont des césures marquées.

> *At tropington | not far from cambridge, stood*　　　　　110
> *A cross a pleasing stream | a bridge of wood,*
> *Near it a mill | in low and plashy ground,*
> *Where corn for all the neighbouring parts | was grown'd.*[10]

Les césures différentes de ces vers sont désignées par les tirets |.

Au reste, il est peut-être inutile de dire que ces vers sont le　115 commencement de l'ancien conte du berceau, traité depuis par la Fontaine.[11] Mais ce qui est utile pour les amateurs, c'est de savoir que non seulement les Anglais et les Italiens sont affranchis de la

108　NM-W75G:　point d'hémistiches
115　NM-W75G:　il est inutile
116　NM-W75G:　conte italien du Berceau

[8] Hexamètre, vers grec ou latin composé de six pieds qui sont tous des dactyles ou des spondées.

[9] L. Ariosto, *Orlando furioso*, I.i.

[10] Chaucer, *The Reeve's tale*: 'At Trumpyngtoun, nat fer fro Canterbrigge, / There gooth a brook, and over that a brigge, / Upon the whiche brook ther stant a melle, / And this is verray sooth that I yow telle.' (*The Works of Geoffrey Chaucer*, éd. F. N. Robinson, London 1957, p.56).

[11] La Fontaine, *Le Berceau*, nouvelle en vers tirée du *Décaméron* (IX.vi) de Boccace.

gêne de l'*hémistiche*, mais encore qu'ils se permettent tous les hiatus qui choquent nos oreilles, et qu'à cette liberté ils ajoutent 120 celle d'allonger et d'accourcir les mots selon le besoin, d'en changer la terminaison, de leur ôter des lettres; qu'enfin, dans leurs pièces dramatiques, et dans quelques poèmes, ils ont secoué le joug de la rime: de sorte qu'il est plus aisé de faire cent vers italiens et anglais passables, que dix français, à génie égal. 125

Les vers allemands ont un *hémistiche*, les espagnols n'en ont point: tel est le génie différent des langues, dépendant en grande partie de celui des nations. Ce génie qui consiste dans la construction des phrases, dans les termes plus ou moins longs, dans la facilité des inversions, dans les verbes auxiliaires, dans le plus ou 130 moins d'articles, dans le mélange plus ou moins heureux des voyelles et des consonnes: ce génie, dis-je, détermine toutes les différences qui se trouvent dans la poésie de toutes les nations; l'*hémistiche* tient évidemment à ce génie des langues.

C'est bien peu de chose qu'un *hémistiche*: ce mot semblait à 135 peine mériter un article; cependant on a été forcé de s'y arrêter un peu; rien n'est à mépriser dans les arts; les moindres règles sont quelquefois d'un très grand détail. Cette observation sert à justifier l'immensité de ce dictionnaire, et doit inspirer de la reconnaissance pour les peines prodigieuses de ceux qui ont 140 entrepris un ouvrage, lequel doit rejeter à la vérité toute déclamation, tout paradoxe, toute opinion hasardée, mais qui exige que tout soit approfondi. *Article de M. de Voltaire.*

120 NM-W75G: et qu'à ces libertés ils

HEUREUX

Heureux, heureuse, heureusement,[1] (*Grammaire, Morale.*) ce mot vient évidemment d'*heur*, dont *heure* est l'origine.[2] De là ces anciennes expressions, *à la bonne heure, à la mal'heure*; car nos pères qui n'avaient pour toute philosophie que quelques préjugés des nations plus anciennes, admettaient des *heures* favorables et funestes.

On pourrait, en voyant que le *bonheur* n'était autrefois qu'une *heure fortunée*, faire plus d'honneur aux anciens qu'ils ne méritent, et conclure de là qu'ils regardaient le *bonheur* comme une chose passagère, telle qu'elle est en effet.

Ce qu'on appelle *bonheur*, est une idée abstraite, composée de quelques idées de plaisir;[3] car qui n'a qu'un moment de plaisir n'est point un homme *heureux*; de même qu'un moment de douleur ne fait point un homme *malheureux*. Le plaisir est plus rapide que le *bonheur*, et le *bonheur* plus passager que *la félicité*. Quand on dit *je suis heureux* dans ce moment, on abuse du mot, et cela ne veut

5

10

15

1-2 NM-W75G: Heureux, heureuse, heureusement. Ce mot
4 NM-W75G: pères n'avaient
9-10 NM-W75G: chose très passagère
15 NM-W75G: bonheur que la félicité.

---

[1] Article envoyé à d'Alembert le 3 janvier 1758 (D7550). C'est un de ceux dont Voltaire demanda le renvoi à Diderot et à d'Alembert. Voltaire devait le renvoyer à Diderot par l'intermédiaire de d'Argental vers le 7 juin (D7751). Voir ci-dessus, 'Hautain', n.1, et 'Hémistiche', n.1.

[2] Du latin populaire *agurium, forme dissimilée d''augurium' et attestée vers 1130 dans le *Roman d'Enéas*. 'Heureux' apparaît vers 1188 chez Conon de Béthune, et l'adverbe au seizième siècle. 'Heure' vient de 'hora', *moment*, et apparaît vers 1080 dans la *Chanson de Roland*.

[3] Le propos se trouve littéralement dans les carnets (Voltaire 82, p.501; cf. p.705). Sur cette question, voir R. Mauzi, *L'Idée de bonheur au 18e siècle* (Paris 1967).

dire que *j'ai du plaisir*: quand on a des plaisirs un peu répétés, on peut dans cet espace de temps se dire *heureux*; quand ce bonheur dure un peu plus, c'est un état de félicité; on est quelquefois bien loin d'être *heureux* dans la prospérité, comme un malade dégoûté 20 ne mange rien d'un grand festin préparé pour lui.

L'ancien adage, *on ne doit appeler personne heureux avant sa mort*,[4] semble rouler sur de bien faux principes; on dirait par cette maxime qu'on ne devrait le nom d'*heureux*, qu'à un homme qui le serait constamment depuis sa naissance jusqu'à sa dernière heure. 25 Cette série continuelle de moments agréables est impossible par la constitution de nos organes, par celle des éléments de qui nous dépendons, par celle des hommes dont nous dépendons davantage. Prétendre être toujours *heureux*, est la pierre philo-sophale de l'âme; c'est beaucoup pour nous de n'être pas long- 30 temps dans un état triste; mais celui qu'on supposerait avoir toujours joui d'une vie *heureuse*, et qui périrait misérablement, aurait certainement mérité le nom d'*heureux* jusqu'à la mort; et on pourrait prononcer hardiment, qu'il a été le plus *heureux* des hommes. Il se peut très bien que Socrate ait été le plus *heureux* 35 des Grecs, quoique des juges ou superstitieux et absurdes, ou iniques, ou tout cela ensemble, l'aient empoisonné juridiquement à l'âge de soixante et dix ans, sur le soupçon qu'il croyait un seul Dieu.

Cette maxime philosophique tant rebattue, *nemo ante obitum* 40 *felix*, paraît donc absolument fausse en tout sens; et si elle signifie qu'un homme *heureux* peut mourir d'une mort *malheureuse*, elle ne signifie rien que de trivial. Le proverbe du peuple, *heureux comme un roi*, est encore plus faux; quiconque a lu, quiconque a vécu, doit savoir combien le vulgaire se trompe. 45

On demande s'il y a une condition plus *heureuse* qu'une autre,

33   NM-W75G: sa mort
44-45   NM-W75G: Quiconque même a vécu doit

[4] Ovide, *Metamorphoses*, iii.136-137: 'Dicique beatus ante obitum nemo supre-maque funera debet'.

159

si l'homme en général est plus *heureux* que la femme; il faudrait
avoir été homme et femme comme Tirésias et Iphis,[5] pour décider
cette question; encore faudrait-il avoir vécu dans toutes les conditions avec un esprit également propre à chacune; et il faudrait   5
avoir passé par tous les états possibles de l'homme et de la femme
pour en juger.

On demande encore si de deux hommes l'un est plus *heureux*
que l'autre; il est bien clair que celui qui a la pierre et la goutte,
qui perd son bien, son honneur, sa femme et ses enfants, et qui   5
est condamné à être pendu immédiatement après avoir été taillé,
est moins *heureux* dans ce monde, à tout prendre, qu'un jeune
sultan vigoureux, ou que le savetier de la Fontaine.[6]

Mais on veut savoir quel est le plus *heureux* de deux hommes
également sains, également riches, et d'une condition égale, il est   6
clair que c'est leur humeur qui en décide. Le plus modéré, le
moins inquiet, et en même temps le plus sensible, est le plus
heureux; mais *malheureusement* le plus sensible est toujours le moins
modéré: ce n'est pas notre condition, c'est la trempe de notre âme
qui nous rend *heureux*. Cette disposition de notre âme dépend de   6
nos organes, et nos organes ont été arrangés sans que nous y
ayons la moindre part: c'est au lecteur à faire là-dessus ses
réflexions; il y a bien des articles sur lesquels il peut s'en dire plus

47-48 NM-W75G: Il faudrait avoir essayé de toutes les conditions, avoir été
63 NM-W75G: est presque toujours

[5] Fils d'Evérès et de Chariclo, Tirésias devint femme après être intervenu
contre deux serpents accouplés; il redevint homme sept ans plus tard dans une
circonstance analogue. Interrogé par Zeus et Héra sur le point de savoir si
l'homme ou la femme éprouvait le plus grand plaisir, il donna raison à la déesse.
Celle-ci le rendit aveugle mais Zeus lui donna le don de prophétie et lui ménagea
une longue existence. Le sexe d'Iphis, fille de Lipolos et de Téléthousa fut
dissimulé dès sa naissance; courtisé(e) par la jeune Ianthé, Iphis fut métamorpho-
sé(e) en garçon par Isis sur la demande de sa mère. Voir entre autres Ovide,
Metamorphoses, iii.316 ss, ix.666 ss.
[6] La Fontaine, 'Le savetier et le financier', *Fables*, VIII.ii.

qu'on ne lui en doit dire: en fait d'arts, il faut l'instruire, en fait
de morale, il faut le laisser penser.   70

Il y a des chiens qu'on caresse, qu'on peigne, qu'on nourrit de
biscuits, à qui on donne de jolies chiennes; il y en a d'autres qui
sont couverts de gale, qui meurent de faim, qu'on chasse et qu'on
bat, et qu'ensuite un jeune chirurgien dissèque lentement, après
leur avoir enfoncé quatre gros clous dans les pattes; a-t-il dépendu   75
de ces pauvres chiens d'être *heureux* ou *malheureux*?

On dit *pensée heureuse, trait heureux, répartie heureuse, physionomie
heureuse, climat heureux*; ces pensées, ces traits *heureux*, qui nous
viennent comme des inspirations soudaines, et qu'on appelle *des
bonnes fortunes d'hommes d'esprit*, nous sont donnés comme la   80
lumière entre dans nos yeux, sans effort, sans que nous la
cherchions; ils ne sont pas plus en notre pouvoir que la physionomie *heureuse*; c'est-à-dire, douce, noble, si indépendante de nous,
et si souvent trompeuse.

Le climat *heureux*, est celui que la nature favorise: ainsi sont les   85
imaginations *heureuses*, ainsi est l'*heureux* génie, c'est-à-dire, le
grand talent; et qui peut se donner le génie? Qui peut, quand il
a reçu quelques rayons de cette flamme, le conserver toujours
brillant? Puisque le mot *heureux* vient de la bonne *heure*,[7] et
malheureux de la *mal'heure*, on pourrait dire que ceux qui pensent, 90
qui écrivent avec génie, qui réussissent dans les ouvrages de goût,
écrivent à la *bonne heure*; le grand nombre est de ceux qui écrivent
à la *mal'heure*.

On dit en fait d'arts, *heureux génie*, et jamais *malheureux génie*; la

72 NM-W75G: donne des jolies
73 NM-W75G: chasse, qu'on
80 NM-W75G: sont inspirés comme
81 W68-W75G: nos yeux, sans que
83 NM-W75G: douce et noble
88 NM-W75G: quelque rayon de
89 NM-W75G: Puisqu'heureux
93-110 NM-W75G: à la malheure. ¶Quand on dit, un heureux

[7] Cf. ci-dessus, p.158, n.2.

raison en est palpable, c'est que celui qui ne réussit pas, manque de génie absolument.

Le génie est seulement plus ou moins *heureux*; celui de Virgile fut plus *heureux* dans l'épisode de Didon, que dans la fable de Lavinie; dans la description de la prise de Troie, que dans la guerre de Turnus;[8] Homère est plus *heureux* dans l'invention de la ceinture de Vénus,[9] que dans celle des vents enfermés dans une outre.[10]

On dit *invention heureuse* ou *malheureuse*; mais c'est au moral, c'est en considérant les maux qu'une invention produit: la *malheureuse* invention de la poudre; l'*heureuse* invention de la boussole, de l'astrolabe, du compas de proportion, *etc.*

Le cardinal Mazarin demandait un général *houroux, heureux*; il entendait ou devait entendre un *général habile*; car lorsqu'on a eu des succès réitérés, *habileté* et *bonheur* sont d'ordinaire synonymes.

Quand on dit *heureux* scélérat, on n'entend par ce mot que ses succès, *felix Sylla, heureux Sylla*; un Alexandre VI, un duc de Borgia, ont *heureusement* pillé, trahi, empoisonné, ravagé, égorgé; il y a grande apparence qu'ils étaient très *malheureux* quand même ils n'auraient pas craint leurs semblables.

Il se pourrait qu'un scélérat mal élevé, un grand Turc, par exemple, à qui on aurait dit qu'il lui est permis de manquer de foi aux chrétiens, de faire serrer d'un cordon de soie le cou de ses vizirs quand ils sont riches, de jeter dans le canal de la mer Noire ses frères étranglés ou massacrés, et de ravager cent lieues de pays pour sa gloire; il se pourrait, dis-je, à toute force, que cet

111 NM-W75G: l'heureux Silla
     NM-W75G: un duc Borgia
112 NM-W75G: égorgé. Mais s'ils se sont crus des scélérats, il y a
115 NM-W75G: élevé, un Turc
117 NM-W75G: soie le col de ses

[8] *Aeneis*: Didon, livre IV; Lavinia, VII-XII; Troie, II; Turnus, VII-XII.
[9] *Iliade*, XIV.214.
[10] *Odyssée*, X.20-27.

homme n'eût pas plus de remords que son mufti, et fût très *heureux*. C'est sur quoi le lecteur peut encore penser beaucoup; tout ce qu'on peut dire ici, c'est qu'il est à désirer que ce sultan soit le plus *malheureux* des hommes.

Ce qu'on a peut-être écrit de mieux sur le moyen d'être *heureux*, est le livre de Sénèque, *De vita beata*; mais ce livre n'a rendu *heureux* ni son auteur, ni ses lecteurs.[11] *Voyez* d'ailleurs, si vous voulez, *les articles* BIEN, *et* BIENHEUREUX *de ce dictionnaire*.[12]

Il y avait autrefois des planètes *heureuses*, d'autres *malheureuses*; *heureusement* il n'y en a plus.[13]

On a voulu priver le public de ce dictionnaire utile, *heureusement* on n'y a pas réussi.

Des âmes de boue, des fanatiques absurdes, préviennent tous les jours les puissants, les ignorants, contre les philosophes; si *malheureusement* on les écoutait, nous retomberions dans la barbarie dont les seuls philosophes nous ont tirés. *Cet article est de M. de Voltaire*.

125

130

135

122-129   NM-W75G: penser beaucoup. ¶Il y avait autrefois

[11] Voltaire a possédé cet ouvrage de Sénèque, 'suicidé' sur l'ordre de Néron en 76 (Havens et Torrey, no.2683), mais il ne figure pas dans le catalogue définitif (BV, p.1077).
[12] Les articles 'Bien' (ii.243-44) et 'Bienheureux' (ii.245) portent la signature de l'abbé Yvon (X).
[13] Selon Voltaire, la création des académies de sciences a fait régresser le recours à l'astrologie dans les cours (Voltaire 82, p.646; cf. 81, p.252).

HISTOIRE

HISTOIRE,[1] s. f. c'est le récit des faits donnés pour vrais; au contraire de la fable, qui est le récit des faits donnés pour faux.

Il y a l'*histoire* des opinions, qui n'est guère que le recueil des erreurs humaines; l'*histoire* des arts, peut-être la plus utile de toutes, quand elle joint à la connaissance de l'invention et du progrès des arts, la description de leur mécanisme; l'*histoire naturelle*, improprement dite *histoire*, et qui est une partie essentielle de la physique.

L'*histoire* des événements se divise en sacrée et profane. L'*histoire* sacrée est une suite des opérations divines et miraculeuses, par lesquelles il a plu à Dieu de conduire autrefois la nation juive, et d'exercer aujourd'hui notre foi. Je ne toucherai point à cette matière respectable.

Les premiers fondements de toute *histoire* sont les récits des pères aux enfants, transmis ensuite d'une génération à une autre; ils ne sont que probables dans leur origine, et perdent un degré de probabilité à chaque génération. Avec le temps, la fable se

1-321 NM, absent

[1] C'est un des articles que Voltaire a le plus élaborés. Il y travaille au mois de décembre 1755 (D6655*), au printemps de 1756 (D6731), et l'envoie à d'Alembert le 9 octobre (D7018), le redemande à d'Alembert le mois suivant afin de faire quelques corrections (D7067 et 15 décembre), le reçoit (D7093*), le renvoie (D7098*), le demande de nouveau le 29 décembre 1757 (D7539) afin d'y faire de nouvelles corrections. Lorsque la publication de l'*Encyclopédie* est interrompue, Voltaire, en janvier 1758, réclame à Diderot tous ses articles non employés, y inclus 'Histoire' (D7585, D7618, D7625, D7631, D7639, D7676), puis se ravise, corrige de nouveau 'Histoire' au printemps de 1758 (D7738, D7741, D7747), et envoie le texte final à Diderot en juin 1758 (D7756). Le texte fut inséré en entier dans l'article 'Histoire' (QE). Voir aussi D7550 et D7573. Il faut également signaler les étroits rapports avec *La Défense de mon oncle* (éd. J.-M. Moureaux, Voltaire 64, *passim*).

grossit, et la vérité se perd: de là vient que toutes les origines des peuples sont absurdes. Ainsi les Egyptiens avaient été gouvernés par les dieux pendant beaucoup de siècles; ils l'avaient été ensuite par des demi-dieux; enfin ils avaient eu des rois pendant onze mille trois cent quarante ans: et le soleil, dans cet espace de temps, avait changé quatre fois d'orient et de couchant.[2]

Les Phéniciens prétendaient être établis dans leur pays depuis trente mille ans;[3] et ces trente mille ans étaient remplis d'autant de prodiges que la chronologie égyptienne. On sait quel merveilleux ridicule règne dans l'ancienne *histoire* des Grecs. Les Romains, tout sérieux qu'ils étaient, n'ont pas moins enveloppé de fables l'*histoire* de leurs premiers siècles. Ce peuple si récent, en comparaison des nations asiatiques, a été cinq cents années sans historiens. Ainsi il n'est pas surprenant que Romulus ait été le fils de Mars; qu'une louve ait été sa nourrice; qu'il ait marché avec vingt mille hommes de son village de Rome, contre vingt-cinq mille combattants du village des Sabins; qu'ensuite il soit devenu dieu: que Tarquin l'ancien ait coupé une pierre avec un rasoir;[4] et qu'une vestale ait tiré à terre un vaisseau avec sa ceinture, *etc.*[5]

Les premières annales de toutes nos nations modernes ne sont pas moins fabuleuses: les choses prodigieuses et improbables

20

25

30

35

---

[2] Selon Hérodote, *Histoire*, II.cxlix; Voltaire possédait la traduction de Du Ryer (Paris 1713; BV, no.1631). Cf. 'Axe' (QE); *La Philosophie de l'histoire* (Voltaire 59, p.158-71).

[3] Les prêtres de Melgart, à Tyr, dirent plutôt à Hérodote, vers l'an 450 avant J.-C., que leur ville avait été fondée 2300 ans auparavant (*Histoire*, II.xliv); cf. Voltaire 59, p.132.

[4] Tite-Live, *Ab urbe condita*, I.iv.2; I.iv.6; I.xii; I.xvi.3; I.xxxvi.4. Ce n'est cependant pas Tarquin l'ancien mais l'augure Navius, cherchant à faire preuve de ses pouvoirs, qui fend la pierre avec un rasoir.

[5] Sur cet épisode de l'arrivée de la statue de Cybèle à Rome, Voltaire suit la version de Julien l'Apostat dans son 'Discours sur la mère des dieux', *Œuvres complètes* (Paris 1963), ii.(1).105, qui seul confond Claudia Quinta dont parlent Tite-Live (*Ab urbe condita*, XXIX.xiv.12-13) et Ovide (*Fasti*, IV.291-328), avec Claudia Vestalis, fille d'Appius Claudius Pulcher, consul, 143 avant J.-C., et qui seul lui fait tirer le vaisseau avec une ceinture.

doivent être rapportées, mais comme des preuves de la crédulité humaine; elles entrent dans l'*histoire* des opinions.[6]

Pour connaître avec certitude quelque chose de l'*histoire* ancienne, il n'y a qu'un seul moyen, c'est de voir s'il reste quelques monuments incontestables; nous n'en avons que trois par écrit: le premier est le recueil des observations astronomiques faites pendant dix-neuf cents ans de suite à Babylone, envoyées par Alexandre en Grèce,[7] et employées dans l'Almageste de Ptolomée. Cette suite d'observations, qui remonte à deux mille deux cent trente-quatre ans avant notre ère vulgaire, prouve invinciblement que les Babyloniens existaient en corps de peuple plusieurs siècles auparavant: car les arts ne sont que l'ouvrage du temps; et la paresse naturelle aux hommes les laisse des milliers d'années sans autres connaissances et sans autres talents que ceux de se nourrir, de se défendre des injures de l'air, et de s'égorger. Qu'on en juge par les Germains et par les Anglais du temps de César, par les Tartares d'aujourd'hui, par la moitié de l'Afrique, et par tous les peuples que nous avons trouvés dans l'Amérique, en exceptant à quelques égards les royaumes du Pérou et du Mexique, et la république de Tlascala.[8]

Le second monument est l'éclipse centrale du soleil, calculée à la Chine deux mille cent cinquante-cinq ans, avant notre ère vulgaire, et reconnue véritable par tous nos astronomes.[9] Il faut

[6] La même idée apparaît dans les carnets (Voltaire 81, p.411; 82, p.636).
[7] La source probable de Voltaire est Charles Rollin, *Histoire ancienne* (Paris 1733), ii.443 (BV, no.3008), dont il s'est déjà servi au chapitre 10 de la *Philosophie de l'histoire* (Voltaire 59, p.285).
[8] Le Tlaxcala sut préserver son autonomie sous le régime espagnol en relevant directement du vice-roi. Cet Etat, le plus petit des Etats unis du Mexique, est entré dans la fédération après l'indépendance (1821).
[9] Dès le chapitre 1er de l'*Essai sur les mœurs*, Voltaire avait mentionné le *Traité de l'astronomie chinoise* (Paris 1732) du père Antoine Gaubil, qui est l'ouvrage de base au dix-huitième siècle sur cette question. Mais, selon Basil Guy (*The French image of China before and after Voltaire*, Studies 21, 1963, p.254-58), Voltaire ne connaîtrait l'œuvre de Gaubil que de seconde main, à travers les *Lettres édifiantes et curieuses* (Paris 1702-1773; BV, no.2104), et surtout la *Description géographique, historique, chronologique, politique et physique de l'empire de la Chine et de la Tartarie chinoise* (Paris 1735; BV, no.1132) du père Jean-Baptiste Du Halde. Il partage

dire la même chose des Chinois que des peuples de Babylone; ils composaient déjà sans doute un vaste empire policé. Mais ce qui met les Chinois au-dessus de tous les peuples de la terre, c'est que ni leurs lois, ni leurs mœurs, ni la langue que parlent chez 65 eux les lettrés, n'ont pas changé depuis environ quatre mille ans. Cependant cette nation, la plus ancienne de tous les peuples qui subsistent aujourd'hui, celle qui a possédé le plus vaste et le plus beau pays, celle qui a inventé presque tous les arts avant que nous en eussions appris quelques-uns, a toujours été omise, 70 jusqu'à nos jours, dans nos prétendues *histoires universelles*: et quand un Espagnol et un Français faisaient le dénombrement des nations, ni l'un ni l'autre ne manquait d'appeler son pays *la première monarchie du monde*.

Le troisième monument, fort inférieur aux deux autres, subsiste 75 dans les marbres d'Arondel: la chronique d'Athènes y est gravée deux cent soixante-trois ans avant notre ère; mais elle ne remonte que jusqu'à Cécrops, treize cent dix-neuf ans au-delà du temps où elle fut gravée.[10] Voilà dans l'*histoire* de toute l'antiquité les seules connaissances incontestables que nous ayons. 80

Il n'est pas étonnant qu'on n'ait point d'*histoire* ancienne profane au-delà d'environ trois mille années. Les révolutions de ce globe, la longue et universelle ignorance de cet art qui transmet les faits par l'écriture, en sont cause: il y a encore plusieurs peuples qui n'en ont aucun usage. Cet art ne fut commun que chez un très 85 petit nombre de nations policées, et encore était-il en très peu de

---

l'admiration du jésuite envers les anciens astronomes chinois et attribue comme lui (*Description*, i.264) un grand degré de certitude à la chronologie chinoise, sans tenir aucun compte des doutes et des observations de plusieurs savants, entre autres de Nicolas Fréret, 'De l'antiquité et de la certitude de la chronologie chinoise', *Mémoires de l'Académie des inscriptions et des belles-lettres* 10 (1736), p.377-402; 'Suite du Traité [...] Eclaircissement au Mémoire lu au mois de novembre 1733, *Mémoires* 18 (1753), p.178-295.

[10] C'est le *Marmor Parium* de la collection de Thomas Howard (1585-1646), comte d'Arundel et de Surrey, apportée de Grèce à Londres en 1627. Les inscriptions furent déchiffrées et publiées par John Selden, *Marmora Arundelliana* (Londini 1628); cf. les carnets (Voltaire 81, p.183).

mains. Rien de plus rare chez les Français et chez les Germains, que de savoir écrire jusqu'aux treizième et quatorzième siècles: presque tous les actes n'étaient attestés que par témoins. Ce ne fut en France que sous Charles VII en 1454 qu'on rédigea par écrit les coutumes de France. L'art d'écrire était encore plus rare chez les Espagnols, et de là vient que leur *histoire* est si sèche et si incertaine, jusqu'au temps de Ferdinand et d'Isabelle. On voit par là combien le très petit nombre d'hommes qui savaient écrire pouvaient en imposer.

Il y a des nations qui ont subjugué une partie de la terre sans avoir l'usage des caractères. Nous savons que Gengis-Kan conquit une partie de l'Asie au commencement du treizième siècle; mais ce n'est ni par lui, ni par les Tartares que nous le savons. Leur *histoire* écrite par les Chinois, et traduite par le père Gaubil,[11] dit que ces Tartares n'avaient point l'art d'écrire.

Il ne dut pas être moins inconnu au scythe Ogus-Kan, nommé Madies par les Persans et par les Grecs, qui conquit une partie de l'Europe et de l'Asie, si longtemps avant le règne de Cyrus.[12]

Il est presque sûr qu'alors sur cent nations il y en avait à peine deux qui usassent de caractères.

Il reste des monuments d'une autre espèce, qui servent à constater seulement l'antiquité reculée de certains peuples qui précèdent toutes les époques connues et tous les livres; ce sont les prodiges d'architecture, comme les pyramides et les palais d'Egypte, qui ont résisté au temps. Hérodote qui vivait il y a deux mille deux cents ans, et qui les avait vus, n'avait pu apprendre des prêtres égyptiens dans quel temps on les avait élevés.[13]

Il est difficile de donner à la plus ancienne des pyramides moins de quatre mille ans d'antiquité; mais il faut considérer que ces

[11] Antoine Gaubil, *Histoire de Gentchiscan et de toute la dynastie des Mongoux* (Paris 1739; BV, no.1436).
[12] Hérodote, *Histoire*, i.ciii. Voltaire a noté le fait dans ses carnets (Voltaire 82, p.492).
[13] Au contraire, Hérodote rapporte, selon les prêtres égyptiens, les temps où furent élevées les pyramides, calculés d'après les règnes des pharaons (*Histoire*, II.cxxiv-cxxxvi); également noté (Voltaire 82, p.497).

efforts de l'ostentation des rois n'ont pu être commencés que longtemps après l'établissement des villes. Mais pour bâtir des villes dans un pays inondé tous les ans, il avait fallu d'abord relever le terrain, fonder les villes sur des pilotis dans ce terrain de vase, et les rendre inaccessibles à l'inondation: il avait fallu, avant de prendre ce parti nécessaire, et avant d'être en état de tenter ces grands travaux, que les peuples se fussent pratiqué des retraites pendant la crue du Nil, au milieu des rochers qui forment deux chaînes à droite et à gauche de ce fleuve. Il avait fallu que ces peuples rassemblés eussent les instruments du labourage, ceux de l'architecture, une grande connaissance de l'arpentage, avec des lois et une police: tout cela demande nécessairement un espace de temps prodigieux. Nous voyons par les longs détails qui retardent tous les jours nos entreprises les plus nécessaires et les plus petites, combien il est difficile de faire de grandes choses, et qu'il faut non seulement une opiniâtreté infatigable, mais plusieurs générations animées de cette opiniâtreté.[14]

Cependant que ce soit Ménès ou Thot, ou Chéops, ou Ramessès, qui aient élevé une ou deux de ces prodigieuses masses, nous n'en serons pas instruits de l'*histoire* de l'ancienne Egypte: la langue de ce peuple est perdue. Nous ne savons donc autre chose sinon qu'avant les plus anciens historiens, il y avait de quoi faire une *histoire* ancienne.

Celle que nous nommons *ancienne*, et qui est en effet récente, ne remonte guère qu'à trois mille ans: nous n'avons avant ce temps que quelques probabilités: deux seuls livres profanes ont conservé ces probabilités; la chronique chinoise, et l'*Histoire* d'Hérodote. Les anciennes chroniques chinoises ne regardent que cet empire séparé du reste du monde. Hérodote, plus intéressant pour nous, parle de la terre alors connue; il enchanta les Grecs en leur récitant les neuf livres de son *Histoire*, par la nouveauté de cette entreprise et par le charme de sa diction, et surtout par les fables. Presque tout ce qu'il raconte sur la foi des étrangers est fabuleux:

[14] Voltaire reviendra en détail sur ces questions dans les chapitres 19-23 de *La Philosophie de l'histoire* (Voltaire 59, p.158-71).

mais tout ce qu'il a vu est vrai.[15] On apprend de lui, par exemple, quelle extrême opulence et quelle splendeur régnaient dans l'Asie mineure, aujourd'hui pauvre et dépeuplée. Il a vu à Delphes les présents d'or prodigieux que les rois de Lydie avaient envoyés à Delphes,[16] et il parle à des auditeurs qui connaissaient Delphes comme lui. Or quel espace de temps a dû s'écouler avant que des rois de Lydie eussent pu amasser assez de trésors superflus pour faire des présents si considérables à un temple étranger!

Mais quand Hérodote rapporte les contes qu'il a entendus, son livre n'est plus qu'un roman qui ressemble aux fables milésiennes. C'est un Candaule qui montre sa femme toute nue à son ami Gigès; c'est cette femme, qui par modestie, ne laisse à Gigès que le choix de tuer son mari, d'épouser la veuve, ou de périr.[17] C'est un oracle de Delphes qui devine que dans le même temps qu'il parle, Crésus à cent lieues de là, fait cuire une tortue dans un plat d'airain.[18] Rollin qui répète tous les contes de cette espèce, admire la science de l'oracle, et la véracité d'Apollon, ainsi que la pudeur de la femme du roi Candaule;[19] et à ce sujet, il propose à la police d'empêcher les jeunes gens de se baigner dans la rivière.[20] Le temps est si cher, et l'*histoire* si immense, qu'il faut épargner aux lecteurs de telles fables et de telles moralités.

L'*histoire* de Cyrus est toute défigurée par des traditions fabuleuses. Il y a grande apparence que ce Kiro, qu'on nomme *Cyrus*, à la tête des peuples guerriers d'Elam, conquit en effet Babylone

[15] Voir les carnets: 'Tous les gens de bons sens avouent qu'Hérodote est un romancier et tous les compilateurs le copient sans distinguer le probable de l'impossible' (Voltaire 82, p.641).
[16] Hérodote, *Histoire*, I.l-liii.
[17] Hérodote, *Histoire*, I.viii-xii.
[18] Hérodote, *Histoire*, I.xlvii.
[19] Ch. Rollin, *Histoire ancienne*, ii.111-12, 129-30.
[20] Rollin voudrait plutôt empêcher que des personnes des deux sexes ne se baignent nues dans la rivière (*Histoire ancienne*, ii.113). Une ordonnance du prévôt des marchands pour la police des bains de rivière, imprimée dans les *Affiches de Paris* de Dugone, en 1716, parle en effet de 'scandale' et de 'dérèglement' à ce sujet (Eugène Hatin, *Histoire politique et littéraire de la presse en France*, Paris 1859, ii.108).

amollie par les délices. Mais on ne sait pas seulement quel roi régnait alors à Babylone; les uns disent Baltazar, les autres Anabot. Hérodote fait tuer Cyrus dans une expédition contre les Massagètes. Xénophon dans son roman moral et politique, le fait mourir dans son lit.[21] 175

On ne sait autre chose dans ces ténèbres de l'*histoire*, sinon qu'il y avait depuis longtemps de vastes empires, et des tyrans dont la puissance était fondée sur la misère publique; que la tyrannie était 180 parvenue jusqu'à dépouiller les hommes de leur virilité, pour s'en servir à d'infâmes plaisirs au sortir de l'enfance, et pour les employer dans leur vieillesse à la garde des femmes; que la superstition gouvernait les hommes; qu'un songe était regardé comme un avis du ciel, et qu'il décidait de la paix et de la guerre, 185 *etc*.

A mesure qu'Hérodote dans son *Histoire* se rapproche de son temps, il est mieux instruit et plus vrai. Il faut avouer que l'*histoire* ne commence pour nous qu'aux entreprises des Perses contre les Grecs. On ne trouve avant ces grands événements que quelques 190 récits vagues, enveloppés de contes puérils. Hérodote devient le modèle des historiens, quand il décrit ces prodigieux préparatifs de Xerxès pour aller subjuguer la Grèce, et ensuite l'Europe. Il le mène, suivi de près de deux millions de soldats, depuis Suze jusqu'à Athènes. Il nous apprend comment étaient armés tant de 195 peuples différents que ce monarque traînait après lui: aucun n'est oublié, du fond de l'Arabie et de l'Egypte, jusqu'au-delà de la Bactriane et de l'extrémité septentrionale de la mer Caspienne, pays alors habité par des peuples puissants, et aujourd'hui par des Tartares vagabonds. Toutes les nations, depuis le Bosphore 200 de Thrace jusqu'au Gange, sont sous ses étendards. On voit avec étonnement que ce prince possédait autant de terrain qu'en eut l'empire romain; il avait tout ce qui appartient aujourd'hui au grand mogol en deçà du Gange; toute la Perse, tout le pays des

[21] Hérodote, *Histoire*, i.ccxiv; Xénophon, *Cyropédie*, VIII.vii.1-28. Rollin suit la relation de Xénophon dans son *Histoire ancienne*, ii.137-318, puis compare les versions de Xénophon et d'Hérodote.

Usbeks, tout l'empire des Turcs, si vous en exceptez la Romanie; 205
mais en récompense il possédait l'Arabie. On voit par l'étendue
de ses Etats quel est le tort des déclamateurs en vers et en prose,
de traiter de fou Alexandre, vengeur de la Grèce, pour avoir
subjugué l'empire de l'ennemi des Grecs.[22] Il n'alla en Egypte, à
Tyr et dans l'Inde, que parce qu'il le devait, et que Tyr, l'Egypte 210
et l'Inde appartenaient à la domination qui avait dévasté la Grèce.

Hérodote eut le même mérite qu'Homère; il fut le premier
historien comme Homère fut le premier poète épique; et tous
deux saisirent les beautés propres d'un art inconnu avant eux.
C'est un spectacle admirable dans Hérodote que cet empereur de 215
l'Asie et de l'Afrique, qui fait passer son armée immense sur un
pont de bateau d'Asie en Europe, qui prend la Thrace, la Macédoine, la Thessalie, l'Achaïe supérieure, et qui entre dans Athènes
abandonnée et déserte.[23] On ne s'attend point que les Athéniens
sans ville, sans territoire, réfugiés sur leurs vaisseaux avec quel- 220
ques autres Grecs, mettront en fuite la nombreuse flotte du grand
roi, qu'ils rentreront chez eux en vainqueurs, qu'ils forceront
Xerxès à ramener ignominieusement les débris de son armée, et
qu'ensuite ils lui défendront par un traité, de naviguer sur leurs
mers. Cette supériorité d'un petit peuple généreux et libre, sur 225
toute l'Asie esclave, est peut-être ce qu'il y a de plus glorieux
chez les hommes. On apprend aussi par cet événement, que les
peuples de l'Occident ont toujours été meilleurs marins que les
peuples asiatiques. Quand on lit l'*histoire* moderne, la victoire de
Lépante fait souvenir de celle de Salamine, et on compare dom 230
Juan d'Autriche et Colone, à Thémistocle et à Euribiades.[24] Voilà

[22] Voltaire pense à Boileau dont il mentionne la huitième satire (lignes 109-
110), dans 'Alexandre' (QE).

[23] Voltaire suit dans cet alinéa la relation d'Hérodote au livre VIII de son
Histoire.

[24] Voltaire pense sans doute moins à comparer le mérite des généraux
subalternes Eurybiade et Colonna qu'à marquer leur situation semblable de
généraux de forces alliées commandant une partie des flottes victorieuses sous
les généraux en chef Thémistocle et Juan d'Autriche.

peut-être le seul fruit qu'on peut tirer de la connaissance de ces temps reculés.

Thucydide, successeur d'Hérodote, se borne à nous détailler l'*histoire* de la guerre du Péloponnèse, pays qui n'est pas plus   235
grand qu'une province de France ou d'Allemagne, mais qui a produit des hommes en tout genre dignes d'une réputation immortelle: et comme si la guerre civile, le plus horrible des fléaux, ajoutait un nouveau feu et de nouveaux ressorts à l'esprit humain, c'est dans ce temps que tous les arts florissaient en Grèce.   240
C'est ainsi qu'ils commencent à se perfectionner ensuite à Rome dans d'autres guerres civiles du temps de César, et qu'ils renaissent encore dans notre XVe et XVIe siècle de l'ère vulgaire, parmi les troubles de l'Italie.

Après cette guerre du Péloponnèse, décrite par Thucydide,[25]   245
vient le temps célèbre d'Alexandre, prince digne d'être élevé par Aristote, qui fonde beaucoup plus de villes que les autres n'en ont détruit, et qui change le commerce de l'univers. De son temps, et de celui de ses successeurs, florissait Carthage; et la république romaine commençait à fixer sur elle les regards des nations. Tout   250
le reste est enseveli dans la Barbarie: les Celtes, les Germains, tous les peuples du Nord sont inconnus.

L'*histoire* de l'empire romain est ce qui mérite le plus notre attention, parce que les Romains ont été nos maîtres et nos législateurs. Leurs lois sont encore en vigueur dans la plupart de   255
nos provinces: leur langue se parle encore, et longtemps après leur chute, elle a été la seule langue dans laquelle on rédigeât les actes publics en Italie, en Allemagne, en Espagne, en France, en Angleterre, en Pologne.

Au démembrement de l'empire romain en Occident, commence   260
un nouvel ordre de choses, et c'est ce qu'on appelle l'*histoire du moyen âge*; *histoire* barbare de peuples barbares, qui devenus chrétiens, n'en deviennent pas meilleurs.

Pendant que l'Europe est ainsi bouleversée, on voit paraître au

---

[25] Voltaire a évoqué Thucydide dans *Le Pyrrhonisme de l'histoire*, ch.8, et a lu avec attention l'*Histoire de la guerre du Péloponèse* (Paris 1714; BV, no.3298).

VIIe siècle les Arabes, jusque-là renfermés dans leurs déserts. Ils   265
étendent leur puissance et leur domination dans la haute Asie,
dans l'Afrique, et envahissent l'Espagne; les Turcs leur succèdent,
et établissent le siège de leur empire à Constantinople, au milieu
du XVe siècle.

C'est sur la fin de ce siècle qu'un nouveau monde est découvert;   270
et bientôt après la politique de l'Europe et les arts prennent une
forme nouvelle. L'art de l'imprimerie, et la restauration des
sciences, font qu'enfin on a des *histoires* assez fidèles, au lieu des
chroniques ridicules renfermées dans les cloîtres depuis Grégoire
de Tours.[26] Chaque nation dans l'Europe a bientôt ses historiens.   275
L'ancienne indigence se tourne en superflu: il n'est point de ville
qui ne veuille avoir son *histoire* particulière. On est accablé sous
le poids des minuties. Un homme qui veut s'instruire est obligé
de s'en tenir au fil des grands événements, et d'écarter tous les
petits faits particuliers qui viennent à la traverse; il saisit dans la   280
multitude des révolutions, l'esprit des temps et les mœurs des
peuples. Il faut surtout s'attacher à l'*histoire* de sa patrie, l'étudier,
la posséder, réserver pour elle les détails, et jeter une vue plus
générale sur les autres nations. Leur *histoire* n'est intéressante que
par les rapports qu'elles ont avec nous, ou par les grandes choses   285
qu'elles ont faites; les premiers âges depuis la chute de l'empire
romain, ne sont, comme on l'a remarqué ailleurs,[27] que des
aventures barbares, sous des noms barbares, excepté le temps de
Charlemagne. L'Angleterre reste presque isolée jusqu'au règne
d'Edouard III, le Nord est sauvage jusqu'au XVIe siècle; l'Allemagne   290
est longtemps une anarchie. Les querelles des empereurs et des
papes désolent 600 ans l'Italie, et il est difficile d'apercevoir la
vérité à travers les passions des écrivains peu instruits, qui ont

[26] Bien que l'*Historia Francorum* ne figure pas au catalogue de sa bibliothèque,
Voltaire l'a lue avec attention et a constitué son bêtisier dans ses carnets (Voltaire
81, p.184-85; 82, p.612).
[27] 'Catalogue des écrivains' à la suite du *Siècle de Louis XIV*, article 'Daniel';
'Première remarque pour servir de supplément à l'Essai sur les mœurs et l'esprit
des nations' (*Essai*, ii.900-904).

donné les chroniques informes de ces temps malheureux. La
monarchie d'Espagne n'a qu'un événement sous les rois visigoths;   295
et cet événement est celui de sa destruction. Tout est confusion
jusqu'au règne d'Isabelle et de Ferdinand. La France jusqu'à Louis
XI est en proie à des malheurs obscurs sous un gouvernement
sans règle. Daniel a beau prétendre que les premiers temps de la
France sont plus intéressants que ceux de Rome:[28] il ne s'aperçoit   300
pas que les commencements d'un si vaste empire sont d'autant
plus intéressants qu'ils sont plus faibles, et qu'on aime à voir la
petite source d'un torrent qui a inondé la moitié de la terre.

Pour pénétrer dans le labyrinthe ténébreux du moyen âge, il
faut le secours des archives, et on n'en a presque point. Quelques   305
anciens couvents ont conservé des chartes, des diplômes, qui
contiennent des donations, dont l'autorité est quelquefois contestée; ce n'est pas là un recueil où l'on puisse s'éclairer sur l'*histoire*
politique, et sur le droit public de l'Europe. L'Angleterre est, de
tous les pays, celui qui a sans contredit, les archives les plus   310
anciennes et les plus suivies. Ces actes recueillis par Rimer,[29] sous
les auspices de la reine Anne, commencent avec le XIIe siècle, et
sont continués sans interruption jusqu'à nos jours. Ils répandent
une grande lumière sur l'*histoire* de France. Ils font voir par
exemple, que la Guienne appartenait aux Anglais en souveraineté   315
absolue, quand le roi de France Charles V la confisqua par un
arrêt, et s'en empara par les armes. On y apprend quelles sommes
considérables, et quel espèce de tribut paya Louis XI au roi
Edouard IV qu'il pouvait combattre; et combien d'argent la reine

[28] Voltaire résume assez cavalièrement le père Gabriel Daniel qui ne s'est pas
exprimé avec autant de chauvinisme. Cf. l'*Histoire* (éd. 1755-1757, i.LXXIV-
LXXVIII). Il reprend le même propos dans le 'Catalogue des écrivains' du *Siècle
de Louis XIV*. Voltaire a lu avec attention son *Histoire de France* (Paris 1729; BV,
no.938), et son *Histoire de la milice françoise* (Paris 1728; BV, no.939). Il l'a souvent
pris à partie.
[29] Thomas Rymer, *Foedera, conventiones, litterae et cujuscumque generis acta publica*
(Londini 1704-1717), plusieurs fois réédités avec des additions au dix-huitième
siècle; cf. BV, no.2871.

Elisabeth prêta à Henri le Grand, pour l'aider à monter sur son   320
trône, *etc.*

De l'utilité de l'histoire.[30] Cet avantage consiste dans la comparaison qu'un homme d'Etat, un citoyen peut faire des lois et des
mœurs étrangères avec celles de son pays: c'est ce qui excite les
nations modernes à enchérir les unes sur les autres dans les arts,   325
dans le commerce, dans l'agriculture. Les grandes fautes passées
servent beaucoup en tout genre. On ne saurait trop remettre
devant les yeux les crimes et les malheurs causés par des querelles
absurdes. Il est certain qu'à force de renouveler la mémoire de
ces querelles, on les empêche de renaître.   330

C'est pour avoir lu les détails des batailles de Créci, de Poitiers,
d'Azincourt, de Saint-Quentin, de Gravelines, *etc.* que le célèbre
maréchal de Saxe se déterminait à chercher, autant qu'il pouvait,
ce qu'il appelait *des affaires de poste.*[31]

Les exemples font un grand effet sur l'esprit d'un prince qui lit   335
avec attention. Il verra qu'Henri IV n'entreprenait sa grande
guerre, qui devait changer le système de l'Europe, qu'après s'être

322   NM, avec note à 'l'histoire': Ce petit article devait être à la suite des
considérations sur l'histoire, mais on ne l'a retrouvé que depuis peu.
    NM: consiste surtout dans
324-326 NM: excite l'émulation des nations modernes dans les arts, dans
l'agriculture, dans le commerce. ¶Les grandes
328-331 NM: les malheurs. On peut, quoiqu'on en dise, prévenir les uns et
les autres. L'histoire du tyran Christiern peut empêcher une nation de confier
le pouvoir absolu à un tyran; et le désastre de Charles XII devant Pultava avertit
un général de ne pas s'enfoncer dans l'Ukraine sans avoir des vivres. ¶C'est
pour avoir lu

[30] Cette section (lignes 322-358) forme aussi les sept premiers alinéas du
morceau 'De l'utilité de l'histoire', publié au tome III des *Nouveaux mélanges* de
1765.
[31] Voir, par exemple, la lettre du maréchal de Saxe au comte d'Argenson, le
25 février 1750 (*Mes rêveries*, Amsterdam 1757, ii.252-53). Voltaire l'a lu avec
attention (BV, no.2371).

assez assuré du nerf de la guerre,[32] pour la pouvoir soutenir plusieurs années sans aucun secours de finances.

Il verra que la reine Elisabeth, par les seules ressources du commerce et d'une sage économie, résista au puissant Philippe II et que de cent vaisseaux qu'elle mit en mer contre la flotte invincible, les trois quarts étaient fournis par les villes commerçantes d'Angleterre.   340

La France non entamée sous Louis XIV après neuf ans de la guerre la plus malheureuse, montrera évidemment l'utilité des places frontières qu'il construisit. En vain l'auteur des causes de la chute de l'empire romain[33] blâme-t-il Justinien, d'avoir eu la même politique que Louis XIV. Il ne devait blâmer que les empereurs qui négligèrent ces places frontières, et qui ouvrirent les portes de l'empire aux barbares.   345   350

Enfin la grande utilité de l'*histoire* moderne, et l'avantage qu'elle a sur l'ancienne, est d'apprendre à tous les potentats, que depuis le XVe siècle on s'est toujours réuni contre une puissance trop prépondérante. Ce système d'équilibre a toujours été inconnu des anciens, et c'est la raison des succès du peuple romain, qui ayant formé une milice supérieure à celle des autres peuples, les subjugua l'un après l'autre, du Tibre jusqu'à l'Euphrate.   355

De la certitude de l'histoire. Toute certitude qui n'est pas démonstration mathématique, n'est qu'une extrême probabilité. Il n'y a pas d'autre certitude historique.   360

Quand Marc Paul[34] parla le premier, mais le seul, de la grandeur

339   NM: aucun nouveau secours
348-349   NM: la même politique. Il ne devait
351-353   NM: barbares. ¶Un avantage que l'histoire moderne a sur l'ancienne, est

[32] F. Rabelais, *Gargantua*, xlvi: 'Les nerfz des batailles sont les pécunes' (*Œuvres complètes*, éd. Pléiade, p.135).

[33] Montesquieu, *Considérations sur les causes de la grandeur et de la décadence des Romains*, ch.20 (*Œuvres complètes*, Paris 1958, ii.189-90).

[34] Marco Polo (1254-1323). Voltaire possédait le recueil des *Voyages faits principalement en Asie dans les XII, XIII, XIV et XV siècles* (La Haye 1735; BV, no.357), de Pierre Bergeron.

et de la population de la Chine, il ne fut pas cru, et il ne put exiger de croyance. Les Portugais qui entrèrent dans ce vaste empire plusieurs siècles après, commencèrent à rendre la chose probable. Elle est aujourd'hui certaine, de cette certitude qui naît de la déposition unanime de mille témoins oculaires de différentes nations, sans que personne ait réclamé contre leur témoignage.

Si deux ou trois historiens seulement avaient écrit l'aventure du roi Charles XII qui s'obstinant à rester dans les Etats du sultan son bienfaiteur, malgré lui, se battit avec ses domestiques contre une armée de janissaires et de Tartares, j'aurais suspendu mon jugement; mais ayant parlé à plusieurs témoins oculaires, et n'ayant jamais entendu révoquer cette action en doute, il a bien fallu la croire, parce qu'après tout, si elle n'est ni sage, ni ordinaire, elle n'est contraire ni aux lois de la nature, ni au caractère du héros.[35]

L'*histoire* de l'homme au masque de fer aurait passé dans mon esprit pour un roman, si je ne la tenais que du gendre du chirurgien, qui eut soin de cet homme dans sa dernière maladie.[36] Mais l'officier qui le gardait alors, m'ayant aussi attesté le fait, et tous ceux qui devaient en être instruits me l'ayant confirmé, et les enfants des ministres d'Etat, dépositaires de ce secret, qui vivent encore, en étant instruits comme moi, j'ai donné à cette *histoire* un grand degré de probabilité, degré pourtant au-dessous de celui qui fait croire l'affaire de Bender, parce que l'aventure de Bender a eu plus de témoins que celle de l'homme au masque de fer.

Ce qui répugne au cours ordinaire de la nature ne doit point être cru, à moins qu'il ne soit attesté par des hommes animés de l'esprit divin. Voilà pourquoi à l'article CERTITUDE de ce

[35] *Histoire de Charles XII*, ch.6. Sur les sources, orales et écrites, qu'a consultées Voltaire, voir J. H. Brumfitt, *Voltaire historian* (London 1958), p.18-22.
[36] Ce gendre est 'le sieur Marsolan, chirurgien du maréchal de Richelieu et ensuite du duc d'Orléans régent' selon 'Ana' (QE), où une section entière est consacrée à l'ʸAnecdote sur l'homme au masque de fer'.

dictionnaire,[37] c'est un grand paradoxe de dire qu'on devrait croire aussi bien tout Paris qui affirmerait avoir vu ressusciter un mort, qu'on croit tout Paris quand il dit qu'on a gagné la bataille de Fontenoy. Il paraît évident que le témoignage de tout Paris sur une chose improbable, ne saurait être égal au témoignage de tout Paris sur une chose probable. Ce sont là les premières notions de la saine métaphysique. Ce dictionnaire est consacré à la vérité; un article doit corriger l'autre; et s'il se trouve ici quelque erreur, elle doit être relevée par un homme plus éclairé.

Incertitude de l'histoire. On a distingué les temps en fabuleux et historiques. Mais les temps historiques auraient dû être distingués eux-mêmes en vérités et en fables. Je ne parle pas ici des fables reconnues aujourd'hui pour telles; il n'est pas question, par exemple, des prodiges dont Tite-Live a embelli ou gâté son *histoire.* Mais dans les faits les plus reçus que de raisons de douter? Qu'on fasse attention que la république romaine a été cinq cents ans sans historiens, et que Tite-Live lui-même déplore la perte des annales des pontifes et des autres monuments qui périrent presque tous dans l'incendie de Rome, *pleraeque interiere;*[38] qu'on songe que dans les trois cents premières années, l'art d'écrire était très rare, *rarae per eadem tempora litterae.* Il sera permis alors de douter de tous les événements qui ne sont pas dans l'ordre ordinaire des choses humaines. Sera-t-il bien probable que Romulus, le petit-fils du roi des Sabins, aura été forcé d'enlever des Sabines pour avoir des femmes?[39] L'*histoire* de Lucrèce[40] sera-t-elle bien vraisemblable? croira-t-on aisément sur la foi de Tite-Live, que le roi Porsenna s'enfuit plein d'admiration pour les Romains, parce

395

400

405

410

415

[37] Article de l'abbé de Prades, qui répond à une des *Pensées philosophiques* de Diderot: 'Tout Paris m'assurerait qu'un mort vient de ressusciter à Passy que je n'en croirais rien' (Diderot, *Pensées philosophiques*, xlvi, éd. R. Niklaus, Genève 1965, p.33). Voltaire y a aussi référé à l'article 'Certain' (DP); voir aussi D6655*.

[38] Tite Live, *Ab urbe condita*, VI.i.2.

[39] *Ab urbe condita*, I.ix.10-14. Mais Romulus n'est pas le petit-fils du roi des Sabins: sa mère, Rhea Silvia, était fille de Numitor, roi d'Albe.

[40] *Ab urbe condita*, I.lviii.2-12.

qu'un fanatique avait voulu l'assassiner?[41] Ne sera-t-on pas porté
au contraire, à croire Polybe, antérieur à Tite-Live de deux cents
années, qui dit que Porsenna subjugua les Romains?[42] L'aventure
de Regulus, enfermé par les Carthaginois dans un tonneau garni
de pointes de fer, mérite-t-elle qu'on la croie? Polybe contempo-
rain n'en aurait-il pas parlé, si elle avait été vraie? il n'en dit pas
un mot.[43] N'est-ce pas une grande présomption que ce conte ne
fut inventé que longtemps après pour rendre les Carthaginois
odieux? Ouvrez le dictionnaire de Moréri à l'article *Régulus*, il
vous assure que le supplice de ce Romain est rapporté dans Tite-
Live.[44] Cependant la Décade où Tite-Live aurait pu en parler est
perdue; on n'a que le supplément de Freinsemius,[45] et il se trouve
que ce dictionnaire n'a cité qu'un Allemand du XVIIᵉ siècle, croyant
citer un Romain du temps d'Auguste. On ferait des volumes
immenses de tous les faits célèbres et reçus, dont il faut douter.
Mais les bornes de cet article ne permettent pas de s'étendre.

Les monuments, les cérémonies annuelles, les médailles mêmes, sont-
elles des preuves historiques? On est naturellement porté à croire qu'un
monument érigé par une nation pour célébrer un événement, en
atteste la certitude. Cependant, si ces monuments n'ont pas été
élevés par des contemporains; s'ils célèbrent quelques faits peu

---

[41] *Ab urbe condita*, II.xii.2-16.

[42] Polybe rappelle la conquête de Rome par les Etrusques en 390 avant J.-C.
(*Histoires*, II.xviii), mais ne mentionne pas Porsenna dont le siège remonte à 507
avant J.-C.

[43] M. Atilius Regulus, mort en 250 avant J.-C. et Polybe peuvent difficilement
être considérés comme contemporains. L'histoire proprement dite de Polybe ne
commence d'ailleurs qu'en 220 avant J.-C. et ne contient qu'un bref résumé de
l'histoire antérieure: elle mentionne la captivité de Regulus (I.xxxiv), mais ne
dit rien de son ambassade à Rome ni de sa mort.

[44] Voltaire a lu trop vite. Le renvoi de Moréri à l'article 'Atilius Regulus' est
un renvoi général portant sur toute son histoire et non seulement sur sa mort.
Tite-Live y est mentionné parmi plusieurs autres historiens, Polybe, Valère
Maxime, Florus, Eutrope, Orose, Zonare.

[45] *T. Livii Historiarum libri qui supersunt omnes cum integris Jo. Freinshemius*
supplementis, XVIII.65 (Biponti 1684), iii.267. Voltaire a lu la traduction de Guérin
(Paris 1739-1740; BV, no.2145).

vraisemblables, prouvent-ils autre chose, sinon qu'on a voulu 440
consacrer une opinion populaire?

La colonne rostrale érigée dans Rome par les contemporains
de Duillius, est sans doute une preuve de la victoire navale de
Duillius.[46] Mais la statue de l'augure Navius, qui coupait un
caillou avec un rasoir,[47] prouvait-elle que Navius avait opéré ce 445
prodige? Les statues de Cérès et de Triptolème, dans Athènes,
étaient-elles des témoignages incontestables que Cérès eût enseigné l'agriculture aux Athéniens? Le fameux Laocoon, qui subsiste aujourd'hui si entier, atteste-t-il bien la vérité de l'*histoire* du
cheval de Troie? 450

Les cérémonies, les fêtes annuelles établies par toute une nation,
ne constatent pas mieux l'origine à laquelle on les attribue. La
fête d'Arion porté sur un dauphin, se célébrait chez les Romains
comme chez les Grecs.[48] Celle de Faune rappelait son aventure
avec Hercule et Omphale, quand ce dieu amoureux d'Omphale 455
prit le lit d'Hercule pour celui de sa maîtresse.[49]

La fameuse fête des Lupercales était établie en l'honneur de la
louve qui allaita Romulus et Remus.[50]

Sur quoi était fondée la fête d'Orion, célébrée le 5 des ides de
mai? Le voici. Hirée reçut chez lui Jupiter, Neptune et Mercure; 460
et quand ses hôtes prirent congé, ce bon homme, qui n'avait point
de femme, et qui voulait avoir un enfant, témoigna sa douleur
aux trois dieux. On n'ose exprimer ce qu'ils firent sur la peau du
bœuf qu'Hirée leur avait servi à manger; ils couvrirent ensuite
cette peau d'un peu de terre, et de là naquit Orion au bout de 465
neuf mois.[51]

---

[46] Consul romain qui remporta en 260 avant J.-C. la première victoire navale
des Romains sur les Carthaginois.

[47] Tite-Live, *Ab urbe condita*, i.xxxvi.4. Voir ci-dessus, p.165, n.4.

[48] Hérodote, *Histoire*, i.xxiv; Ovide, *Fasti*, ii.79-118.

[49] Ovide, *Fasti*, ii.303-358.

[50] Selon Ovide (*Fasti*, ii.267-424), les lupercales célébraient le dieu Pan; mais
le sanctuaire se trouvait à l'endroit où la louve allaita Romulus et Remus, d'où
le nom de la fête.

[51] Au bout de dix mois, dit Ovide (*Fasti*, v.495-535). Sur les sources d'Ovide
et les diverses versions de cette histoire, voir Sir James George Frazer, *The Fasti*

Presque toutes les fêtes romaines, syriennes, grecques, égyptiennes, étaient fondées sur de pareils contes, ainsi que les temples et les statues des anciens héros. C'étaient des monuments que la crédulité consacrait à l'erreur.

Une médaille, même contemporaine, n'est pas quelquefois une preuve. Combien la flatterie n'a-t-elle pas frappé de médailles sur des batailles très indécises, qualifiées de victoires, et sur des entreprises manquées, qui n'ont été achevées que dans la légende. N'a-t-on pas, en dernier lieu, pendant la guerre de 1740 des Anglais contre le roi d'Espagne, frappé une médaille qui attestait la prise de Carthagène par l'amiral Vernon, tandis que cet amiral levait le siège?[52]

Les médailles ne sont des témoignages irréprochables que lorsque l'événement est attesté par des auteurs contemporains; alors ces preuves se soutenant l'une par l'autre, constatent la vérité.

Doit-on dans l'histoire insérer des harangues, et faire des portraits? Si, dans une occasion importante, un général d'armée, un homme d'Etat a parlé d'une manière singulière et forte qui caractérise son génie et celui de son siècle, il faut sans doute rapporter son discours mot pour mot; de telles harangues sont peut-être la partie de *l'histoire* la plus utile. Mais pourquoi faire dire à un homme ce qu'il n'a pas dit? Il vaudrait presque autant lui attribuer ce qu'il n'a pas fait; c'est une fiction imitée d'Homère. Mais ce qui est fiction dans un poème, devient à la rigueur mensonge dans un historien. Plusieurs anciens ont eu cette méthode; cela ne prouve autre chose, sinon que plusieurs anciens ont voulu faire parade de leur éloquence aux dépens de la vérité.[53]

Les portraits montrent encore bien souvent plus d'envie de briller que d'instruire: des contemporains sont en droit de faire le portrait des hommes d'Etat avec lesquels ils ont négocié, des

of Ovid: commentary (London 1929), iv.57-59. Voltaire a noté le fait dans ses carnets (Voltaire 82, p.451).
[52] Voir le *Précis du siècle de Louis XV*, ch.8.
[53] Voir ci-dessus, p.165, n.4.

généraux sous qui ils ont fait la guerre. Mais qu'il est à craindre que le pinceau ne soit guidé par la passion! Il paraît que les portraits qu'on trouve dans Clarendon sont faits avec plus d'impartialité, de gravité et de sagesse, que ceux qu'on lit avec plaisir dans le cardinal de Retz.[54] 500

Mais vouloir peindre les anciens, s'efforcer de développer leurs âmes, regarder les événements comme des caractères avec lesquels on peut lire sûrement dans le fond des cœurs; c'est une entreprise bien délicate; c'est dans plusieurs une puérilité. 505

De la maxime de Cicéron concernant l'histoire; que l'historien n'ose dire une fausseté, ni cacher une vérité.[55] La première partie de ce précepte est incontestable; il faut examiner l'autre. Si une vérité peut être de quelque utilité à l'Etat, votre silence est condamnable. 510 Mais je suppose que vous écriviez l'*histoire* d'un prince qui vous aura confié un secret, devez-vous le révéler? Devez-vous dire à la postérité ce que vous seriez coupable de dire en secret à un seul homme? le devoir d'un historien l'emportera-t-il sur un devoir plus grand? 515

Je suppose encore que vous ayez été témoin d'une faiblesse qui n'a point influé sur les affaires publiques, devez-vous révéler cette faiblesse? En ce cas, l'*histoire* serait une satire.

Il faut avouer que la plupart des écrivains d'anecdotes sont plus indiscrets qu'utiles. Mais que dire de ces compilateurs insolents, 520 qui se faisant un mérite de médire, impriment et vendent des scandales, comme Lecauste[56] vendait des poisons.

De l'histoire satirique. Si Plutarque[57] a repris Hérodote de n'avoir pas assez relevé la gloire de quelques villes grecques; et d'avoir omis plusieurs faits connus dignes de mémoire, combien sont 525

---

[54] Edward Hyde, comte de Clarendon (1609-1674), chancelier de Charles II, beau-père de Jacques II. Voltaire le cite dans le *Siècle de Louis XIV* (ch.7, 18), et dans les *Anecdotes sur Louis XIV*. Il a noté un poème sur Clarendon dans ses carnets (Voltaire 81, p.52-53).

[55] Cicéron, *De oratore*, II.xv.62. C'était la devise de Thou dans son *Histoire*.

[56] Locuste, la célèbre empoisonneuse qui fit mourir Claude et Britannicus, exécutée en 68.

[57] Plutarque, *De Herodoti malignitate*.

plus répréhensibles aujourd'hui ceux qui, sans avoir aucun des mérites d'Hérodote, imputent aux princes, aux nations, des actions odieuses; sans la plus légère apparence de preuve. La guerre de 1741 a été écrite en Angleterre. On trouve, dans cette *histoire*, qu'à la bataille de Fontenoy *les Français tirèrent sur les Anglais avec des balles empoisonnées et des morceaux de verre venimeux, et que le duc de Cumberland envoya au roi de France une boîte pleine de ces prétendus poisons trouvés dans les corps des Anglais blessés.*[58] Le même auteur ajoute que les Français ayant perdu quarante mille hommes à cette bataille, le parlement de Paris rendit un arrêt par lequel il était défendu d'en parler sous des peines corporelles.[59]

Des mémoires frauduleux, imprimés depuis peu, sont remplis de pareilles absurdités insolentes. On y trouve qu'au siège de Lille les alliés jetaient des billets dans la ville conçus en ces termes: *Français, consolez-vous, la Maintenon ne sera pas votre reine.*[60]

Presque chaque page est remplie d'impostures et de termes offensants contre la famille royale et contre les familles principales du royaume, sans alléguer la plus légère vraisemblance qui puisse donner la moindre couleur à ces mensonges. Ce n'est point écrire l'*histoire*, c'est écrire au hasard des calomnies.

On a imprimé en Hollande, sous le nom d'*histoire*, une foule de libelles, dont le style est aussi grossier que les injures, et les faits aussi faux qu'ils sont mal écrits. C'est, dit-on, un mauvais fruit de l'excellent arbre de la liberté. Mais si les malheureux auteurs de ces inepties ont eu la liberté de tromper les lecteurs, il faut user ici de la liberté de les détromper.

De la méthode, de la manière d'écrire l'histoire, et du style. On en a

---

[58] Paraphrase de Richard Rolt, *An impartial representation of the conduct of the several powers of Europe engaged in the late general war* (London 1749-1750), iii.572-73.

[59] Rolt, *An impartial representation*, iii.567. Rolt ne parle cependant que de 20.000 morts parmi les Français.

[60] La Beaumelle, *Mémoires pour servir à l'histoire de madame de Maintenon et à celle du siècle passé* (Amsterdam 1755-1756), iv.119, ou la deuxième édition de 1757 (BV, no.1794). Cf. la *Lettre à l'auteur des Honnêtetés littéraires sur les Mémoires de madame de Maintenon par La Beaumelle* (1767).

tant dit sur cette matière, qu'il faut ici en dire très peu. On sait
assez que la méthode et le style de Tite-Live, sa gravité, son
éloquence sage, conviennent à la majesté de la république ro-   555
maine; que Tacite est plus fait pour peindre des tyrans, Polybe
pour donner des leçons de la guerre, Denys d'Halycarnasse pour
développer les antiquités.

Mais en se modelant en général sur ces grands maîtres, on a
aujourd'hui un fardeau plus pesant que le leur à soutenir. On   560
exige des historiens modernes plus de détails, des faits plus
constatés, des dates précises, des autorités, plus d'attention aux
usages, aux lois, aux mœurs, au commerce, à la finance, à l'agriculture, à la population. Il en est de l'*histoire* comme des mathématiques et de la physique. La carrière s'est prodigieusement accrue.   565
Autant il est aisé de faire un recueil de gazettes, autant il est
difficile aujourd'hui d'écrire l'*histoire*.

On exige que l'*histoire* d'un pays étranger ne soit point jetée
dans le même moule que celle de votre patrie.

Si vous faites l'*histoire* de France, vous n'êtes pas obligé de   570
décrire le cours de la Seine et de la Loire; mais si vous donnez
au public les conquêtes des Portugais en Asie, on exige une
topographie des pays découverts. On veut que vous meniez votre
lecteur par la main le long de l'Afrique, et des côtes de la Perse
et de l'Inde; on attend de vous des instructions sur les mœurs, les   575
lois, les usages de ces nations nouvelles pour l'Europe.

Nous avons vingt *histoires* de l'établissement des Portugais
dans les Indes; mais aucune ne nous a fait connaître les divers
gouvernements de ce pays, ses religions, ses antiquités, les bra-
mes, les disciples de Jean, les guèbres, les banians. Cette réflexion   580
peut s'appliquer à presque toutes les *histoires* des pays étrangers.

Si vous n'avez autre chose à nous dire, sinon qu'un barbare a
succédé à un autre barbare sur les bords de l'Oxus et de l'Iaxarte,
en quoi êtes-vous utile au public?

La méthode convenable à l'*histoire* de votre pays n'est pas   585
propre à écrire les découvertes du nouveau monde. Vous n'écrirez
point sur une ville comme sur un grand empire; vous ne ferez

point la vie d'un particulier comme vous écrirez l'*histoire* d'Espagne ou d'Angleterre.

Ces règles sont assez connues. Mais l'art de bien écrire l'*histoire*   590 sera toujours très rare. On sait assez qu'il faut un style grave, pur, varié, agréable. Il en est des lois pour écrire l'*histoire* comme de celles de tous les arts de l'esprit; beaucoup de préceptes, et peu de grands artistes. *Cet article est de M. de Voltaire.*

IDOLE

Idole, idolâtre, idolâtrie;[1] *idole* vient du grec εἰδὸς, *figure*, εἰδõλος,[2] *représentation d'une figure*, λατρεύω, *servir, révérer, adorer*. Ce mot *adorer* est latin, et a beaucoup d'acceptions différentes; il signifie *porter la main à la bouche* en parlant avec respect; *se courber, se mettre à genoux, saluer*, et enfin communément *rendre un culte suprême*.

Il est utile de remarquer ici que le dictionnaire de Trévoux commence cet article par dire que tous les païens étaient *idolâtres*, et que les Indiens sont encore des peuples *idolâtres*:[3] premièrement, on n'appela personne païen avant Théodose le jeune; ce nom fut donné alors aux habitants des bourgs d'Italie, *pagorum incolae pagani*, qui conservèrent leur ancienne religion:[4] secondement, l'Indoustan est mahométan, et les mahométans sont les implaca-

---

[1] Article que Voltaire avait proposé en décembre 1756 (D7098*), et qu'il envoya à d'Alembert le 4 février 1757 (D7139*). Lorsque la publication de l'ouvrage fut suspendue, Voltaire réclama à plusieurs reprises, au printemps de 1758, les articles non parus, y compris 'Idole, idolâtrie' (D7585, D7618, D7625, D7631, D7639, D7676). Puis il se ravisa et renvoya l'article à d'Argental le 16 juin 1758 (D7757) et à Diderot le 26 juin (D7768). L'article parut enfin au tome VIII (1765) de l'*Encyclopédie*. Entre temps, il avait été inséré, en 1764, dans le *Dictionnaire philosophique* avec de légères variantes. Il fut aussi inclus en 1770 dans les *Questions sur l'Encyclopédie*. Par contre, un résumé de l'article forme le chapitre 30, 'De l'idolâtrie', de la *Philosophie de l'histoire* (Voltaire 59, p.187-90).

[2] Dans les éditions publiées de son vivant, Voltaire n'a jamais changé ce 'εἰδωλος', quoique l'abbé Antoine Guénée lui ait fait remarquer dans ses *Lettres de quelques juifs portugais* (Paris 1772), ii.367-68, que la forme correcte est 'εἰδωλον'.

[3] *Trévoux* (iv.1816) définit 'païen' comme un 'Idolâtre qui adore les faux Dieux de l'Antiquité'.

[4] Le *Codex theodosianus* (VII.xxi.2) nomme 'pagani' les habitants de la campagne; cf. Cicéron, *De domo sua*, xxviii.74. Le sens chrétien de 'païen' est apparu avec Tertullien (*De corona*, xi.4). Voir les carnets (Voltaire 81, p.113). Les 'côtes' sans idoles sont celles du Malabar où vivent des communautés chrétiennes fort anciennes, dites de saint Thomas.

bles ennemis des images et de l'*idolâtrie*: troisièmement, on ne doit point appeler *idolâtres* beaucoup de peuples de l'Inde qui sont de l'ancienne religion des Perses, ni certaines côtes qui n'ont point d'*idoles*. 15

S'il y a jamais eu un gouvernement idolâtre. Il paraît que jamais il n'y a eu aucun peuple sur la terre qui ait pris le nom d'*idolâtre*. Ce mot est une injure que les gentils, les polythéistes semblaient 20 mériter; mais il est bien certain que si on avait demandé au sénat de Rome, à l'aréopage d'Athènes, à la cour des rois de Perse, *êtes-vous idolâtres?* ils auraient à peine entendu cette question. Nul n'aurait répondu, nous adorons des images, des *idoles*. On ne trouve ce mot *idolâtre*, *idolâtrie*, ni dans Homère, ni dans Hésiode, 25 ni dans Hérodote,[5] ni dans aucun auteur de la religion des gentils. Il n'y a jamais eu aucun édit, aucune loi qui ordonnât qu'on adorât des *idoles*, qu'on les servît en dieux, qu'on les crût des dieux.

Quand les capitaines romains et carthaginois faisaient un traité, ils attestaient toutes les divinités; c'est en leur présence, disaient-30 ils, que nous jurons la paix: or les statues de tous ces dieux, dont le dénombrement était très long, n'étaient pas dans la tente des généraux; ils regardaient les dieux comme présents aux actions des hommes, comme témoins, comme juges, et ce n'était pas assurément le simulacre qui constituait la divinité. 35

De quel œil voyaient-ils donc les statues de leurs fausses divinités dans les temples? du même œil, s'il était permis de s'exprimer ainsi, que nous voyons les images des vrais objets de notre vénération. L'erreur n'était pas d'adorer un morceau de bois ou de marbre, mais d'adorer une fausse divinité représentée par 40 ce bois et par ce marbre. La différence entre eux et nous n'est pas qu'ils eussent des images, et que nous n'en ayons point; qu'ils aient fait des prières devant des images, et que nous n'en faisions

---

[5] Chez Homère (*Odyssée*, iv.791) et Hérodote (*Relation*, v.xcii.92) le mot εἴδωλον signifie 'image', 'portrait'. Le sens d'image d'un dieu apparaît dans Les Septante (IV Rois xvii.12, I Maccabées i.47), dans le Nouveau Testament (par exemple I Corinthiens xii.2) et chez les apologistes avec de nombreux dérivés.

point: la différence est que leurs images figuraient des êtres fantastiques dans une religion fausse, et que les nôtres figurent 45
des êtres réels dans une religion véritable.

Quand le consul Pline adresse ses prières aux dieux immortels, dans l'exorde du panégyrique de Trajan,[6] ce n'est pas à des images qu'il les adresse; ces images n'étaient pas immortelles.

Ni les derniers temps du paganisme, ni les plus reculés, n'offrent 50
pas un seul fait qui puisse faire conclure qu'on adorât réellement une *idole*. Homère ne parle que des dieux qui habitent le haut Olympe: le palladium, quoique tombé du ciel, n'était qu'un gage sacré de la protection de Pallas; c'était elle qu'on adorait dans le palladium. 55

Mais les Romains et les Grecs se mettaient à genoux devant des statues, leur donnaient des couronnes, de l'encens, des fleurs, les promenaient en triomphe dans les places publiques: nous avons sanctifié ces coutumes, et nous ne sommes point *idolâtres*.[7]

Les femmes en temps de sécheresse portaient les statues des 60
faux dieux après avoir jeûné. Elles marchaient pieds nus, les cheveux épars, et aussitôt il pleuvait à seaux, comme dit ironiquement Pétrone, *et statim urceatim pluebat.*[8] Nous avons consacré cet usage illégitime chez les gentils, et légitime parmi nous. Dans combien de villes ne porte-t-on pas nu-pieds les châsses des saints 65
pour obtenir les bontés de l'Etre suprême par leur intercession?

Si un Turc, un lettré chinois était témoin de ces cérémonies, il pourrait par ignorance nous accuser d'abord de mettre notre confiance dans les simulacres que nous promenons ainsi en procession; mais il suffirait d'un mot pour le détromper. 70

On est surpris du nombre prodigieux de déclamations débitées

[6] Pline le Jeune, *Panegyricus Traiani*, exorde, i.1: 'nihil providenter homines sine deorum immortalium ope, consilio, honore auspicarentur'.
[7] Dans cet alinéa et les suivants, Voltaire s'inspire des arguments et des exemples de Conyers Middleton qui, dans sa 'Letter from Rome', *Miscellaneous works* (London 1752), iii.61-132, compare les rites des païens et ceux des catholiques pour conclure à l'idolâtrie de ceux-ci. Il a lu et annoté la traduction française (Amsterdam 1744) qu'il possédait également (BV, no.2447-2448).
[8] Pétrone, *Satyricon*, XLIV.xviii.

contre l'*idolâtrie* des Romains et des Grecs; et ensuite on est plus surpris encore quand on voit qu'en effet ils n'étaient point *idolâtres*; que leur loi ne leur ordonnait point du tout de rapporter leur culte à des simulacres.

Il y avait des temples plus privilégiés que les autres; la grande Diane d'Ephèse avait plus de réputation qu'une Diane de village, que dans un autre de ses temples. La statue de Jupiter Olympien attirait plus d'offrandes que celle de Jupiter Paphlagonien. Mais puisqu'il faut toujours opposer ici les coutumes d'une religion vraie à celles d'une religion fausse, n'avons-nous pas eu depuis plusieurs siècles, plus de dévotion à certains autels qu'à d'autres? Ne serait-il pas ridicule de saisir ce prétexte pour nous accuser d'*idolâtrie*?

On n'avait imaginé qu'une seule Diane, un seul Apollon, et un seul Esculape; non pas autant d'Apollons, de Dianes, et d'Esculapes, qu'ils avaient de temples et de statues; il est donc prouvé autant qu'un point d'histoire peut l'être, que les anciens ne croyaient pas qu'une statue fût une divinité, que le culte ne pouvait être rapporté à cette statue, à cette *idole*, et que par conséquent les anciens n'étaient point *idolâtres*.

Une populace grossière et superstitieuse qui ne raisonnait point, qui ne savait ni douter, ni nier, ni croire, qui courait aux temples par oisiveté, et parce que les petits y sont égaux aux grands; qui portait son offrande par coutume, qui parlait continuellement de miracles sans en avoir examiné aucun, et qui n'était guère au-dessus des victimes qu'elle amenait; cette populace, dis-je, pouvait bien à la vue de la grande Diane, et de Jupiter tonnant, être frappée d'une horreur religieuse, et adorer sans le savoir la statue même. C'est ce qui est arrivé quelquefois dans nos temples à nos paysans grossiers; et on n'a pas manqué de les instruire que c'est aux bienheureux, aux immortels reçus dans le ciel, qu'ils doivent demander leur intercession, et non à des figures de bois et de pierre, et qu'ils ne doivent adorer que Dieu seul.

Les Grecs et les Romains augmentèrent le nombre de leurs dieux par des apothéoses; les Grecs divinisaient les conquérants, comme Bacchus, Hercule, Persée. Rome dressa des autels à ses

empereurs. Nos apothéoses sont d'un genre bien plus sublime; nous n'avons égard ni au rang, ni aux conquêtes. Nous avons élevé des temples à des hommes simplement vertueux qui seraient la plupart ignorés sur la terre, s'ils n'étaient placés dans le ciel. Les apothéoses des anciens sont faites par la flatterie; les nôtres par le respect pour la vertu. Mais ces anciennes apothéoses sont encore une preuve convaincante que les Grecs et les Romains n'étaient point *idolâtres*. Il est clair qu'ils n'admettaient pas plus une vertu divine dans la statue d'Auguste et de Claudius, que dans leurs médailles. Cicéron dans ses ouvrages philosophiques ne laisse pas soupçonner seulement qu'on puisse se méprendre aux statues des dieux, et les confondre avec les dieux mêmes. Ses interlocuteurs foudroient la religion établie; mais aucun d'eux n'imagine d'accuser les Romains de prendre du marbre et de l'airain pour des divinités.

Lucrèce ne reproche cette sottise à personne, lui qui reproche tout aux superstitieux: donc encore une fois, cette opinion n'existait pas, et l'erreur du polythéisme n'était pas erreur d'*idolâtrie*.[9]

Horace fait parler une statue de Priape: il lui fait dire: *j'étais autrefois un tronc de figuier; un charpentier ne sachant s'il ferait de moi un dieu ou un banc, se détermina enfin à me faire dieu*, etc.[10] Que conclure de cette plaisanterie? Priape était de ces petites divinités subalternes, abandonnées aux railleurs; et cette plaisanterie même est la preuve la plus forte que cette figure de Priape qu'on mettait dans les potagers pour effrayer les oiseaux, n'était pas fort révérée.

Dacier,[11] en digne commentateur, n'a pas manqué d'observer que Baruc avait prédit cette aventure, en disant, *ils ne seront que ce*

110

115

120

125

130

---

[9] Voltaire semble attacher beaucoup d'importance à cette argumentation. Dans ses carnets (Voltaire 82, p.627), on trouve en germe des arguments voisins de ceux de Middleton et développés ici.

[10] 'Olim truncus eram ficulnus, inutile lignum, / Cum fata, incertus scamnum faceretne Priapum, / Maluit esse deum' (Horace, *Sermones*, i.viii.1-3).

[11] *Œuvres d'Horace en latin et en françois, avec des remarques critiques et historiques par M. Dacier* (Amsterdam 1727; BV, no.1678), vi.325-27. André Dacier avait conclu de ces vers d'Horace que la statue de Priape était adorée pour elle-même.

que voudront les ouvriers;[12] mais il pouvait observer aussi qu'on en peut dire autant de toutes les statues: on peut d'un bloc de marbre tirer tout aussi bien une cuvette, qu'une figure d'Alexandre ou de Jupiter, ou de quelque chose de plus respectable. La matière dont étaient formés les chérubins du saint des saints, aurait pu servir également aux fonctions les plus viles. Un tronc, un autel en sont-ils moins révérés, parce que l'ouvrier en pouvait faire une table de cuisine?

Dacier au lieu de conclure que les Romains adoraient la statue de Priape, et que Baruc l'avait prédit, devait donc conclure que les Romains s'en moquaient. Consultez tous les auteurs qui parlent des statues de leurs dieux, vous n'en trouverez aucun qui parle d'*idolâtrie*; ils disent expressément le contraire: vous voyez dans Martial.

> *Qui finxit sacros auro vel marmore vultus,*
> *Non facit ille deos.*[13]

Dans Ovide.

> *Colitur pro Jove forma Jovis.*[14]

Dans Stace.

> *Nulla autem effigies nulli commissa metallo.*
> *Forma Dei montes habitare ac numina gaudet.*[15]

Dans Lucain.

> *Estne Dei nisi terra et pontus, et aer?*[16]

On ferait un volume de tous les passages qui déposent que des images n'étaient que des images.

Il n'y a que le cas où les statues rendaient des oracles, qui ait pu faire penser que ces statues avaient en elles quelque chose de divin; mais certainement l'opinion régnante était que les dieux

---

[12] Baruch VI.45.
[13] Martial, *Epigrammaton libri*, VIII.xxiv.5-6.
[14] Ovide, *Epistulae ex Ponto*, II.viii (à Cotta Maximus), 62.
[15] Stace, *Thebaïs*, XII.493.
[16] Lucain, *Pharsalia*, IX.578.

avaient choisi certains autels, certains simulacres, pour y venir résider quelquefois, pour y donner audience aux hommes, pour leur répondre. On ne voit dans Homère, et dans les chœurs des tragédies grecques, que des prières à Apollon, qui rend ses oracles sur les montagnes, en tel temple, en telle ville; il n'y a pas dans toute l'antiquité la moindre trace d'une prière adressée à une statue. 165

Ceux qui professaient la magie, qui la croyaient une science, ou qui feignaient de le croire, prétendaient avoir le secret de faire descendre les dieux dans les statues, non pas les grands dieux, mais les dieux secondaires, les génies. C'est ce que Mercure Trismégite appelait *faire des dieux*;[17] et c'est ce que St Augustin réfute dans sa Cité de Dieu;[18] mais cela même montre évidemment qu'on ne croyait pas que les simulacres eussent rien en eux de divin, puisqu'il fallait qu'un magicien les animât; et il me semble qu'il arrivait bien rarement qu'un magicien fût assez habile pour donner une âme à une statue pour la faire parler. 170 175

En un mot, les images des dieux n'étaient point des dieux; Jupiter et non pas son image lançait le tonnerre. Ce n'était pas la statue de Neptune qui soulevait les mers, ni celle d'Apollon qui donnait la lumière; les Grecs et les Romains étaient des gentils, des polythéistes, et n'étaient point des *idolâtres*. 180

Si les Perses, les Sabéens, les Egyptiens, les Tartares, les Turcs ont été 185 *idolâtres, et de quelle antiquité est l'origine des simulacres appelés idoles; histoire abrégée de leur culte.* C'est un abus des termes d'appeler *idolâtres* les peuples qui rendirent un culte au soleil et aux étoiles. Ces nations n'eurent longtemps ni simulacres, ni temples; si elles se trompèrent, c'est en rendant aux astres ce qu'elles devaient au créateur des astres: encore les dogmes de Zoroastre, ou Zardust, recueillis dans le Sadder,[19] enseignent-ils un être suprême vengeur 190

---

[17] Hermès Trismégiste, *Asclépius*, XXXVII, *Corpus hermeticum*, éd. A. D. Nock (Paris 1945-1954), ii.347.

[18] Saint Augustin, *Civitas Dei*, VIII.xxiii-xxvi.

[19] Voltaire connaît le *Sadder* surtout par l'ouvrage de Thomas Hyde, *Veterum Persarum et Parthorum et Medorum religionis historia* (Oxonii 1760; BV, no.1705) qui en contient une traduction latine. Il a d'ailleurs toujours cru au monothéisme

et rémunérateur; et cela est bien loin de l'*idolâtrie*. Le gouvernement de la Chine n'a jamais eu aucune idole; il a toujours conservé
le culte simple du maître du ciel *Kingtien*, en tolérant les pagodes   19
du peuple. Gengis-Kan chez les Tartares n'était point *idolâtre*, et
n'avait aucun simulacre; les musulmans qui remplissent la Grèce,
l'Asie mineure, la Syrie, la Perse, l'Inde, et l'Afrique, appellent
les chrétiens *idolâtres*, *giaour*, parce qu'ils croient que les chrétiens
rendent un culte aux images. Ils brisèrent toutes les statues qu'ils   20
trouvèrent à Constantinople dans Sainte-Sophie, dans l'église des
saints Apôtres, et dans d'autres qu'ils convertirent en mosquées.
L'apparence les trompa comme elle trompe toujours les hommes;
elle leur fit croire que des temples dédiés à des saints qui avaient
été hommes autrefois, des images de ces saints révérées à genoux,   20
des miracles opérés dans ces temples, étaient des preuves invinci-
bles de l'*idolâtrie* la plus complète; cependant il n'en est rien. Les
chrétiens n'adorent en effet qu'un seul Dieu, et ne révèrent dans
les bienheureux que la vertu même de Dieu qui agit dans ses
saints. Les iconoclastes, et les protestants ont fait le même repro-   21
che d'*idolâtrie* à l'Eglise; et on leur a fait la même réponse.

Comme les hommes ont eu très rarement des idées précises,
et ont encore moins exprimé leurs idées par des mots précis, et
sans équivoque, nous appelâmes du nom d'*idolâtres* les gentils, et
surtout les polythéistes. On a écrit des volumes immenses; on a   21
débité des sentiments différents sur l'origine de ce culte rendu à
Dieu, ou à plusieurs dieux, sous des figures sensibles: cette
multitude de livres et d'opinions ne prouve que l'ignorance.

On ne sait pas qui inventa les habits et les chaussures, et on
veut savoir qui le premier inventa les *idoles*! Qu'importe un   22
passage de *Sanconiaton* qui vivait avant la guerre de Troie? Que

des peuples anciens, à la suite de commentateurs aussi divers que Pierre Bayle,
article 'Zoroastre', note G; A. M. Ramsay, 'Discours sur la mythologie', à la
suite des *Voyages de Cyrus* (Paris 1727; BV, no.2870, éd. de 1763); l'abbé Antoine
Banier, *La Mythologie et les fables expliquées par l'histoire* (Paris 1738-1740; BV,
no.257, vol.3); voir René Pomeau, *La Religion de Voltaire* (Paris 1969), p.161-
62; Francis J. Carmody, 'Voltaire et la renaissance indo-iranienne', *Studies* 24
(1963), p.345-54.

nous apprend-il, quand il dit que le chaos, l'esprit, c'est-à-dire le souffle, amoureux de ses principes, en tira le limon, qu'il rendit l'air lumineux, que le vent Colp, et sa femme Baü engendrèrent Eon, et qu'Eon engendra Jenos? que Cronos leur descendant avait deux yeux par derrière, comme par devant, qu'il devint dieu, et qu'il donna l'Egypte à son fils Taut;[20] voilà un des plus respectables monuments de l'antiquité.

Orphée, antérieur à Sanconiaton, ne nous en apprendra pas davantage dans sa théogonie, que Damascius nous a conservée; il représente le principe du monde sous la figure d'un dragon à deux têtes, l'une de taureau, l'autre de lion, un visage au milieu qu'il appelle *visage-dieu*, et des ailes dorées aux épaules.[21]

Mais vous pouvez de ces idées bizarres tirer deux grandes vérités; l'une que les images sensibles et les hiéroglyphes sont de l'antiquité la plus haute; l'autre que tous les anciens philosophes ont reconnu un premier principe.

Quant au polythéisme, le bon sens vous dira que dès qu'il y a eu des hommes, c'est-à-dire des animaux faibles, capables de raison, sujets à tous les accidents, à la maladie et à la mort, ces hommes ont senti leur faiblesse et leur dépendance; ils ont reconnu aisément qu'il est quelque chose de plus puissant qu'eux. Ils ont senti une force dans la terre qui produit leurs aliments; une dans l'air qui souvent les détruit; une dans le feu qui consume, et dans l'eau qui submerge. Quoi de plus naturel dans des hommes ignorants, que d'imaginer des êtres qui président à ces éléments!

225

230

235

240

245

---

[20] Résumé de Sanchoniathon, cité par Eusèbe, *Praeparatio evangelica*, i.x. Voltaire connaissait les ouvrages de Richard Cumberland, *Sanchoniatho's Phoenician history* (London 1720; BV, no.921), voir p.1-2, 23-24, 39; et de William Warburton, *The Divine legation of Moses* (London 1755; BV, no.3826), i.168-70, d'où il a tiré ce résumé simplifié; cf. Voltaire 82, p.485.

[21] Otto Kern, éd., *Orphicorum fragmenta* (Berlin 1922), p.54-59. Sur les différentes versions de la théogonie d'Orphée, voir William Keith Chambers Guthrie, *Orpheus and Greek religion* (London 1935), p.78-130. Voltaire cite trois fois des extraits d'Orphée dans ses carnets (Voltaire 81, p.184; 82, p.488, 529) par l'intermédiaire de saint Justin dont il a annoté les *Opera* (Venetiis 1747; BV, no.1768).

Quoi de plus naturel que de révérer la force invisible qui faisait luire aux yeux le soleil et les étoiles? Et dès qu'on voulut se former une idée de ces puissances supérieures à l'homme, quoi de plus naturel encore que de les figurer d'une manière sensible? La religion juive qui précéda la nôtre, et qui fut donnée par Dieu même, était toute remplie de ces images sous lesquelles Dieu est représenté. Il daigne parler dans un buisson le langage humain; il paraît sur une montagne.[22] Les esprits célestes qu'il envoie, viennent tous avec une forme humaine;[23] enfin, le sanctuaire est rempli de chérubins, qui sont des corps d'hommes avec des ailes et des têtes d'animaux;[24] c'est ce qui a donné lieu à l'erreur grossière de Plutarque, de Tacite, d'Appion,[25] et de tant d'autres, de reprocher aux Juifs d'adorer une tête d'âne. Dieu, malgré sa défense de peindre et de sculpter aucune figure, a donc daigné se proportionner à la faiblesse humaine, qui demandait qu'on parlât aux sens par des images.

Isaïe dans le *chap. VI* voit le Seigneur assis sur un trône, et le bas de sa robe qui remplit le temple. Le Seigneur étend sa main et touche la bouche de Jérémie au *chap. I* de ce prophète. Ezéchiel au *chap. III*[26] voit un trône de saphir, et Dieu lui paraît comme un homme assis sur ce trône. Ces images n'altèrent point la pureté de la religion juive, qui jamais n'employa les tableaux, les statues, les *idoles*, pour représenter Dieu aux yeux du peuple.

Les lettrés chinois, les Perses, les anciens Egyptiens n'eurent point d'*idoles*; mais bientôt Isis et Osiris furent figurés: bientôt Bel à Babylone fut un gros colosse; Brama fut un monstre bizarre dans la presqu'île de l'Inde. Les Grecs surtout multiplièrent les noms des dieux, les statues et les temples; mais en attribuant toujours la suprême puissance à leur *Zeus*, nommé par les Latins

---

[22] Exode iii.4-iv.17; xix.3-24.
[23] Voir 'Ange' (DP et QE).
[24] III Rois vi.23-29; il s'agit du temple de Salomon.
[25] Plutarque, *Symposium*, IV.v.2-3; Tacite, *Historiae*, v.iv; Apion, cité par Flavius Josèphe dans son *Contra Apionem*, II.vii.
[26] Plutôt Ezéchiel i.26.

Jupiter, maître des dieux et des hommes. Les Romains imitèrent les Grecs: ces peuples placèrent toujours tous les dieux dans le ciel sans savoir ce qu'ils entendaient par le ciel et par leur olympe. Il n'y avait pas d'apparence que ces êtres supérieurs habitassent dans les nuées qui ne sont que de l'eau. On en avait placé d'abord 280 sept dans les sept planètes, parmi lesquelles on comptait le soleil; mais depuis, la demeure ordinaire de tous les dieux fut l'étendue du ciel.

Les Romains eurent leurs douze grands dieux, six mâles et six femelles, qu'ils nommèrent *dii majorum gentium*; Jupiter, Neptune, 285 Apollon, Vulcain, Mars, Mercure, Junon, Vesta, Minerve, Cérès, Vénus, Diane. Pluton fut alors oublié; Vesta prit sa place.

Ensuite venaient les dieux *minorum gentium*, les dieux indigètes, les héros, comme Bacchus, Hercule, Esculape; les dieux infernaux, Pluton, Proserpine; ceux de la mer, comme Thétis, Amphitrite, 290 les Néréïdes, Glaucus; puis les Driades, les Naïades, les dieux des jardins, ceux des bergers. Il y en avait pour chaque profession, pour chaque action de la vie, pour les enfants, pour les filles nubiles, pour les mariées, pour les accouchées; on eut le dieu Pet. On divinisa enfin les empereurs: ni ces empereurs, ni le dieu Pet, 295 ni la déesse Pertunda, ni Priape, ni Rumilia la déesse des tétons, ni Stercutius le dieu de la garde-robe,[27] ne furent à la vérité

---

[27] Le dieu Crepitus (cf. *La Philosophie de l'histoire*, ch.22; Voltaire 59, p.168) est cité par l'*Encyclopédie* (xii.459) et par Caylus dans son *Recueil d'antiquités* (Paris 1752-1767), vi, planche 9. Bien que ce nom ne figure pas chez les mythographes, il est attesté à la suite de Desmolets par A. Banier dans *La Mythologie et les fables*, i.186, ii.597. Pertunda, déesse des accouchements, est entre autres citée par saint Augustin (*Civitas Dei*, vi.9), et Voltaire a noté son nom (Voltaire 82, p.451). Rumilia, déesse de l'allaitement, est citée par entre autres Varron (*Rerum rusticarum*, II.xi.5) et saint Augustin (*Civitas Dei*, iv.11). Stercutius [Stercès] pour Stercul[i]us (cf. Voltaire 59, p.168) est un ancien roi du Latium identifié avec Saturne, inventeur de l'art de fumer la terre. Il est cité entre autres par Macrobe (*Saturnalia*, I.vii.25), Tertullien (*Apologeticus*, xxv), Prudence (*Peristephanon*, ii.450) et Pline (*Historia naturalis*, XVII.(vi).50). On trouve plusieurs listes de ces divinités dans saint Augustin, *Civitas Dei*, iv.8, 11, 16, 23-24, vi.9, vii.3. Cf. également l'article 'Dieux' dans *Le Grand dictionnaire* de L. Moréri (Paris 1759), iv.163 (BV, no.2523, éd. 1740).

197

regardés comme les maîtres du ciel et de la terre. Les empereurs eurent quelquefois des temples; les petits dieux pénates n'en eurent point; mais tous eurent leur figure, leur *idole*.

C'étaient de petits magots dont on ornait son cabinet; c'étaient les amusements des vieilles femmes et des enfants, qui n'étaient autorisés par aucun culte public. On laissait agir à son gré la superstition de chaque particulier: on retrouve encore ces petites *idoles* dans les ruines des anciennes villes.

Si personne ne sait quand les hommes commencèrent à se faire des *idoles*, on sait qu'elles sont de l'antiquité la plus haute; Tharé père d'Abraham en faisait à Ur en Chaldée:[28] Rachel déroba et emporta les *idoles* de son beau-père Laban;[29] on ne peut remonter plus haut.

Mais quelle notion précise avaient les anciennes nations de tous ces simulacres? Quelle vertu, quelle puissance leur attribuait-on? Croira-t-on que les dieux descendaient du ciel pour venir se cacher dans ces statues? ou qu'ils leur communiquaient une partie de l'esprit divin? ou qu'ils ne leur communiquaient rien du tout? C'est encore sur quoi on a très inutilement écrit;[30] il est clair que chaque homme en jugeait selon le degré de sa raison, ou de sa crédulité, ou de son fanatisme. Il est évident que les prêtres attachaient le plus de divinité qu'ils pouvaient à leurs statues, pour s'attirer plus d'offrandes; on sait que les philosophes détes-taient ces superstitions; que les guerriers s'en moquaient; que les magistrats les toléraient, et que le peuple toujours absurde ne

[28] Selon les légendes juives conservées dans les *midraschim*. Cf. Louis Ginzberg, *The Legends of the Jews* (Philadelphia 1909), i.209-15. Josué xxiv.2 dit seulement que Terah était alors idolâtre. Terah, père d'Abraham, Nahor et Harân, selon le Sefer Hayacher, était officier. Selon Rachi, Abraham détruisit les idoles paternelles et fut sauvé de la fournaise ardente où le roi Nimrod l'avait jeté. Voir *La Voix de la Torah*, éd. E. Munk (Paris 1981), i.117. A Ur régnait Nounar, le dieu-lune, lui-même à la tête d'un peuple innombrable de divinités. Voir Genèse xi.24-28, 31-32, et Josué xxiv.2.

[29] Genèse xxxi.19.

[30] Voltaire pense sans doute à l'abbé Banier, *La Mythologie et les fables*, qui revient à plusieurs reprises sur ces questions, aussi bien qu'à Moréri, dont l'article 'Idoles' est mentionné plus bas.

savait ce qu'il faisait: c'est en peu de mots l'histoire de toutes les nations à qui Dieu ne s'est pas fait connaître.

On peut se faire la même idée du culte que toute l'Egypte 325 rendit à un bœuf, et que plusieurs villes rendirent à un chien, à un singe, à un chat, à des oignons. Il y a grande apparence que ce furent d'abord des emblèmes: ensuite un certain bœuf Apis, un certain chien nommé *Anubis*, furent adorés.[31] On mangea toujours du bœuf et des oignons; mais il est difficile de savoir ce 330 que pensaient les vieilles femmes d'Egypte, des oignons sacrés et des bœufs.

Les *idoles* parlaient assez souvent: on faisait commémoration à Rome le jour de la fête de Cybèle, des belles paroles que la statue avait prononcées lorsqu'on en fit la translation du palais du roi 335 Attale:

> *Ipsa peti volui, ne sit mora, mitte volentem*
> *Dignus Roma locus quo deus omnis eat.*[32]

'J'ai voulu qu'on m'enlevât, emmenez-moi vite; Rome est digne que tout dieu s'y établisse'. 340

La statue de la fortune avait parlé; les Scipions, les Cicérons, les Césars à la vérité n'en croyaient rien; mais la vieille à qui Encolpe donna un écu pour acheter des oies et des dieux,[33] pouvait fort bien le croire.

Les *idoles* rendaient aussi des oracles, et les prêtres cachés dans 345 le creux des statues parlaient au nom de la divinité.

---

[31] Distinction qui remonte à Eusèbe selon lequel les animaux adorés par les Egyptiens furent d'abord des symboles que le peuple prit ensuite pour des dieux (*Praeparatio evangelica*, ii.2). Au dix-huitième siècle les commentateurs, orthodoxes ou non, s'accordent là-dessus, entre autres Matthew Tindal, *Christianity as old as creation* (London 1730; BV, no.3302), p.153, Nicolas Lenglet Du Fresnoy, *Méthode pour étudier l'histoire* (Paris 1729; BV, no.2038), i.38-39 et *Supplément à la Méthode pour étudier l'histoire* (Paris 1741), p.64, 121, Andrew Michael Ramsay, 'Discours sur la mythologie', *Voyages de Cyrus* (Paris 1727), A. Banier, *La Mythologie et les fables*, i.503-15.
Anubis à tête de chacal, était le dieu des morts et le conducteur des âmes.
[32] Ovide, *Fasti*, iv.269-270.
[33] Pétrone, *Satyricon*, cxxxvii.6.

Comment, au milieu de tant de dieux, et de tant de théogonies différentes et de cultes particuliers, n'y eut-il jamais de guerre de religion chez les peuples nommés *idolâtres*? Cette paix fut un bien qui naquit d'un mal, de l'erreur même: car chaque nation 350 reconnaissant plusieurs dieux inférieurs, trouvait bon que ses voisins eussent aussi les leurs. Si vous exceptez Cambise, à qui on reproche d'avoir tué le bœuf Apis,[34] on ne voit dans l'histoire profane aucun conquérant qui ait maltraité les dieux d'un peuple vaincu. Les gentils n'avaient aucune religion exclusive; et les 355 prêtres ne songeaient qu'à multiplier les offrandes et les sacrifices.

Les premières offrandes furent des fruits; bientôt après il fallut des animaux pour la table des prêtres; ils les égorgeaient eux-mêmes; ils devinrent bouchers et cruels: enfin, ils introduisirent l'usage horrible de sacrifier des victimes humaines, et surtout des 360 enfants et des jeunes filles. Jamais les Chinois, ni les Perses, ni les Indiens, ne furent coupables de ces abominations; mais à Héliopolis en Egypte, au rapport de Porphire,[35] on immola des hommes. Dans la Tauride on sacrifiait les étrangers: heureusement les prêtres de la Tauride ne devaient pas avoir beaucoup de 365 pratiques. Les premiers Grecs, les Cipriots, les Phéniciens, les Tyriens, les Carthaginois, eurent cette superstition abominable. Les Romains eux-mêmes tombèrent dans ce crime de religion; et Plutarque rapporte qu'ils immolèrent deux Grecs et deux Gaulois, pour expier les galanteries de trois vestales.[36] Procope, contempo- 370 rain du roi des Francs Théodebert, dit que les Francs immolèrent des hommes quand ils entrèrent en Italie avec ce prince:[37] les Gaulois, les Germains, faisaient communément de ces affreux sacrifices.[38]

[34] Hérodote, *Histoire*, III.xxix.
[35] *De l'abstinence*, II.lv, qui réfère à Manéthon au sujet des sacrifices humains à Héliopolis. D'après une note des carnets (Voltaire 82, p.588-89), cet exemple de même que ceux qui sont mentionnés à l'alinéa suivant sont tirés de l'abbé A. Banier, *La Mythologie et les fables*, i.242-43; voir aussi Voltaire 81, p.176.
[36] Plutarque, 'Questiones romanae', *Moralia*, 283 f.
[37] Procope, *Historia bellorum Justiniani*, VI.xxv.9-10.
[38] César, *De bello gallico*, VI.xvi; Diodore de Sicile, *Historia universalis*, V.xx.

On ne peut guère lire l'histoire, sans concevoir de l'horreur 375
pour le genre humain. Il est vrai que chez les Juifs Jephté sacrifia
sa fille, et que Saül fut prêt d'immoler son fils.[39] Il est vrai que
ceux qui étaient voués au Seigneur par anathème, ne pouvaient
être rachetés, ainsi qu'on rachetait les bêtes, et qu'il fallait qu'ils
périssent:[40] mais Dieu qui a créé les hommes, peut leur ôter la 380
vie quand il veut, et comme il veut: et ce n'est pas aux hommes
à se mettre à la place du maître de la vie et de la mort, et à usurper
les droits de l'Etre suprême.

Pour consoler le genre humain de l'horrible tableau de ces
pieux sacrilèges, il est important de savoir que chez presque toutes 385
les nations nommées *idolâtres*, il y avait la théologie sacrée, et
l'erreur populaire; le culte secret, et les cérémonies publiques; la
religion des sages, et celle du vulgaire. On n'enseignait qu'un
seul Dieu aux initiés dans les mystères;[41] il n'y a qu'à jeter les
yeux sur l'hymne attribué à Orphée, qu'on chantait dans les 390
mystères de Cérès Eleusine, si célèbres en Europe et en Asie.

[39] Juges xi.39; I Rois xiv.38-39.
[40] Lévitique xxvii.28-29. Idée que développe Voltaire à plusieurs reprises,
notamment à l'article 'Jephté' (DP et QE), au chapitre 36 de la *Philosophie de
l'histoire*, dans le *Sermon des cinquante*, *Un chrétien contre six juifs*, *La Bible enfin
expliquée*. Il suit alors l'argument de Matthew Tindal, *Christianity as old as creation*
(p.86-89), qui dresse une liste des sacrifices humains, y inclus celui de la fille
de Jephté, et cite le Lévitique sur l'impossibilité de racheter ceux qui ont été
voués au Seigneur. L'abbé Guénée, (*Lettres*, ii.77-102), reprochera plus tard à
Voltaire de trancher bien légèrement une question sur laquelle la plupart des
commentateurs bibliques, Grotius, Le Clerc, Marsham, Vatable, etc., hésitent
encore. Seul Calmet, dans son *Commentaire littéral* sur l'Ancien Testament (Paris
1724), ii.243, croit en un sacrifice véritable. Mais c'est à Calmet que Voltaire se
réfère à l'article 'Jephté' (QE), tout en altérant d'ailleurs le sens de son texte.
Voir Arnold Ages, 'Voltaire, Calmet, and the Old Testament', *Studies* 41 (1966),
p.162.
[41] Idée tirée de Warburton, *The Divine legation*, i.154-57, où se trouve aussi
(i.177) la citation de l'hymne attribué à Orphée donnée plus bas. Mais Voltaire
a transformé la suggestion de Warburton que l'hymne avait pu être chanté dans
les mystères d'Eleusis en affirmation qu'il l'avait été, ce que lui reproche
Warburton dans une note de l'édition de 1765 du *Divine legation* (i.234). Voir
là-dessus J. H. Brumfitt, 'Voltaire and Warburton', *Studies* 18 (1961), p.42, 49-
50. Voir ci-dessus, p.195, n.21.

'Contemple la nature divine, illumine ton esprit, gouverne ton cœur, marche dans la voie de la justice; que le Dieu du ciel et de la terre soit toujours présent à tes yeux. Il est unique, il existe seul par lui-même; tous les êtres tiennent de lui leur existence; il les soutient tous; il n'a jamais été vu des yeux mortels, et il voit toutes choses'.

Qu'on lise encore ce passage du philosophe Maxime de Madaure, dans sa lettre à saint Augustin.[42] 'Quel homme est assez grossier, assez stupide, pour douter qu'il soit un Dieu suprême, éternel, infini, qui n'a rien engendré de semblable à lui-même, et qui est le père commun de toutes choses'. Il y a mille témoignages que les sages abhorraient non seulement l'*idolâtrie*, mais encore le polythéisme.

Epictète, ce modèle de résignation et de patience, cet homme si grand dans une condition si basse, ne parle jamais que d'un seul Dieu: voici une de ses maximes. 'Dieu m'a créé, Dieu est au-dedans de moi; je le porte partout; pourrais-je le souiller par des pensées obscènes, par des actions injustes, par d'infâmes désirs? Mon devoir est de remercier Dieu de tout, de le louer de tout, et de ne cesser de le bénir qu'en cessant de vivre'.[43] Toutes les idées d'Epictète roulent sur ce principe.

Marc-Aurèle, aussi grand peut-être sur le trône de l'empire romain qu'Epictète dans l'esclavage, parle souvent à la vérité des dieux, soit pour se conformer au langage reçu, soit pour exprimer des êtres mitoyens entre l'Etre suprême et les hommes. Mais en combien d'endroits ne fait-il pas voir qu'il ne reconnaît qu'un Dieu éternel, infini? *Notre âme*, dit-il, *est une émanation de la divinité; mes enfants, mon corps, mes esprits me viennent de Dieu*.[44]

Les stoïciens, les platoniciens admettaient une nature divine et

---

[42] *Les Lettres de S. Augustin* (Paris 1684; BV, no.219), i.16. Voir Migne, *Patrologia latina*, xxxiii.82.

[43] Epictète, *Dissertations*, II.xii-xiv. Voltaire a utilisé le *Manuel* (Paris 1715; BV, no.1225).

[44] Marc Aurèle, *Meditationes*, XII.xxvi. Voltaire a utilisé ses *Réflexions morales* (Paris 1691; BV, no.2312), et l'a cité dans ses carnets (Voltaire 81, p.400).

universelle; les épicuriens la niaient; les pontifes ne parlaient que d'un seul Dieu dans les mystères; où étaient donc les *idolâtres?*

Au reste, c'est une des grandes erreurs du dictionnaire de Moréri,[45] de dire que du temps de Théodose le jeune, il ne resta plus d'*idolâtres* que dans les pays reculés de l'Asie et de l'Afrique. 425
Il y avait dans l'Italie beaucoup de peuples encore gentils, même au septième siècle: le nord de l'Allemagne depuis le Vezer n'était pas chrétien du temps de Charlemagne; la Pologne et tout le Septentrion restèrent longtemps après lui dans ce qu'on appelle *idolâtrie*: la moitié de l'Afrique, tous les royaumes au-delà du 430
Gange, le Japon, la populace de la Chine, cent hordes de Tartares ont conservé leur ancien culte. Il n'y a plus en Europe que quelques Lapons, quelques Samoïedes, quelques Tartares, qui aient persévéré dans la religion de leurs ancêtres. *Article de M. de Voltaire. Voyez* ORACLES, RELIGION, SUPERSTITION, SACRIFICES, 435
TEMPLES.[46]

---

[45] L. Moréri, *Le Grand dictionnaire*, article 'Idoles' (vi.230-35); cf. ci-dessus, p.197, n.27.
[46] Les différents articles sur les oracles (xi.531-47), les sacrifices (xiv.478-84), les temples (xvi.61-85), les articles 'Religion' (xiv.78-88) et 'Superstition' (xv.669-79) sont tous de Jaucourt.

IMAGINATION

IMAGINATION, IMAGINER,[1] (*Logique, Métaphys. Littérat. et Beaux-Arts.*) c'est le pouvoir que chaque être sensible éprouve en soi de se représenter dans son esprit les choses sensibles; cette faculté dépend de la mémoire. On voit des hommes, des animaux, des jardins; ces perceptions entrent par les sens, la mémoire les retient, l'*imagination* les compose; voilà pourquoi les anciens Grecs appelèrent les Muses *filles de Mémoire*.

Il est très essentiel de remarquer que ces facultés de recevoir des idées, de les retenir, de les composer, sont au rang des choses dont nous ne pouvons rendre aucune raison; ces ressorts invisibles de notre être sont dans la main de l'Etre suprême qui nous a faits, et non dans la nôtre.

Peut-être ce don de Dieu, l'*imagination*, est-il le seul instrument avec lequel nous composons des idées, et même les plus métaphysiques.

Vous prononcez le mot de *triangle*, mais vous ne prononcez qu'un son si vous ne vous représentez pas l'image d'un triangle quelconque; vous n'avez certainement eu l'idée d'un triangle que parce que vous en avez vu si vous avez des yeux, ou touché si vous êtes aveugle. Vous ne pouvez penser au triangle en général

1-2 NM: De l'imagination. C'est le pouvoir que chaque être sensible sent en soi

3 NM: dans son cerveau les

3-4 NM: faculté est dépendante de

9 NM: est au rang

11-12 NM: la main de la nature et non de la nôtre.

[1] Article demandé par d'Alembert le 13 décembre 1756 (D7079) et que Voltaire s'était déjà déclaré disposé à écrire le 29 novembre (D7067). L'article ne parut qu'en 1765 de même que dans les *Nouveaux mélanges*, tome III. Voltaire a repris le sujet dans les *Questions sur l'Encyclopédie* en modifiant son texte de fond en comble.

si votre *imagination* ne se figure, au moins confusément, quelque triangle particulier. Vous calculez; mais il faut que vous vous représentiez des unités redoublées, sans quoi il n'y a que votre main qui opère.

Vous prononcez les termes abstraits, *grandeur, vérité, justice, fini, infini*; mais ce mot *grandeur* est-il autre chose qu'un mouvement de votre langue qui frappe l'air, si vous n'avez pas l'image de quelque grandeur? Que veulent dire ces mots *vérité, mensonge*, si vous n'avez pas aperçu par vos sens que telle chose qu'on vous avait dit existait en effet, et que telle autre n'existait pas? et de cette expérience ne composez-vous pas l'idée générale de vérité et de mensonge? et quand on vous demande ce que vous entendez par ces mots, pouvez-vous vous empêcher de vous figurer quelque image sensible, qui vous fait souvenir qu'on vous a dit quelquefois ce qui était, et fort souvent ce qui n'était pas?

Avez-vous la notion de juste et d'injuste autrement que par des actions qui vous ont paru telles? Vous avez commencé dans votre enfance par apprendre à lire sous un maître; vous aviez envie de bien épeler, et vous avez mal épelé. Votre maître vous a battu, cela vous a paru très injuste; vous avez vu le salaire refusé à un ouvrier, et cent autres choses pareilles. L'idée abstraite du juste et de l'injuste est-elle autre chose que ces faits confusément mêlés dans votre *imagination*?

Le fini est-il dans votre esprit autre chose que l'image de quelque mesure bornée? L'infini est-il autre chose que l'image de cette même mesure que vous prolongez sans fin?

Toutes ces opérations ne se font-elles pas dans vous à peu près de la même manière que vous lisez un livre? vous y lisez les choses, et vous ne vous occupez pas des caractères de l'alphabet, sans lesquels pourtant vous n'auriez aucune notion de ces choses. Faites-y un moment d'attention, et alors vous apercevrez ces caractères sur lesquels glissait votre vue; ainsi tous vos raisonnements, toutes vos connaissances, sont fondées sur des images

25

30

35

40

45

50

35   NM: n'était point?
46   NM: prolongez sans trouver fin?

tracées dans votre cerveau: vous ne vous en apercevez pas; mais arrêtez-vous un moment pour y songer, et alors vous voyez que ces images sont la base de toutes vos notions; c'est au lecteur à peser cette idée, à l'étendre, à la rectifier. 5

Le célèbre Adisson dans ses onze essais sur l'*imagination*, dont il a enrichi les feuilles du Spectateur,[2] dit d'abord que le sens de la vue est celui qui fournit seul les idées à l'*imagination*; cependant, il faut avouer que les autres sens y contribuent aussi. Un aveugle-né entend dans son *imagination* l'harmonie qui ne frappe plus son oreille; il est à table en songe; les objets qui ont résisté ou cédé à ses mains, font encore le même effet dans sa tête: il est vrai que le sens de la vue fournit seul les images; et comme c'est un espèce de toucher qui s'étend jusqu'aux étoiles, son immense étendue enrichit plus l'*imagination* que tous les autres sens ensemble.[3] 60

Il y a deux sortes d'*imagination*, l'une qui consiste à retenir une simple impression des objets; l'autre qui arrange ces images reçues, et les combine en mille manières. La première a été appelée *imagination passive*, la seconde *active*; la passive ne va pas beaucoup au-delà de la mémoire, elle est commune aux hommes et aux animaux; de là vient que le chasseur et son chien poursuivent également des bêtes dans leurs rêves, qu'ils entendent également le bruit des cors; que l'un crie, et que l'autre jappe en dormant. Les hommes et les bêtes font alors plus que se ressouvenir, car les songes ne sont jamais des images fidèles; cette espèce d'*imagination* compose les objets, mais ce n'est point en elle l'entendement qui agit, c'est la mémoire qui se méprend.[4] 70

75 NM: et l'autre

[2] J. Addison, *The Spectator*. Annoncés dans le n° 409 (19 juin 1712), les essais vont du n° 411 (21 juin) au n° 421 (3 juillet), avec un complément tardif dans le n° 472 (1er septembre).

[3] 'Sight [...] fills the Mind with the largest Variety of Ideas' (J. Addison, *The Spectator*, n° 411; éd. Donald F. Bond, Oxford 1965, iii.535). Le paragraphe entier s'inspire de ce propos.

[4] Voir les carnets: 'Les rêves sont les intermèdes de la comédie que joue la raison humaine. Alors l'imagination se trouvant seule fait la parodie de la pièce que la raison jouoit pendant le jour' (Voltaire 81, p.396).

Cette *imagination passive* n'a pas certainement besoin du secours   80
de notre volonté, ni dans le sommeil, ni dans la veille; elle se
peint malgré nous ce que nos yeux ont vu, elle entend ce que
nous avons entendu, et touche ce que nous avons touché; elle y
ajoute, elle en diminue: c'est un sens intérieur qui agit avec
empire; aussi rien n'est-il plus commun que d'entendre dire, *on*   85
n'est pas le maître de son imagination.[5]

C'est ici qu'on doit s'étonner et se convaincre de son peu de
pouvoir. D'où vient qu'on fait quelquefois en songe des discours
suivis et éloquents, des vers meilleurs qu'on n'en ferait sur le
même sujet étant éveillé? que l'on résoud même des problèmes   90
de mathématiques? voilà certainement des idées très combinées,
qui ne dépendent de nous en aucune manière. Or, s'il est incontestable que des idées suivies se forment en nous, malgré nous,
pendant notre sommeil, qui nous assurera qu'elles ne sont pas
produites de même dans la veille? est-il un homme qui prévoie   95
l'idée qu'il aura dans une minute? ne paraît-il pas qu'elles nous
sont données comme les mouvements de nos membres? et si le
père Mallebranche s'en était tenu à dire que toutes les idées sont
données de Dieu, aurait-on pu le combattre?

Cette faculté passive, indépendante de la réflexion, est la source   100
de nos passions et de nos erreurs. Loin de dépendre de la volonté,
elle la détermine, elle nous pousse vers les objets qu'elle peint,
ou nous en détourne, selon la manière dont elle les représente.
L'image d'un danger inspire la crainte; celle d'un bien donne des
désirs violents: elle seule produit l'enthousiasme de gloire, de   105
parti, de fanatisme; c'est elle qui répandit tant de maladies de
l'esprit, en faisant *imaginer* à des cervelles faibles fortement frap-

84-85   NM: qui agit nécessairement. Aussi rien
97   NM: de nos fibres? Et si

[5] Voltaire a noté deux fois: 'L'imagination galope; le jugement ne va que le
pas' (Voltaire 82, p.502, 590). On peut mettre ce propos en rapport avec le
suivant: 'Pourquoi n'a-t-on des rêves que quand on a trop mangé? est-ce que
des idées sont une punition de l'intempérance?' (Voltaire 82, p.554).

pées, que leurs corps étaient changés en d'autres corps; c'est elle
qui persuada à tant d'hommes qu'ils étaient obsédés ou ensorcelés,
et qu'ils allaient effectivement au sabbat, parce qu'on leur disait
qu'ils y allaient.[6] Cette espèce d'*imagination* servile, partage ordinaire du peuple ignorant, a été l'instrument dont l'*imagination*
forte de certains hommes s'est servie pour dominer. C'est encore
cette *imagination passive* des cerveaux aisés à ébranler, qui fait
quelquefois passer dans les enfants les marques évidentes d'une
impression qu'une mère a reçue; les exemples en sont innombra-
bles, et celui qui écrit cet article en a vu de si frappants, qu'il
démentirait ses yeux s'il en doutait; cet effet d'*imagination* n'est
guère explicable, mais aucun autre effet ne l'est davantage. On
ne conçoit pas mieux comment nous avons des perceptions,
comment nous les retenons, comment nous les arrangeons. Il y
a l'infini entre nous et les premiers ressorts de notre être.

L'*imagination active* est celle qui joint la réflexion, la combinaison
à la mémoire; elle rapproche plusieurs objets distants, elle sépare
ceux qui se mêlent, les compose et les change; elle semble créer
quand elle ne fait qu'arranger, car il n'est pas donné à l'homme
de se faire des idées, il ne peut que les modifier.

Cette *imagination active* est donc au fond une faculté aussi
indépendante de nous que l'*imagination passive*; et une preuve
qu'elle ne dépend pas de nous, c'est que si vous proposez à cent
personnes également ignorantes d'*imaginer* telle machine nouvelle,
il y en aura quatre-vingt-dix-neuf qui n'*imagineront* rien malgré

118 NM: effet de l'imagination
119 NM: mais aucune autre opération de la nature ne l'est davantage.
122 NM: les ressorts

[6] La force de la suggestion sur l'imagination est un thème que Malebranche
applique précisément aux traditions de la sorcellerie et des sabbats (*De la
recherche de la vérité*, II.iii.6). Descartes avait distingué deux sortes d'imagination
qui correspondent à celles de Voltaire (*Les Passions de l'âme*, XX.XXI). Malebranche
emploie les mots qu'utilisera Voltaire mais avec d'autres significations (*De la
recherche de la vérité*, II.i.1).

leurs efforts. Si la centième *imagine* quelque chose, n'est-il pas évident que c'est un don particulier qu'elle a reçu? c'est ce don que l'on appelle *génie*; c'est là qu'on a reconnu quelque chose 135 d'inspiré et de divin.

Ce don de la nature est *imagination d'invention* dans les arts, dans l'ordonnance d'un tableau, dans celle d'un poème. Elle ne peut exister sans la mémoire; mais elle s'en sert comme d'un instrument avec lequel elle fait tous ses ouvrages. 140

Après avoir vu qu'on soulevait une grosse pierre que la main ne pouvait remuer, l'*imagination active* inventa les leviers, et ensuite les forces mouvantes composées, qui ne sont que des leviers déguisés. Il faut se peindre d'abord dans l'esprit les machines et leurs effets pour les exécuter. 145

Ce n'est pas cette sorte d'*imagination* que le vulgaire appelle, ainsi que la mémoire, l'*ennemie du jugement*;[7] au contraire, elle ne peut agir qu'avec un jugement profond. Elle combine sans cesse ses tableaux, elle corrige ses erreurs, elle élève tous ses édifices avec ordre. Il y a une *imagination* étonnante dans la mathématique 150 pratique, et Archimède avait au moins autant d'*imagination* qu'Homère. C'est par elle qu'un poète crée ses personnages, leur donne des caractères, des passions; invente sa fable, en présente l'exposition, en redouble le nœud, en prépare le dénouement; travail qui demande encore le jugement le plus profond, et en 155 même temps le plus fin.

Il faut un très grand art dans toutes ces *imaginations d'invention*, et même dans les romans; ceux qui en manquent sont méprisés des esprits bien faits. Un jugement toujours sain règne dans les

133   NM: le centième
134   NM: qu'il a
141   NM: soulevait avec un bâton une

[7] Dans l'article 'Apparition' (QE), Voltaire prête à Malebranche ces mots devenus légendaires: 'L'imagination est la folle du logis'. Malebranche a plus d'une fois souligné les liens unissant l'imagination et la folie (*De la recherche de la vérité*, II.ii.6, iii.4-5).

209

fables d'Esope; elles seront toujours les délices des nations. Il y a plus d'*imagination* dans les contes des fées; mais ces imaginations fantastiques, toujours dépourvues d'ordre et de bon sens, ne peuvent être estimées; on les lit par faiblesse, et on les condamne par raison.

La seconde partie de l'*imagination active* est celle de détail, et c'est elle qu'on appelle communément *imagination* dans le monde. C'est elle qui fait le charme de la conversation; car elle présente sans cesse à l'esprit ce que les hommes aiment le mieux, des objets nouveaux; elle peint vivement ce que les esprits froids dessinent à peine, elle emploie les circonstances les plus frappantes, elle allègue des exemples, et quand ce talent se montre avec la sobriété qui convient à tous les talents, il se concilie l'empire de la société. L'homme est tellement machine, que le vin donne quelquefois cette *imagination*, que l'oisiveté anéantit; il y a là de quoi s'humilier, mais de quoi admirer. Comment se peut-il faire qu'un peu d'une certaine liqueur qui empêchera de faire un calcul, donnera des idées brillantes?

C'est surtout dans la poésie que cette *imagination* de détail et d'expression doit régner; elle est ailleurs agréable, mais là elle est nécessaire; presque tout est image dans Homère, dans Virgile, dans Horace, sans même qu'on s'en aperçoive. La tragédie demande moins d'images, moins d'expressions pittoresques, de grandes métaphores, d'allégories, que le poème épique ou l'ode; mais la plupart de ces beautés bien ménagées font dans la tragédie un effet admirable. Un homme qui sans être poète ose donner une tragédie, fait dire à Hyppolite,

> *Depuis que je vous vois j'abandonne la chasse.*[8]

Mais Hyppolite, que le vrai poète fait parler, dit;

---

162   NM: fantastiques, dépourvues d'ordre
174   NM: que l'ivresse anéantit

[8] Jacques Pradon, *Phèdre et Hippolyte*, I.ii.

Mon arc, mes javelots, mon char, tout m'importune.[9]

Ces *imaginations* ne doivent jamais être forcées, ampoulées, gigan-   190
tesques. Ptolomée parlant dans un conseil d'une bataille qu'il n'a
pas vue, et qui s'est donnée loin de chez lui, ne doit point peindre

> *Des montagnes de morts privés d'honneurs suprêmes,*
> *Que la nature force à se venger eux-mêmes,*
> *Et dont les troncs pourris exhalent dans les vents,*   195
> *De quoi faire la guerre au reste des vivants.*[10]

Une princesse ne doit point dire à un empereur,

> *La vapeur de mon sang ira grossir la foudre,*
> *Que Dieu tient déjà prête à te réduire en poudre.*[11]

On sent assez que la vraie douleur ne s'amuse point à une   200
métaphore si recherchée et si fausse.

Il n'y a que trop d'exemples de ce défaut. On les pardonne aux
grands poètes; ils servent à rendre les autres ridicules.

L'*imagination active* qui fait les poètes leur donne l'enthousiasme,
c'est-à-dire, selon le mot grec, cette émotion interne qui agite en   205
effet l'esprit, et qui transforme l'auteur dans le personnage qu'il
fait parler; car c'est là l'enthousiasme, il consiste dans l'émotion
et dans les images: alors l'auteur dit précisément les mêmes choses
que dirait la personne qu'il introduit.

> *Je le vis, je rougis, je pâlis à sa vue,*   210
> *Un trouble s'éleva dans mon âme éperdue;*
> *Mes yeux ne voyaient plus, je ne pouvais parler.*[12]

L'*imagination* alors ardente et sage, n'entasse point de figures
incohérentes; elle ne dit point, par exemple, pour exprimer un
homme épais de corps et d'esprit,   215

201-202   NM: si recherchée. Il n'y a

[9] J. Racine, *Phèdre*, II.ii.549-550.
[10] P. Corneille, *La Mort de Pompée*, I.i.9-12.
[11] P. Corneille, *Héraclius*, I.iii.301-302.
[12] J. Racine, *Phèdre*, I.iii.273-274.

> *Qu'il est flanqué de chair, gabionné de lard,*

Et que la nature

> *En maçonnant les remparts de son âme,*
> *Songea plutôt au fourreau qu'à la lame.*[13]

Il y a de l'*imagination* dans ces vers; mais elle est grossière, elle est déréglée, elle est fausse; l'image de rempart ne peut s'allier avec celle de fourreau: c'est comme si on disait qu'un vaisseau est entré dans le port à bride abattue.

On permet moins l'*imagination* dans l'éloquence que dans la poésie; la raison en est sensible. Le discours ordinaire doit moins s'écarter des idées communes; l'orateur parle la langue de tout le monde; le poète parle une langue extraordinaire et plus relevée: le poète a pour base de son ouvrage la fiction; ainsi l'*imagination* est l'essence de son art; elle n'est que l'accessoire dans l'orateur.

Certains traits d'*imagination* ont ajouté, dit-on, de grandes beautés à la peinture. On cite surtout cet artifice avec lequel un peintre mit un voile sur la tête d'Agamemnon dans le sacrifice d'Iphigénie; artifice cependant bien moins beau que si le peintre avait eu le secret de faire voir sur le visage d'Agamemnon le combat de la douleur d'un père, de l'autorité d'un monarque, et du respect pour ses dieux;[14] comme Rubens a eu l'art de peindre dans les regards et dans l'attitude de Marie de Médicis, la douleur de l'enfantement, la joie d'avoir un fils, et la complaisance dont elle envisage cet enfant.[15]

En général les *imaginations* des peintres, quand elles ne sont

---

[13] J.-B. Rousseau, 'Midas', *Allégories*, i.vi. Voltaire omet le vers 'Tel en un mot, que la nature et l'art'.

[14] Depuis Timanthe (quatrième siècle avant notre ère) la tradition voilait le visage d'Agamemnon. Au salon de 1757 Van Loo exposa un 'Sacrifice d'Iphigénie' (Potsdam) qui suscita la critique de Grimm et l'éloge de Caylus. Voltaire se souvient peut-être de ces discussions. Voir F. H. Dowley, 'French baroque representations of the "Sacrifice of Iphigenia"', *Festschrift Ulrich Middeldorf* (Berlin 1968), p.466-67.

[15] Voltaire évoque l'un des tableaux de la vie de Marie de Médicis, actuellement au Louvre.

qu'ingénieuses, font plus d'honneur à l'esprit de l'artiste qu'elles ne contribuent aux beautés de l'art; toutes les compositions allégoriques ne valent pas la belle exécution de la main qui fait le prix des tableaux.

Dans tous les arts la belle *imagination* est toujours naturelle; la 245 fausse est celle qui assemble des objets incompatibles; la bizarre peint des objets qui n'ont ni analogie, ni allégorie, ni vraisemblance; comme des esprits qui se jettent à la tête dans leurs combats, des montagnes chargées d'arbres, qui tirent du canon dans le ciel, qui font une chaussée dans le chaos. Lucifer qui se 250 transforme en crapaud; un ange coupé en deux par un coup de canon, et dont les deux parties se rejoignent incontinent, *etc*...[16] L'*imagination* forte approfondit les objets, la faible les effleure, la douce se repose dans des peintures agréables, l'ardente entasse images sur images, la sage est celle qui emploie avec choix tous 255 ces différents caractères, mais qui admet très rarement le bizarre, et rejette toujours le faux.

Si la mémoire nourrie et exercée est la source de toute *imagination*, cette même mémoire surchargée la fait périr;[17] ainsi celui qui s'est rempli la tête de noms et de dates, n'a pas le magasin qu'il 260 faut pour composer des images. Les hommes occupés de calculs ou d'affaires épineuses, ont d'ordinaire l'*imagination* stérile.

Quand elle est trop ardente, trop tumultueuse, elle peut dégénérer en démence; mais on a remarqué que cette maladie des organes du cerveau est bien plus souvent le partage de ces *imaginations* 265 *passives*, bornées à recevoir la profonde empreinte des objets, que de ces *imaginations actives* et laborieuses qui assemblent et combinent des idées, car cette *imagination active* a toujours besoin du jugement; l'autre en est indépendante.

Il n'est peut-être pas inutile d'ajouter à cet article, que par ces 270

[16] Voltaire semble viser particulièrement John Milton (*Paradise lost*, VI), où apparaissent la plupart de ces images.
[17] Voir les carnets: 'La mémoire et l'esprit sont comme la pierre d'aiman qui devient plus forte en augmentant petit à petit le poids qu'on luy fait porter' (Voltaire 81, p.349).

mots *perception*, *mémoire*, *imagination*, *jugement*, on n'entend point des organes distincts, dont l'un a le don de sentir, l'autre se ressouvient, un troisième *imagine*, un quatrième juge. Les hommes sont plus portés qu'on ne pense à croire que ce sont des facultés différentes et séparées; c'est cependant le même être qui fait toutes ces opérations, que nous ne connaissons que par leurs effets, sans pouvoir rien connaître de cet être. *Cet article est de M. de Voltaire.*

275

APPENDICE I

L'article 'Historiographe'

L'histoire, la philosophie de l'histoire, la manière de l'écrire, ont suscité une bibliographie énorme et le sujet paraît inépuisable. Voltaire lui-même ne s'est pas privé d'exposer ses vues sur ces questions. Il fut parmi les premiers 'historiens' à poser en termes particulièrement clairs la problématique de l'histoire officielle. Il pouvait en parler en connaissance de cause puisqu'il avait été nommé historiographe de France le 1er avril 1745, succédant à des personnages célèbres: Belleforest, Pellisson, Mézeray, Boileau et Racine, pour n'en citer que quelques-uns. Le premier historiographe officiel fut sans doute André Thevet, l'aumônier de Catherine de Médicis, lui-même successeur des *actuarii* et des chroniqueurs.

Voltaire a tranché la question de l'histoire officielle en termes conciliants, compte tenu peut-être d'une certaine casuistique d'Etat, concrétisée par l'adage populaire selon lequel 'toute vérité n'est pas bonne à dire', se rappelant peut-être aussi Montaigne relayé par Pascal: 'Quelle vérité que ces montagnes bornent, qui est mensonge au monde qui se tient au delà',[1] et Fontenelle.[2]

La carrière de Voltaire historiographe de France fut heureusement assez brève, mais son œuvre historique reflète néanmoins la subtile distinction mise en avant dans l'article 'Historiographe'.

Ce fut d'Alembert qui demanda à Voltaire de rédiger cet article pour l'*Encyclopédie*. La lettre du 29 décembre 1757 (D7539) en apporte la preuve indiscutable. Voltaire répondit positivement à cette invitation. Or l'*Encyclopédie* publie (viii.230) un texte signé de l'astérisque de Diderot, assez bref, élogieux pour Voltaire, citant son successeur Duclos nommé le 20 septembre 1750, et qui

---

[1] *Essais*, liv.II, ch.12; *Pensées*, v.294.
[2] *Par amour de la paix*.

en aucune façon ne saurait être du philosophe. Le texte de Voltaire ne parvint-il pas à d'Alembert? Il n'est plus cité par la suite dans la correspondance connue. Il se peut que le retrait de d'Alembert, survenu à ce moment ait détourné celui-ci. Mais ce ne sont que des hypothèses.

R. Naves (p.115) suppose que la 'hardiesse' des propos de Voltaire incita Diderot à rejeter l'article, en même temps qu'il ne voulait pas déplaire à Duclos. Ce sont de nouvelles suppositions. Que le texte ait été perdu, refusé, renvoyé ou qu'il soit demeuré dans le portefeuille de Voltaire, nous l'ignorons. Il n'entra pas dans l'*Encyclopédie* mais figure avec tous les autres articles dans les *Nouveaux mélanges* de 1765 (ii.381-84), publiés avec le concours de l'auteur. Plutôt que de laisser l'article 'Historiographe' s'enliser parmi des mélanges informes, nous préférons le placer en appendice aux articles destinés à l'*Encyclopédie*, le texte étant établi sur la base des *Nouveaux mélanges*.

* * *

HISTORIOGRAPHE

Titre fort différent de celui d'historien. On appelle communément en France *historiographe*, l'homme de lettres pensionné, et comme on disait autrefois, appointé pour écrire l'histoire. Alain Chartier fut *historiographe* de Charles vii. Il dit qu'il interrogea les domestiques de ce prince, et leur fit prêter serment, selon le devoir de sa charge, pour savoir d'eux si Charles avait eu en effet Agnès Sorel pour maîtresse. Il conclut qu'il ne se passa jamais rien de libre entre ces amants, et que tout se réduisit à quelques caresses honnêtes, dont ces domestiques avaient été les témoins innocents.[3]

5

---

[3] Si c'est aux *Chroniques du feu roy Charles septiesme de ce nom* (1528) que Voltaire fait allusion, celles-ci sont en réalité de Gilles Jacques Le Bouvier, dit Berry (1386-vers 1460), premier héraut de Charles vii. Il avait paru en 1661 à Paris une *Histoire de Charles VII* éditée par D. Godefroy et regroupant des textes de Chartier, de Le Bouvier, de M. de Coucy et d'autres.

Cependant il est constant, non par les *historiographes*, mais par les   10
historiens appuyés sur les titres de famille, que Charles VII eut
d'Agnès Sorel trois filles, dont l'aînée mariée à un *Brezé* fut
poignardée par son mari.[4] Depuis ce temps il y eut souvent des
historiographes de France en titre, et l'usage fut de leur donner des
brevets de conseillers d'Etat avec les provisions de leur charge.   15
Ils étaient commensaux de la maison du roi. Mathieu eut ces
privilèges sous Henri IV et n'en écrivit pas mieux l'histoire.[5]

A Venise c'est toujours un noble du sénat qui a ce titre et cette
fonction; et le célèbre Nani les a remplis avec une approbation
générale.[6] Il est bien difficile que l'*historiographe* d'un prince ne   20
soit pas un menteur; celui d'une république flatte moins, mais il
ne dit pas toutes les vérités. A la Chine les *historiographes* sont
chargés de recueillir tous les événements et tous les titres originaux sous une dynastie. Ils jettent les feuilles numérotées dans
une vaste salle, par un orifice semblable à la gueule du lion, dans   25
laquelle on jette à Venise les avis secrets qu'on veut donner;
lorsque la dynastie est éteinte, on ouvre la salle, et on rédige les
matériaux, dont on compose une histoire authentique. Le journal
général de l'empire sert aussi à former le corps d'histoire; ce
journal est supérieur à nos gazettes, en ce qu'il est fait sous les   30
yeux des mandarins de chaque province, revu par un tribunal
suprême, et que chaque pièce porte avec elle une authenticité qui
fait foi dans les matières contentieuses.[7]

<hr>

[4] De ses amours avec Agnès Sorel (vers 1422-1450), Charles VII eut quatre
filles: Charlotte de Valois, qui épousa en 1462 Jacques de Brézé et qui l'assassina
en 1476; Marie de Valois (reconnue en 1458, décédée vers 1473), femme
d'Olivier de Coëtivy; Jeanne, qui épousa en 1461 Antoine de Bueil, et une petite
fille morte en 1450 à l'âge de six mois.

[5] Pierre Matthieu (1563-1621), auteur de l'*Histoire des derniers troubles de France
sous les règnes des roys Henri III et Henri IV* (Lyon 1594-1595), de l'*Histoire de
France et des choses mémorables advenues aux provinces* (Paris 1605), et d'un *Eloge
du roy* (Paris 1609), les trois souvent réédités.

[6] Giovanni Battista Felice Gasparo Nani (1616-1678), patricien, auteur d'une
Historia della republica Veneta (Venetia 1662-1679), traduite en français (Paris
1679-1680), traduction souvent rééditée.

[7] Cf. *La Philosophie de l'histoire* (Voltaire 59, p.152 ss), et l'*Essai sur les mœurs*,

Chaque souverain choisit son *historiographe*. Vittorio Siri[8] le fut. Pélisson fut choisi d'abord par Louis XIV pour écrire les événe- 35 ments de son règne, et il s'acquitta de cet emploi avec éloquence dans l'histoire de la Franche-Comté.[9] Racine le plus élégant des poètes, et Boileau le plus correct, furent ensuite substitués à Pélisson. Quelques curieux ont recueilli quelques mémoires du passage du Rhin écrits par Racine. On ne peut juger par ces 40 mémoires si Louis XIV passa le Rhin ou non avec les troupes qui traversèrent ce fleuve à la nage.[10] Cet exemple démontre assez combien il est rare qu'un *historiographe* ose dire la vérité. Aussi plusieurs qui ont eu ce titre se sont bien donné de garde d'écrire l'histoire: ils ont fait comme Amiot,[11] qui disait qu'il était trop 45 attaché à ses maîtres pour écrire leur vie. Le père Daniel eut la

chapitres 1-2. L'exemple est pris sans doute au recueil dix-neuvième des *Lettres édifiantes* (Paris 1729, p.265-70), que Voltaire a annoté et utilisé (BV, no.2104).

[8] Vittorio Siri (1608-1685), natif de Parme. Voltaire a noté dans ses carnets le propos sur son logement et sa pension (Voltaire 81, p.216). Siri est l'auteur de *Il Mercurio, overo historia de' correnti tempi* (Casale 1644-1682) et de *Memorie recondite* (Ronco-Parigi 1676-1679).

[9] Paul Pellisson-Fontanier (1624-1693), nommé historiographe en 1670. Son *Histoire de la conquête de la Franche-Comté* ne fut jamais publiée séparément, mais se trouve incorporée dans l'*Histoire de Louis XIV*, publiée en 1749 seulement, par les soins de J.-B. Lemascrier. Voltaire, qui a annoté un exemplaire (BV, no.2681), possédait en outre ses *Œuvres diverses* (Paris 1735; BV, no.2679) et ses *Lettres historiques* (Paris 1729; BV, no.2682). Pellisson est également l'auteur d'un *Panégyrique du roi Louis quatorzième* (Paris 1671).

[10] La *Campagne de Louis XIV* de Jean Racine et de Nicolas Boileau, attribuée à l'époque à Pellisson (Paris 1730), dit clairement que le fleuve fut traversé à cheval et à gué, aussi à la nage. Ce fait d'armes mineur, monté en épingle par l'histoire officielle, a été ramené à ses justes proportions par Voltaire; voir notre *Voltaire et la Hollande* (Studies 46, 1966), p.151. Des extraits historiques de Jean Racine avaient été publiés par son fils Louis dans les *Mémoires sur la vie de Jean Racine* (Lausanne 1747; BV, no.2857).

[11] Jacques Amyot (1513-1593), précepteur des enfants d'Henri II, puis évêque d'Auxerre, traducteur d'Héliodore, de Longus et de Plutarque (BV, no.1606, 2165, 2771, 2773) a en effet évoqué la question dans sa dédicace à Henri II, écrite en février 1558 à Fontainebleau, de sa traduction de Plutarque. Cf. *Les Vies des hommes illustres* (Lyon 1572), p.i-ii, et surtout sa préface 'Aux lecteurs' (p.iii-vii), où il évoque le rôle de l'historien. Dans ses carnets Voltaire s'est montré assez critique à son égard (Voltaire 81, p.330).

patente d'*historiographe* après avoir donné son Histoire de France; il n'eut qu'une pension de 600 liv. regardée seulement comme un honoraire convenable à un religieux.[12]

Il est très difficile d'assigner aux sciences et aux arts, aux travaux littéraires leurs véritables bornes. Peut-être le propre d'un *historiographe* est de rassembler les matériaux, et on est historien quand on les met en œuvre. Le premier peut tout amasser, le second choisir et arranger. L'*historiographe* tient plus de l'annaliste simple, et l'historien semble avoir un champ plus libre pour l'éloquence.

Ce n'est pas la peine de dire ici que l'un et l'autre doivent également dire la vérité; mais on peut examiner cette grande loi de Cicéron, *ne quid veri tacere non audeat*,[13] qu'il faut oser ne taire aucune vérité. Cette règle est au nombre des lois qui ont besoin d'être commentées. Je suppose un prince qui confie à son *historiographe* un secret important auquel l'honneur de ce prince est attaché, ou que même le bien de l'Etat exige que ce secret ne soit jamais révélé; l'*historiographe* ou l'historien doit-il manquer de foi à son prince? doit-il trahir sa patrie pour obéir à Cicéron? La curiosité du public semble l'exiger; l'honneur, le devoir le défendent. Peut-être en ce cas faut-il renoncer à écrire l'histoire.

Une vérité déshonore une famille, l'*historiographe* ou l'historien doit-il l'apprendre au public? non sans doute, il n'est point chargé de révéler la honte des particuliers, et l'histoire n'est point une satire.

Mais si cette vérité scandaleuse tient aux événements publics, si elle entre dans les intérêts de l'Etat, si elle a produit des maux dont il importe de savoir la cause, c'est alors que la maxime de Cicéron doit être observée; car cette loi est comme toutes les

---

[12] Gabriel Daniel (1649-1728), entré dans la Société de Jésus le 4 septembre 1667, auteur d'une *Histoire de France* (Paris 1696), plus d'une fois rééditée. Voltaire a abondamment utilisé et annoté l'édition de 1729 (BV, no.938; CN, iii.25-43).

[13] Souvenir d'école? Le propos semble résumer *In Verrem*, II.i.9; cf. *Pro Sestio*, 18.

autres lois, qui doivent être ou exécutées, ou tempérées, ou négligées selon les convenances.

Gardons-nous de ce respect humain, quand il s'agit des fautes publiques reconnues, des prévarications, des injustices que le malheur des temps a arrachées à des corps respectables; on ne saurait trop les mettre au jour; ce sont des phares qui avertissent ces corps toujours subsistants de ne plus se briser aux mêmes écueils. Si un parlement d'Angleterre a condamné un homme de bien au supplice, si une assemblée de théologiens a demandé le sang d'un infortuné qui ne pensait pas comme eux, il est du devoir d'un historien d'inspirer de l'horreur à tous les siècles pour ces assassinats juridiques. On a dû toujours faire rougir les Athéniens de la mort de Socrate.

Heureusement même un peuple entier trouve toujours bon qu'on lui remette devant les yeux les crimes de ses pères: on aime à les condamner, on croit valoir mieux qu'eux. L'*historiographe* ou l'historien les encourage dans ces sentiments, et en retraçant les guerres de la Fronde, et celles de la religion, ils empêchent qu'il n'y en ait encore.

APPENDICE II

L'article 'Littérature'

Raymond Naves (p.117) a inclus dans les sujets 'déclinés ou abandonnés' un article 'Littérature'. Il ressort clairement de trois lettres de 1754 que Voltaire a écrit et envoyé à sa nièce, puis à d'Alembert, un article sur ce sujet. De Colmar il expédie le 21 mai à Mme Denis 'un petit essay de quatre ou cinq pages' dont il confirme l'envoi le 28 (D5824, D5829). D'une lettre écrite à d'Alembert vers la même époque (D5832), il apert que Voltaire lui a fait tenir son texte comme un 'des matériaux que vous arrangerez à votre gré'. L'article paru dans l'*Encyclopédie* (ix.594-95) est signé de Jaucourt. La lettre du 21 mai et les articles 'Littérature' de l'*Encyclopédie* et 'Lettres, gens de lettres', paru dans le *Dictionnaire philosophique* en 1765, montrent des similitudes frappantes portant essentiellement sur le sort malheureux des gens de lettres et sur la décadence de la littérature. Le style en général, de nombreuses tournures en particulier lèvent les doutes possibles. On ne peut que confirmer Theodore Besterman dans ses vues (D.app.136) qui conclut très justement que l'article de Voltaire a été réécrit, avec son assentiment, avant d'entrer dans l'*Encyclopédie*. Faute de manuscrits intéressants, il est malheureusement impossible de faire la part exacte des mains respectives.

En 1819 Adrien Beuchot publia pour la première fois un fragment sous le titre 'Littérature' dans le *Dictionnaire philosophique* de l'édition de la Veuve Perronneau et de Cérioux aîné (xxxi.848-51). Plus tard, dans l'édition Lefèvre, Werdet et Lequien fils (Paris 1829, xxxix.30), Beuchot précisera que le texte, incomplet, avait été établi 'd'après un manuscrit de la main de Wagnière, avec des corrections de la main de Voltaire'. Ce manuscrit n'a pas été retrouvé, et c'est fort regrettable car on peut sans aucun doute suspecter Beuchot de n'avoir pas fourni une transcription correcte. Nous ignorons aussi si le manuscrit portait un titre, ou si Beuchot

l'a imaginé et s'il était réellement, malgré son tour lexical, destiné à une œuvre alphabétique. Aucun élément de l'imprimé ne permet de répondre à ces questions. L'article, si article il y a, est sans aucun doute de Voltaire.

Nous voilà donc en présence de deux textes du même auteur portant sur un même sujet. Lequel était destiné à l'*Encyclopédie* ne fait aucun doute, Jaucourt l'a retravaillé. Le texte publié par Beuchot est nettement postérieur à l'envoi à Mme Denis le 21 mai 1754: Wagnière est entré au service de Voltaire à la fin de l'année, âgé de 14 ans, et il n'a remplacé effectivement Collini qu'à partir de 1757. Le texte de Beuchot ne peut donc manifestement être destiné à l'*Encyclopédie*, même s'il n'était qu'un brouillon comme il le dit.[1] Notre choix de publier ici le texte revu par Jaucourt, et de placer celui de Beuchot parmi les écrits et fragments divers, nous paraît donc pleinement justifié.

* * *

LITTÉRATURE

LITTÉRATURE, s. f. (*Sciences, Belles-Lettres, Antiq.*) terme général, qui désigne l'érudition, la connaissance des belles-lettres et des matières qui y ont rapport. *Voyez le mot* LETTRES, où en faisant leur éloge on a démontré leur intime union avec les sciences proprement dites.[2]

Il s'agit ici d'indiquer les causes de la décadence de la *littérature*, dont le goût tombe tous les jours davantage, du moins dans notre nation, et assurément nous ne nous flattons pas d'y apporter aucun remède.

Le temps est arrivé dans ce pays, où l'on ne tient pas le moindre compte d'un savant, qui pour éclaircir, ou pour corriger des passages difficiles d'auteurs de l'antiquité, un point de chronolo-

---

[1] J.-L. Wagnière, *Mémoires sur Voltaire* (Paris 1826), i.9-10.
[2] Article anonyme (ix.433) où en effet la question est abordée.

gie, une question intéressante de géographie ou de grammaire, fait usage de son érudition. On la traite de pédanterie, et l'on trouve par là le véritable moyen de rebuter tous les jeunes gens qui auraient du zèle et des talents pour réussir dans l'étude des humanités. Comme il n'y a point d'injure plus offensante que d'être qualifié de pédant, on se garde bien de prendre la peine d'acquérir beaucoup de *littérature* pour être ensuite exposé au dernier ridicule.

Il ne faut pas douter que l'une des principales raisons qui ont fait tomber les belles-lettres, ne consiste en ce que plusieurs beaux esprits prétendus ou véritables, ont introduit la coutume de condamner, comme une science de collège, les citations de passages grecs et latins, et toutes les remarques d'érudition. Ils ont été assez injustes pour envelopper dans leurs railleries, les écrivains qui avaient le plus de politesse et de connaissance de la science du monde. Qui oserait donc après cela aspirer à la gloire de savant, en se parant à propos de ses lectures, de sa critique et de son érudition?

Si l'on s'était contenté de condamner les Hérilles,[3] ceux qui citent sans nécessité les Platons et les Aristotes, les Hippocrates et les Varrons, pour prouver une pensée commune à toutes les sectes et à tous les peuples policés, on n'aurait pas découragé tant de personnes estimables; mais avec des airs dédaigneux, on a relégué hors du beau monde, et dans la poussière des classes, quiconque osait témoigner qu'il avait fait des recueils, et qu'il s'était nourri des auteurs de la Grèce et de Rome.

L'effet de cette censure méprisante a été d'autant plus grand, qu'elle s'est couverte du prétexte spécieux de dire, qu'il faut travailler à polir l'esprit, et à former le jugement, et non pas à entasser dans sa mémoire ce que les autres ont dit et ont pensé.

Plus cette maxime a paru véritable, plus elle a flatté les esprits paresseux, et les a portés à tourner en ridicule la *littérature* et le savoir; tranchons le mot, le principal motif de telles gens, n'est

15

20

25

30

35

40

45

[3] Herillos de Carthage (3ᵉ siècle avant notre ère), disciple de Zénon.

que d'avilir le bien d'autrui, afin d'augmenter le prix du leur. Incapables de travailler à s'instruire, ils ont blâmé ou méprisé les savants qu'ils ne pouvaient imiter; et par ce moyen, ils ont répandu dans la république des lettres, un goût frivole, qui ne tend qu'à la plonger dans l'ignorance et la barbarie.

Cependant malgré la critique amère des bouffons ignorants, nous osons assurer que les lettres peuvent seules polir l'esprit, perfectionner le goût, et prêter des grâces aux sciences. Il faut même pour être profond dans la *littérature*, abandonner les auteurs qui n'ont fait que l'effleurer et puiser dans les sources de l'antiquité, la connaissance de la religion, de la politique, du gouvernement, des lois, des mœurs, des coutumes, des cérémonies, des jeux, des fêtes, des sacrifices et des spectacles de la Grèce et de Rome. Nous pouvons appliquer à ceux qui seront curieux de cette vaste et agréable érudition, ce que Plaute dit plaisamment dans le prologue des Ménechmes: 'La scène est à Epidamne, ville de Macédoine; allez-y, Messieurs, et demeurez-y tant que la pièce durera'.[4] (*D.J.*)

---

[4] 'Haec urbs Epidamnus est, dum haec agitur fabula', Plaute, *Menaechmi*, prologue, 72.

APPENDICE III

Voltaire et l'article 'Liturgie' de Polier de Bottens

Raymond Naves a posé à propos de l'article 'Mages' le délicat problème de la collaboration 'encyclopédique' entre Voltaire et J. A. N. Polier de Bottens (1713-1783). Il l'a étudié au long (p.23-33, 141-46, 185-90), ayant pu examiner auprès des héritiers de la famille Polier les manuscrits du pasteur. Ces papiers sont aujourd'hui déposés aux Archives cantonales vaudoises (Papiers Monod 373) où nous avons pu les consulter à notre tour. Le dossier contient 18 articles: 'Kamos' (inédit, 3 p.), 'Kijun' (ix.127-28, 4 p.), 'Larves' (inédit, 4 p.), 'Liturgie' (ix.596-97, 9 p.), 'Logomachie' (ix.642-43, 3 p.), 'Mages' (inédit, 9 p.), 'Magicien', 'Magie' (ix.850-54, les deux comptant 12 p.), 'Malachbellus' (ix.926-29), 'Mambré' (ix.954-65), 'Manes' (x.17-18, les trois comptant 16 p.), 'Maosim' (x.64-65, 6 p.), 'Melchisedechiens' (inédit), 'Melchisedek' (inédit), 'Mer Rouge' (inédit, les trois comptant 9 p.), 'Messia' (inédit, 1 p.), 'Messie' (x.401-407, 44 p.), 'Mutinus' (inédit, 1 p.). Tous ces documents ont été examinés par F. A. Forel[1] et R. Naves ensuite, comme le montrent diverses annotations. Ils sont pour la plupart largement raturés et nous sommes manifestement en présence de brouillons autographes.

Avant d'aborder l'article 'Liturgie', deux remarques.

1. L'article 'Logomachie' est le seul dont on trouve une mise au net. Le manuscrit porte cette note autographe de Voltaire: 'bottens / logomachie / article pour le / diction enciclopedique'. Comme Forel l'a noté, le texte manuscrit diffère sensiblement de celui de l'*Encyclopédie*. Le texte a été envoyé à d'Alembert le 22 mai 1757 (D7266). 'J'y ajoute', écrit Voltaire, 'un fragment de sa

---

[1] F. A. Forel a publié 'Les souvenirs de jeunesse d'Antoine de Polier' dans la *Revue historique vaudoise* 5 (1911), p.117-28, 142-48, 171-81, 237-49, sur la base d'un manuscrit également conservé dans le fonds Monod.

lettre par la quelle M^{rs} les libraires verront Les intentions de l'auteur'. Ce fragment de Polier ne s'est malheureusement pas retrouvé. Il aurait permis, sans doute, de trancher la question d'éventuelles corrections, entre autres de Voltaire. Mais il est à remarquer que celui-ci n'en fait point mention. Nous nous abstiendrons d'aller plus loin.

2. L'article 'Messie' existe en deux états: un premier brouillon, avec additions, comptant 24 pages autographes, une mise au net comportant des révisions, comptant 44 pages autographes. Avant de paraître, sans doute remanié, dans l'*Encyclopédie*, l'article avait figuré dans le *Dictionnaire philosophique* (1764), et il figurera à nouveau remanié dans les *Questions sur l'Encyclopédie* (1771). Nous étudierons la question des interventions de Voltaire en lieu et place adéquats.

L'article 'Liturgie' est annoncé à d'Alembert par Voltaire le 4 février 1757 (D7139*) et il est envoyé au cours du mois de mars (D7199a) avec cette précision de Voltaire qu'il a 'eu toutes les peines du monde a rendre cet article chrétien. Il a fallu corriger, adoucir presque tout: et enfin, quand l'ouvrage a été transcrit, j'ai été obligé de faire des ratures'. D'Alembert accuse réception de l'article le 26 avril (D7247) en proposant une légère correction à la citation latine du psaume viii.3, et il ajoute: 'Nous aurons pourtant bien de la peine à faire passer cet article'. Il faut souligner que 'Liturgie' est le seul article de Polier pour lequel Voltaire fait mention de corrections; et dans l'*Encyclopédie* (ix.596), il est précédé de ce 'chapeau': 'L'article suivant, qui est corrigé de la main de M. de Voltaire, est d'un ministre de Lausanne'. Selon Voltaire il a existé deux manuscrits, et les ultimes ratures sont de lui. Le manuscrit conservé à Lausanne compte 14 pages de texte et une page extérieure (le cahier étant plié dans le sens de sa largeur), comportant des notes de F. A. Forel, la cote, et de la main de Polier trois mentions: 1) 'λειτουργία'; 2) 'Examiné sur l'ouvrage imprimé'; 3) un mot hébreu qui rappelle Deutéronome xxxii.34, *kamus*, soit 'emmagasiné', 'empilé', 'caché'. Simple note ou memento?

L'examen des pages manuscrites permet d'aller bien plus loin que R. Naves ne l'a fait. Il s'agit sans doute aucun du brouillon qui a largement été corrigé (cf. un passage entier réécrit à la ligne page 1, et des griffonnages à la plume pages 5 et 12 qui ne sauraient être des ratures). Toutes les corrections textuelles telles que les mots ajoutés à titre d'addition ou de remplacement, sont de la main de Polier. Pour autant que l'on puisse en juger, les ratures sont de la même encre que celle qui a servi à écrire le texte. Où se situent dès lors les corrections de Voltaire? Pour ce brouillon, les corrections peuvent être le fait de contacts entre Voltaire et Polier; pour la mise au net, de Voltaire directement, mais cet état manque, et il faut donc procéder à une comparaison entre le brouillon et l'imprimé. Nous n'étudierons pas les variations de l'orthographe et de la ponctuation, qui d'ailleurs ne portent pas à conséquence pour le cas présent. Nous avons relevé 36 différences notables, dont il est difficile de dire si elles sont toutes du seul Voltaire. Mais ces 6 suppressions, 9 ajouts et 21 remplacements confirment le sens général de la lettre du mois de mars. En voici le détail: les références au texte de l'*Encyclopédie* sont établies d'après l'ordre numérique des paragraphes.

Suppressions

Citons tout d'abord trois propos supprimés dont la hardiesse est évidente:

§5 'et de peu edifiant' (sur la liturgie des Juifs en Egypte);

§6 'il consulta moins dans ce qu'il fit une saine Philosophie qu'une prudente Politique' (Moïse législateur);

§44 'et un grand nombre d'autres qui grace a une Philosophie plus saine, ou peut estre a un meilleur gout du siecle seroit ignoréës au-jourdhui, si Elles n'estoient conservéës dans les humiliantes annales des egaremens de L'Esprit humain' (questions théologiques).

Vient ensuite une suppression opportune:

§7 'dont Lully n'eut pas senti les Beautés' (musique de David), suivie de cette nuance pour adoucir le caractère protestant du texte de Polier:

§35 'de fort bonnes choses' devient 'de bonnes choses' (dans les écrits réformés).

Citons enfin une suppression de texte sur le brouillon même:

§4 'Chacun a lidéë de son entière dependance du souverain maître dont il tient la vie, et dont les faveurs peuvent faire le bonheur de ses jours et qui doit par la même etre craint adoré et servi avec une adoration particuliere'.

Additions

Les additions présentent moins d'intérêt. Quatre ont une fonction relativisante:

§14 'aller plus loin' devient 'aller toujours plus loin' (les disciples);

§17 'marquéës au coin des opinions' devient 'au coin des erreurs ou des opinions' (développement des liturgies primitives);

§18 'cette grossiereté dije leur a laisse ignorer' devient 'grossiereté, ce manque de politique, dis-je, leur ont laissé' (la transsubstantiation);

§37 'pas un grand mal' devient 'pas un si grand mal' (institution civile des liturgies protestantes).

Enfin, cinq additions nous paraissent simplement documentaires, en ce sens qu'elles introduisent des précisions ou des 'raccords' utiles entre propos:

§13 'Linstitution du Batême en particulier' devient 'du baptême au nom des trois Personnes fut embrassée';

§17 propos de raccord sur la diversification des liturgies;

§20 propos sur la manière de conclure le culte;

§21 ajoute 'de l'Eglise' (pour les premiers temps);

§28 'Alexandrie' devient 'dans le district d'Alexandrie'.

Modifications

C'est dans le domaine de la reformulation que l'intervention est la plus nette, compte tenu de la perspective générale de banaliser un texte hardi. Commençons par 8 modifications suppressives: le texte jugé trop hardi est *adouci* par l'adoption d'une nouvelle formulation:

§6 'il [Moïse] rendit cette Liturgie respectable par ce qu'il sçut la ⟨pourvoir⟩ munir du sceau de la Divinité, il la rendit aussi' devient 'cette liturgie respectable fut munie du sceau de la divinité; elle devint aussi' (rôle politique de Moïse éliminé, cf. plus haut §6, suppressions);

§12 '[relligion] celebre par son autorité, et Lettenduë des Païs ou Elle est professéë' devient 'religion toute divine' (le christianisme);

§16 'est ce sur ce modele, que sont faittes les prieres les messes les oraisons qui se disent et ce celebrent a L'ouverture du Conclave, il est permis d'en doutter, parceque les homes sans en excepter les plus sages ont en touttes choses cherché beaucoup de discours' devient 'on s'est écarté de cette simplicité dans les élections, à mesure qu'on s'éloignoit de la premiere source des graces & de l'inspiration divine' (élection de Matthias apôtre);

§17 'lorsque les objets de la foy se sont multipliés, quon a voulu essayer de nouveaux dogmes' devient 'de la foi se developperent davantage, qu'on voulut attaquer des interpretations nécessaires' (dogmatique);

§27 'sans subir bien des changemens, auquels il est rare que la foy trouve son compte, en sorte que ce quon fait pour laffermir sert souvent a lebranler' devient 'changemens, suivant la nécessité des tems & la prudence des pontifes' (évolution de la liturgie latine);

§33 'il est etonnant, que ceux a qui les anachronismes ne coutent rien, n'ayent pas fait honneur de cette liturgie a ce même Mar Thomas, marchand syrien auquel ils ont si gratuitement deferé l'apostolat des Indes; ce sisteme eut accredité La suprematie de Rome, la transubstantiation, le purgatoire, le Culte des Images, divers sacremens que le bon Monsieur Thomas avoit laissé ignorer à sa famille et ses Commis et Ouvriers qui transplantés par lui il y a environ 12 siecles dans la presqu'Isle en deça du Gange; qui ont considerablement multipliés' devient 'il est étonnant que ceux qui ont attribué ce christianisme indien, ou plutôt ce nestorianisme à saint Thomas l'apôtre, ne lui ayent pas attribué aussi la *liturgie*. Mais la vérité est que saint Thomas n'établit ni la *liturgie*, ni la religion sur la côte de Coromandel; on sait aujourd'hui que ce fut un marchand de Syrie, nommé *Marc-Thomas*, qui s'étoit habitué dans cette province au vj. siecle, y porta sa religion nestorienne; & lorsque dans les derniers tems nous allames trafiquer avec ces anciens chrétiens, nous trouvames qu'ils n'y connoissoient ni la transubstantia-

tion, ni le culte des images, ni le purgatoire, ni les sept sacremens' (sur la validité du rite syro-malabare);

§43 'C'est encor aujourdhui presque les seuls accens que la Relligion tire des peuples sauvages de L'Amerique' devient 'C'est encore aujourd'hui en chantant que les Sauvages de l'Amérique honorent leurs divinités' (chants sacrés);

§46 'la prudence veut qu'on sache respecter L Idole de La multitude quelque vieux et informe qu'il soit' devient 'respecter souvent l'usage de la multitude quelque informe qu'il soit' ('idole' *sic*!).

Parcourons maintenant 6 cas où la nuance, moins perceptible au premier coup d'œil, n'en est pas moins évidente:

§8 'imposer' devient 'satisfaire' (la liturgie et le peuple juif);

§17 'celebrer les sacremens' devient 'les mysteres';

§18 'des papes' devient 'nos papes' (corrigé sur le texte);

§22 'l'opinion de L'Eglise' devient 'les sentimens';

§35 'Réformateurs' devient 'réformateurs';

§46 'sil faut des Liturgies, les plus courtes et les plus simples seront les meilleures' devient 'Les *liturgies* nécessaires sont les plus courtes, & les plus simples sont les meilleures' (argument de nécessité).

Restent 5 modifications de type documentaire chargées d'éclaircir le texte, de le préciser ou compléter:

§17 'opinions ... composées' devient 'compilées' (par les docteurs);

§18 'ils ne croient point' devient 'croioient point' (les Grecs et la présence réelle);

§30 'synode de Laodicée' devient 'concile';

§32 'leur Missel' devient 'un Missel' (des Maronites);

§44 'le monothelisme de J. Christ' devient 'les deux volontés de Jesus-Christ'.

Signalons pour terminer deux modifications dont on a peine à croire qu'elles sont l'œuvre de Voltaire; la mélecture est si évidente qu'il s'agit d'une question de terminologie qui à la rigueur pourrait rejoindre la catégorie précédente:

§21 'une ablution générale qu'ils appellent le Batême en la mort de

Christ' devient 'une oblation générale qu'ils appellent *le baptême & la mort du Christ'* (les Collégiens de Rijnsburg);

§22 'les Quietistes' devient 'les Pietistes'.

Le texte original a donc été profondément modifié: sur 46 paragraphes, la moitié a subi des altérations de divers types. Dire si ces modifications ont été réalisées sur le premier ou sur le second état textuel s'avère impossible par la disparition de la mise au net. La paternité de Voltaire est patente en ce sens que la nature des cas relevés confirme exactement les propos tenus à d'Alembert: de belles hardiesses, sans doute délectables pour une lecture intime et philosophique, ont été supprimées, et quantité d'adoucissements, nuancés ou non, qui impliquent une évidente *déprotestantisation*, tentent d'assurer la recevabilité de l'article 'Liturgie'. Le rôle de Voltaire ne se limite donc pas à fournir des articles de son cru; le bien d'autrui est admis non sans réticences et aménagements dictés par la prudence stratégique. Au reste, les feintises de l'article 'Liturgie', exemple parfait de la participation de Voltaire, ni son ironie à rebours n'échappent à aucun lecteur particulièrement attentif. L'article 'Messie' du *Dictionnaire philosophique* viendra confirmer, si besoin en est, le bien-fondé de notre propos.

Articles pour le Dictionnaire de l'Académie

édition critique

par

Jeroom Vercruysse

avec la collaboration de

Ulla Kölving

INTRODUCTION

Elu à l'Académie française le 25 avril 1746, Voltaire considéra toujours avec sérieux et attention les devoirs que lui imposaient cette distinction. Le souci de la langue, objet de l'institution, réclamait la publication d'une grammaire et d'un dictionnaire.[1]

La première édition du *Dictionnaire* de l'Académie française parut en 1694 et suscita immédiatement une polémique passionnée dans laquelle Furetière se distingua avec éclat. De nouvelles éditions virent le jour, avec une lenteur déjà caractéristique, en 1718 (adoption de l'ordre alphabétique contre le classement par racines de 1694) et en 1740 (exploration des champs sémantiques).

La quatrième édition, de 1762, fut 'augmentée d'un très-grand nombre de mots qui appartiennent, soit à la Langue commune, soit aux arts & aux sciences' (I.v-vii), et en distinguant *i* de *j* et *u* de *v*, cette édition porta l'alphabet à 25 lettres, et contribua également à la réforme de l'orthographe en distinguant prononciation et graphie.

La découverte du texte original de cent dix-sept articles ou brouillons d'articles rédigés par Voltaire pour cette quatrième édition[2] nous a permis de souligner avec précision sa participation à cette entreprise.

Nous ignorons cependant au juste comment le secrétaire perpétuel de l'Académie, Charles Pinot Duclos, le décida à collaborer. Les deux hommes avaient renoué leurs relations au cours de l'été 1760 grâce à l'affaire Palissot et aux discussions entourant l'éventuelle entrée de Diderot à l'Académie (D8996, D9088). Une

---

[1] F. T. Vourtat, *Monographie du Dictionnaire de l'Académie française* (Paris 1880); [L. Delisle], 'Les premières éditions du *Dictionnaire* de l'Académie française', *Bibliothèque de l'Ecole des chartes* 49 (1888), p.577-80; P. G. Meier, 'Der *Dictionnaire* der französischen Akademie', *Centralblatt für Bibliothekwesen* 12 (1895), p.173-80.

[2] J. Vercruysse, 'Articles inédits de Voltaire pour le *Dictionnaire* de l'Académie française', *Studies* 37 (1965), p.7-51.

lettre de Duclos, malheureusement inconnue, écrite vers cette époque, précisa les ouvertures dont Voltaire se fit l'écho dans sa réponse[3] du 11 août (D9135):

Je suis entièrement à vos ordres pour le dictionnaire de l'académie: je vous remercie de l'honneur que vous voulez bien me faire. J'en serais peut-être bien indigne, car je suis un pauvre grammairien, mais je ferai de mon mieux pour mettre quelques pierres à l'édifice. Votre plan me paraît aussi bon que je trouve l'ancien plan sur lequel on a travaillé mauvais. On réduisait le dictionnaire aux termes de la conversation et la plupart des arts étaient négligés. Il me semble aussi qu'on s'était fait une loi de ne point citer, mais un dictionnaire sans citations est un squelette.

Nous trouvons déjà en substance dans cette lettre les idées qui l'amèneront à rédiger l'article 'Dictionnaire' des *Questions sur l'Encyclopédie* (1771) et à proposer, en 1778, à ses confrères, un nouveau plan d'édition.

Voltaire reçut (ou choisit) pour sa part la lettre T, comme il le confie à d'Alembert le 8 octobre (D9289): 'Duclos m'a envoyé le T pour rapetasser cette partie du dictionaire. Signa T supra caput dolentium. Je n'ay pas encor eu le temps d'y travailler'. Et le 22 il annonçait au secrétaire (D9340): 'Vous aurez votre T dans un mois ou six semaines. Vous n'attendez pas après le T quand vous êtes à l'*a*'. Trois semaines plus tard, le 10 novembre, Voltaire ajoute (D9392) en lui envoyant l'*Histoire de Pierre le Grand*, 'Vous croyez bien que ce n'est pas la lettre T qui est dans ce paquet'.

On perd ensuite la trace de ce travail envoyé à Paris au cours de l'hiver 1760-1761 sans doute. La correspondance avec Duclos semble lacunaire. La première lettre venant à la suite de D9392 est datée du 10 avril 1761 (D9733) et Voltaire se préoccupe exclusivement déjà de l'édition de Corneille (voir aussi D9762, D9891, D9893, D9937, D9942, D9954, D9961, D9981, etc.). Toute autre allusion ou considération sur la lettre T et le dictionnaire ont disparu.

---

[3] Et non pas adressée par Duclos à Voltaire comme le dit J. Brengues, *Correspondance de Charles Duclos (1704-1772)* (Saint-Brieuc 1970), p.98.

Nous savons aussi que vers le 10 février déjà, Duclos était 'enfoncé dans les épreuves du dictionnaire qu'il faut rendre Sur le champ', comme il l'écrit à Rousseau (Leigh 1275), et le 12 mars il se plaint encore des 'entraves' académiques qui le retiennent 'journellement' (Leigh 1357).

Pour cette quatrième édition de son *Dictionnaire*, l'Académie ne sollicita pas de privilège particulier, vu qu'elle disposait d'un privilège général du 30 avril 1750, cédé par elle à l'imprimeur Bernard Brunet le 20 juin, et à sa veuve le 1ᵉʳ décembre 1760.

L'affaire fut menée assez rapidement, puisque le 10 janvier 1762 l'Académie présenta la nouvelle édition au roi et à la famille royale, comme le rapporte la *Gazette de France* du 15 (no.5).

Nous n'entrerons point ici dans le détail de l'accueil qui fut réservé à cette nouvelle édition. Bornons-nous à dire qu'elle suscita l'ironie méchante de la *Correspondance littéraire* du 15 janvier 1762 (CLT, v.19) qui se gaussa particulièrement de l'insertion de 'tendreté' (un mot traité par Voltaire...), menaçant son auteur des railleries de quelque Molière moderne. Le journaliste ajoutait que le droit de créer des mots nouveaux n'appartenait pas à l'Académie mais 'aux premiers écrivains de la nation'. S'il avait su!

Les textes de Voltaire n'étaient pas inconnus certes, avant leur édition en 1965. Les éditeurs de Kehl publièrent, à tort, 32 articles dans leur monstrueux *Dictionnaire philosophique*, pieusement suivis par Beuchot et Moland.

Le dossier original donne quant à lui 117 articles ou brouillons d'articles, et facilite évidemment la reconstitution d'une œuvre peu connue, et plus que maltraitée. Il prouve à suffisance l'intérêt de Voltaire pour la langue et les activités de l'Académie.

Bengesco (i.428), citant la liste des 32 articles et y incluant à tort le mot 'Taxe', ajoutait péremptoirement: 'le travail de Voltaire ne parut pas dans la quatrième édition du *Dictionnaire de l'Académie*'. Ce propos a malheureusement été confirmé par R. Naves (p.152-53) et P. Meister (*Charles Duclos*, Genève 1956, p.54).

Nonobstant ces affirmations, le travail de Voltaire a largement été utilisé. Vingt-cinq articles qui ne figurent pas dans l'édition de 1740, mais bien dans le dossier de Voltaire, apparaissent dans

la quatrième édition. Sans doute aucun article n'a-t-il été repris mot pour mot: son texte, tel quel, ne pouvait être repris dans un ouvrage académique. D'autre part, des articles nouveaux ne furent pas admis. Quelques-uns subirent par ailleurs des modifications considérables: les citations littéraires auxquelles Voltaire attachait tant de prix, les redites, les détails trop techniques furent écartés. Les articles composés sur des noms propres ne furent pas retenus et d'autres furent rejetés également, du moins quant à leur contenu, au profit d'un autre collaborateur, si ce n'est le travail de Duclos lui-même. Voltaire était 'rapetassé' à son tour, après avoir largement utilisé le *Dictionnaire* de Trévoux (sauf pour l'article 'Tapisserie') pour son propre travail.

L'apport *visible* de Voltaire à cette quatrième édition est donc quasi nul. Il n'en demeure pas moins que l'on retrouve souvent dans le corps de l'article imprimé la même définition du terme, et quelquefois même, des mots ou groupes de mots entiers. La contribution individuelle de Voltaire à cette œuvre collective a subi les nécessaires adaptations en vue de produire un tout harmonieux, selon une loi du genre.

Principes de cette édition

Le brouillon des articles pour le *Dictionnaire* de l'Académie que nous publions ici se trouve à la Bibliothèque nationale, Paris, manuscrit N24344, folios 14-36. Une note signale que le manuscrit fut acheté chez Charavay 'dans un lot payé 6 vers 1920'. Au dos du dernier feuillet (f.36v) figure une inscription de la main de Voltaire: 'p^r le dictionaire / de / L'académie'. Le manuscrit est de la main de Voltaire et de Wagnière, son secrétaire.

Les folios 15 à 34 consistent en 10 feuilles pliées en deux; les folios 14, 35 et 36 sont des feuillets séparés. Le format des feuillets est d'environ 210×355 mm. La numérotation actuelle des feuillets ne suit pas l'ordre primitif du manuscrit.

Par ses nombreuses retouches, qui dénotent un travail appliqué, ce brouillon pose des problèmes de lecture. Il ne saurait être

reproduit par la typographie. Sa présentation demande quelques adaptations, en vue d'une plus grande lisibilité et d'une compréhension plus aisée.

Les articles sont disposés par ordre alphabétique selon la graphie moderne des mots.

L'orthographe du manuscrit a été conservée, dans la mesure du possible, mais nous sommes intervenus dans les cas suivants:

– nous séparons les mots liés ('à peine' pour 'apeine');
– nous suppléons l'apostrophe, d'un emploi rare dans ce texte ('l'euphonie' pour 'leuphonie');
– Voltaire n'utilise guère de majuscules: nous les mettons après le point final et aux noms propres de personnes et de lieux;
– nous distinguons *i* et *j*, *u* et *v*;
– nous ajoutons l'accent grave là où son absence crée de l'ambiguïté: à, là, où;
– nous ajoutons l'accent sur les *e* ouverts ou fermés de la dernière syllabe ('aspirée' pour 'aspiree', 'après' pour 'apres', etc.).

Les rares signes de ponctuation qui existent dans le texte de Voltaire (il y en a plus dans celui de Wagnière) semblent avoir été ajoutés après coup, lors d'une relecture; c'est dans ce domaine surtout que nous avons dû intervenir:

– Voltaire ne met que rarement un point en fin de phrase: nous le suppléons;
– le besoin de ponctuation est souvent indiqué par un espacement plus large entre les mots: nous suppléons le minimum nécessaire pour la compréhension du texte;
– Voltaire ne met pas de virgule dans les énumérations: nous l'avons ajoutée.

Toutes nos interventions dans la ponctuation du texte de base sont imprimées en caractères antiques (voir ci-dessus, p.xix).

Dans l'apparat critique nous avons décrit autant que possible les différents niveaux du texte. Certaines particularités n'ont pas été rendues: il est évident, par exemple, que Voltaire et Wagnière ont commencé par jeter sur le papier, à distances inégales, les mots qu'il fallait commenter. Ils ont ensuite rempli l'espace entre

ces rubriques tout en débordant parfois sur les rubriques suivantes, qu'ils rayent au fur et à mesure. Les textes ainsi biffés ne figurent pas dans l'apparat critique s'ils ne comportent aucun renseignement supplémentaire.

Vu la complexité du manuscrit, nous utilisons exceptionellement un système d'appel de variantes par lettres supérieures imprimées en italiques.

Nous présentons aussi les variantes provenant des quelques articles publiés dans l'édition de Kehl. Les variantes ne tiennent pas compte des différences de ponctuation, ni des italiques, ni des premiers mots introduisant chaque rubrique. Il est possible que les éditeurs de Kehl aient eu accès à un autre manuscrit, peut-être celui qui fut envoyé à Duclos, et aujourd'hui perdu.

Nous publions ci-après un tableau synoptique des pages du manuscrit, des deux éditions du *Dictionnaire* et du tome 43 de l'édition de Kehl.

Tableau synoptique

ARTICLE	MS	1740	1762	KEHL
T	f.21r	ii.729	ii.790	xliii.273-274
TA	f.21	729	790	274
TABAC	f.21v	729	790	274-275
TABAGIE	f.21v	729	790	
TABARIN	f.21v	729	790	275
TABATIÈRE	f.22r	729	790	
TABAXIR	f.22r			
TABELLION	f.22r	729	790	
TABELLIONAGE	f.22r	729	790	
TABERNACLE	f.22r	729	790	
TABIDE	f.22r		791	
TABIS	f.22v	729	791	275-276
TABLATURE	f.22v	729	791	
TABLE	f.22v-24r	729-731	791-792	276-278
TABLEAU	f.24r	731	792	
TABLER	f.24r	731	792	279
TABLETIER	f.24r	731	792	
TABLETTE	f.24r	731	792	
TABLIER	f.24r	731	793	
TABLOIN	f.24r		793	
TABOR	f.24			279
TABOURET	f.24v	731	793	
TACHÉOGRAPHIE	f.24v		793	
TACITURNE	f.24v	732	794	
TACT	f.24v	732	794	
TACTION	f.24v		794	
TACTIQUE	f.25r	732-733	794	280
TAËL	f.25r		794	
TAFFETAS	f.25r	733	794	
TAGE	f.25r			280
TAILLADE	f.25v	733	794	
TAILLURE	f.25v			
TAIN	f.25v	735	796	
SE TAIRE	f.14r	735	796	
TALAPOIN	f.25v		796	
TALC	f.25v	735	796	
TALENT	f.25v	735	796	
TALENT	f.25v	735	796-797	
TALION	f.26r	735	797	
TALISMAN	f.26r	735	797	280-281

241

ARTICLE	MS	1740	1762	KEHL
TALLER	f.25v			
TALMOUSE	f.26r	735	797	
TALMUD	f.26r		797	281
TALON	f.26r	735-736	797	
TALUS	f.26v	736	797	
TAMARIN	f.26v	736	797-798	281
TAMARIS	f.26v	736	798	281
TAMBOUR	f.26v-27r	736	798	282
TANCER	f.27r	737	798	
TANGUER	f.27r		799	
TANT	f.27-28r	737-738	799-800	282-284
TANTALE	f.28r			
TAPISSERIE	f.29	739	801	285
TAPISSIER	f.29v	739	801	286
TAQUIN	f.29v	739	801	286
TARÉ	f.29v		802	
TARENTULE	f.29v	740	802	
TARGE	f.30r	740	802	
TARGUER	f.30r	740	802	
TARIF	f.30r	740	802	286-287
TARIN	f.30r	740	802	
TARIN	30r			
TAROTER	f.30r	740-741	802	
TARTANE	f.30r	741	802	
TARTARE	f.30		802	287
TARTARE	30v		802	
TARTAREUX	f.30v		802	287
TARTRE	f.30v-31r	741	802-803	288
TARTUFFE	f.31r	741	803	288
TARTUFFERIE	31r		803	288
TAS	f.31r	741	803	
TASSEAU	f.31r		803	
TÂTER	f.31r	741	803	
TÂTONNEMENT	f.31v		803	
TAUDIS	f.31v	742	804	
TAUPE	f.31v	742	804	289
TAUPINÉE	f.32r		804	
TAUPINS	f.32r		804	
TAUREAU	f.32	742	804	289
TAURICIDER	f.32v			289
TAURIDE	f.32v			
TAURIQUE	f.32v			

INTRODUCTION

1. Articles pour le *Dictionnaire* de l'Académie: une page du manuscrit (f.19*r*) de la main de Wagnière avec corrections de Voltaire (Bibliothèque nationale, Paris).

2. Articles pour le *Dictionnaire* de l'Académie: une page du manuscrit (f.19*v*) de la main de Voltaire et de Wagnière (Bibliothèque nationale, Paris).

3. Articles pour le *Dictionnaire* de l'Académie: une page du manuscrit (f.20r) de la main de Wagnière avec corrections de Voltaire (Bibliothèque nationale, Paris).

4. Articles pour le *Dictionnaire* de l'Académie: une page du manuscrit (f.21r) de la main de Voltaire (Bibliothèque nationale, Paris).

ARTICLES POUR
LE DICTIONNAIRE DE
L'ACADÉMIE

[T]^a ^{b}Page 729. Aulieu de, *quand le temps d'un verbe* etc ne serait il pas convenable de mettre^b – ^{c}L'euphonie qui adoucit toujours le langage, et qui l'emporte sur la grammaire fait que dans la prononciation nous changeons souvent^d ce T en C, nous^e prononçons ambicieux, akcion^f, parcial car lors que ce T est suivi $\quad$ 5 d'un i et d'une autre voiele le son du t parait un peu trop dur.^{1} Les Italiens ont changé meme ce *T* en *Z*. La meme raison^e nous a insensiblement acoutumez à écrire et à prononcer un T à la fin de certains temps des verbes. Il aima, mais aima t'il constament. Il arriva, mais à peine arriva t'il, il s'elevà, mais s'éleva t'il audessus $\quad$ 10 des préjugez? On raisonne, mais raisone t'on conséquemment? etc. Il ecrira, mais ecrira t'il avec elégance. Il joue, joue t'il habilement. Ainsi^g donc quand la troisieme personne du present, du preterit et du futur ^{h}se terminant en voielle,^{h} est suivie d'un

---

a   MS, article de la main de Voltaire
b   K, omis
c   MS: ⟨L'Euphonie qui l'emporte souvent sur la grammaire⟩ $^\uparrow$β
d   MS, ajouté dans l'interligne
e   MS: ⟨dans tous les mots⟩ nous
f   MS: ⟨ac⟩ $^\uparrow$ak$^+$cion
g   MS: ⟨ce n'est donc que qua⟩ Ainsi
h   MS, ajouté dans l'interligne

---

^{1} Comme souvent au cours de ce travail, Voltaire a extrait une partie de ses données du *Trévoux*, qui fournit les exemples 'accion' (cf. variante *f*) et 'parcial' (vi.1). Les étymologies qui apparaissent dans ces notes sont tirées des ouvrages d'O. Bloch et W. von Wartburg, *Dictionnaire étymologique de la langue française* (Paris 1968) et d'A. Dauzat, J. Dubois et H. Mitterand, *Nouveau dictionnaire étymologique et historique* (Paris 1971). Pour les questions de grammaire, nous avons eu recours à M. Grevisse, *Le Bon usage*, 11e éd. (Paris-Gembloux 1980).

article, ou de la particule on qui tient lieu d'article, l'usage a voulu 15
qu'on plaçat toujours[i] ce T.[2] On étendait autrefois plus loin cet
usage. On prononçait ce T à la fin de tous les préterits en a: il
aima à aller, on disait il aimat à aller, et cette prononciation s'est
conservée dans quelques provinces. L'usage de Paris l'a rendue
tres[j] vicieuse. [k]Il n'est pas vrai que pour[l] rendre la prononciation 20
plus douce on change le B en P devant un T, et qu'on dise optenir
pour obtenir. Ce serait au contraire rendre la prononciation plus
dure. Le T se met encor après l'imperatif va, va t'en.[k]

[TA][m] *Ta* pronon poss. fem: ta mère, ta vie, ta haine. La meme
Euphonie qui adoucit toujours le langage a changé ta en ton 25
devant touttes les voielles.[3] [n]Ton adresse, son adresse, mon
adresse, et non ta, [o]ma, sa[o] adresse[n], ton[p] epee, et non ta epee,
ton industrie, ton ignorance[q], non ta ignorance[r s]; ton ouverture
non ta ouverture. La lettre h [t]quand elle n'est point aspirée et

---

i	MS, ajouté dans l'interligne
j	MS, ajouté dans l'interligne
k	MS, ajouté dans l'interligne et dans la marge
l	MS: ⟨le T se⟩ pour
m	MS, article de la main de Voltaire
n	MS: ⟨en ton adresse, et non ta adresse⟩ ↑β
o	K: ta, sa, ma adresse
p	MS: ⟨ta⟩ ↑β
q	MS: ⟨irresolution⟩ ↑β
r	MS: ⟨irresolution⟩ ↑β
s	K: ta industrie, ta ignorance
t	MS: ⟨aspirée⟩ ↑β

---

[2] Ce *t*, introduit au seizième siècle et imposé par Vaugelas, s'explique, selon
Grevisse (no.289, 1470), par l'influence combinée de l'euphonie et de l'analogie.
Académie 62 ignore la suggestion de Voltaire et reprend avec de légères variantes
le bref texte de 1740: 'Lorsque le temps d'un verbe terminé par une voyelle, est
suivi immédiatement des pronoms, *Il, Elle, On*, on veut un *T* entre le verbe &
le pronom, uniquement pour empêcher le hiatus'.
[3] Cette substitution de la forme analogique, et sans oublier le *h* muet, s'est
répandue à la fin du douzième siècle, évinçant progressivement les formes
élidées (cf. Grevisse, no.905).

qu'elle tient lieu de voielle*ᶜ* exige aussi le changement de ta, ma, 30
sa, en ton, mon, son. Ton*ᵘ* honnêteté, et non ta honnêteté.

ᵛTa, ainsi que *ton*, donne*ᵛ tes* au pluriel, tes*ʷ* peines sont inutiles.

*ˣ*Le redoublement*ˣ* du mot ta, signifie un reproche de trop de
vitesse; *ta ta ta, voila bien instruire une affaire.*⁴ *ʸ*Mais ce n'est point
un terme de la langue. C'est une espece d'exclamation arbitraire. 35
C'est ainsi que dans les salles d'armes on disait c'est un tata*ʸ* pour
designer*ᶻ* un ferrailleur.⁵

[TABAC]*ᵃ* Tabac *ᵇ*s m.*ᵇ* mot etranger. On*ᶜ* donna ce nom en 1560
à cette herbe decouverte dans l'ile de Tabago⁶ – les*ᵈ* naturels*ᵉ* de
la Floride la nommaient petun. Elle eut en France le nom de 40
nicotiane,⁷ d'herbe à la reine et divers autres noms. Il y a plusieurs
especes de tabac. Chacune prend son nom, ou de l'endroit où
*ᶠ*cette plante*ᶠ* croit ou de celuy où elle est manufacturée, ou du

u MS: ⟨ta haine, et non ton haine⟩ Ton
v MS: ⟨*Ta* donne⟩ ↑β
w MS: ⟨ainsi⟩ tes
x MS: ⟨La reduplication⟩ ↑β
y MS: ⟨C'est à peu pres par cette raison qu'on disait dans les salles d'armes
c'est un tata⟩ ↑β
ᶻ MS: ⟨exprimer⟩ désigner
a MS, article de la main de Voltaire
b MS, ajouté dans l'interligne
c MS: ⟨Subst. masculin.⟩ On
d MS: ⟨on l'appelait⟩ les
e MS: ⟨natifs⟩ ↑β
f MS: ⟨elle⟩ ↑β

⁴ J. Racine, *Les Plaideurs*, III.iii.763; exemple cité par *Trévoux* (vi.3).
⁵ Sens non confirmé. E. Littré cite comme seul exemple le nôtre. Il semble
ignoré des autres lexicologues.
⁶ Attesté vers 1555 en espagnol ('tabaco') et vers 1599 chez O. de Serres,
comme emprunté à cette langue qui l'aurait pris à l'arouak 'tzibatl'. Voltaire a
pu trouver la date de 1560 dans *Trévoux* (vi.3).
⁷ Ainsi nommée en souvenir de Jean Nicot (1530-1600) qui, ambassadeur au
Portugal, envoya la graine de pétun à Catherine de Médicis, puis à son retour
d'ambassade, lui en présenta une plante.

port principal *ou du pays* dont* part cette marchandise. Le* petit
peuple ayant commencé en France à prendre du tabac par le nez   45
ce fut d'abord une indecence aux femmes d'en faire usage. Voyla
pourquoy Boylau dit* dans la satire des femmes

> et fait à ses amants trop faibles d'estomac
> redouter ses baisers pleins d'ail et de tabac[8]

On dit fumer du tabac, et on entend la meme chose par le mot   50
seul de fumer.[9]

[TABAGIE]* Tabagie comme dans l'imprimé.

[TABARIN]* Tabarin nom* propre, devenu nom appellatif. Tabarin* valet de Mondor charlatan sur le Pont Neuf du temps de
Henri 4 fit* donner ce nom aux* bouffons grossiers.[10]   55

> *et sans honte à Terence allier Tabarin.*[11]

Tabarine n'est pas d'usage, et ne doit pas en être par ce que
les femmes sont toujours plus décentes que les hommes.[12]

g	MS, ajouté dans l'interligne
h	K: d'où
i	MS: ⟨ou du pays. C'etait d'abord⟩ Le
j	MS, ajouté dans l'interligne
k	MS, article de la main de Voltaire
l	MS, article de la main de Voltaire
m	MS: ⟨adjectif⟩ nom
n	MS: ⟨Un nommé⟩ Tabarin
o	MS: ⟨a donné⟩ ⟨donna⟩ fit
p	MS: ⟨à tous les⟩ ↑β

[8] N. Boileau, *Satires*, x.671-672. Le texte correct porte 'Fait, même à ses amants'.

[9] L'article 'Tabac' fut en partie remanié, mais les ajouts de Voltaire ne furent pas retenus.

[10] Attesté vers le milieu du seizième siècle chez Monluc pour désigner un bouffon. Pseudonyme de l'acteur Girard (1584-1626). 'Tabarinage' apparut vers 1717 selon le *Dictionnaire général* d'A. Hatzfeld et A. Darmesteter.

[11] N. Boileau, *Art poétique*, iii.398; exemple cité par *Trévoux* (vi.5).

[12] *Trévoux* donne 'Tabarin, ine s. m. & f.'. Le Supplément de 1752, par contre, omet la forme féminine (col.2185).

Tabarinage et surtout*q* tabarinique qu'on trouve dans le dictionaire de Trevoux[13] sont aussi proscrits.   60

[TABATIÈRE]*r* Tabatiere comme dans l'imprimé. Ajoutez à la fin,
depuis quelques années l'usage de la cour a substitué boete à
tabatiere. Cependant boete est trop general.[14]

[TABAXIR]*s* Tabaxir *'*s m.*t* liqueur d'une canne des Indes. On s'en
sert en medecine.[15]   65

[TABELLION]*u* Tabellion subs masc.[16] Nom d'office. Il n'est plus
d'usage que dans les campagnes et dans le stile comique. Un
tabellion fait les memes fonctions qu'un notaire.

[TABELLIONAGE]*v* Tabellionage, s m, signifie ou la charge de
tabellion,[17] il a le tabellionage de ce village, ou un droit domanial   70
du seigneur. Il y a quelques*w* terres aux quelles apartient*x* le droit
de tabellionage, le droit d'instituer des tabellions ou notaires.

q MS, ajouté dans l'interligne
r MS, article de la main de Voltaire
s MS, article de la main de Voltaire
t MS, ajouté dans l'interligne
u MS, article de la main de Voltaire
v MS, article de la main de Voltaire
w MS: ⟨des⟩ ↑β
x MS: ⟨est⟩ apartient

[13] *Trévoux*, vi.5. 'Tabarinage' fut introduit dans *Académie 62*.
[14] L'addition suggérée par Voltaire n'a pas été retenue.
[15] Le mot proposé par Voltaire, et qui figure dans *Trévoux* (vi.6), n'a pas été
admis dans *Académie 62*.
[16] Attesté vers 1265 chez Brunetto Latini, pour désigner les officiers gardant
les minutes et expédiant les actes notariés. Les offices de tabellion et de notaire
furent réunis en 1597 et la fusion confirmée par un édit de février 1761.
[17] Apparu vers 1337 selon F. Godefroy. L'expression 'droit de tabellionage'
(cf. *Trévoux*, vi.7) fut introduite dans *Académie 62*.

253

[TABERNACLE][y] Tabernacle, comme dans l'imprimé inclusivement[z] jusqu'à ces mots où le tabernacle fut bâti.

Rayez[a] où le temple fut bati   75
et mettez

Quand le temple fut construit, le saint des Saints fut aussi appellé du nom hebreu[b] qui répond à tabernacle.[18] La fete des tabernacles que les juifs celebrent encor aujourduy après les moissons,[19] et dans la quelle ils font des feuillées dure huit jours   80
en memoire des tentes ou tabernacles sous les quels ils habiterent dans le désert.

[TABIDE][c] Tabide adjectif[d], terme de medecine, de *tabes*.[20] Il signifie plus que livide, et est particulierement attaché à l'état de phtisie et de marasme.   85

[TABIS][e] Tabis etoffe de soye unie et ondée passée à la calendre sous un[f] cilindre qui imprime sur l'etoffe ces inégalitez onduleuses gravées sur le cilindre meme.[21] C'est ce qu'on appelle impropre-

y	MS, article de la main de Voltaire
z	MS, ajouté dans l'interligne
a	MS: ⟨ajoutez⟩ ⟨mettez⟩ Rayez
b	MS, ajouté dans l'interligne
c	MS, article de la main de Voltaire
d	MS, ajouté dans l'interligne
e	MS, article de la main de Voltaire
f	MS: ⟨le⟩ ↑β

[18] Attesté vers 1110; le 'mishkan' fut d'abord temple provisoire (la 'tente d'assignation' selon Exode xxxiii.7-10), puis un sanctuaire mobile (Exode xxv-xxxi, xxxv-xl) et enfin le sanctuaire définitif de l'Eternel, édifié à Jérusalem.

[19] La 'hag ha-sukkot' ou deuxième fête des récoltes, marquée entre autres par la construction de cabanes de feuillage (Lévitique xxiii.39-43) et rappelant également la traversée du désert. La description de la Fête des tabernacles fut légèrement remaniée dans *Académie 62*, sans que celle de Voltaire ne soit adoptée.

[20] 'Tabide', terme figurant dans *Trévoux* (vi.8) qui donne l'étymologie *tabes*, fut admis dans *Académie 62*.

[21] La définition de Voltaire, bien plus détaillée que celle fournie par *Académie 62* ('Sorte de gros taffetas ondé'), s'inspire de celle de *Trévoux* (vi.8).

ment moire, de deux mots anglais mo hair poil de chevre sauvage. La véritable moire n'admet pas un seul fil de soye.   90

> *ou sur l'ouate molle éclate le tabis.* Boileau[22]

Tabisér passer à la calendre. Taffetas, gros de tours tabisé.

[TABLATURE][g] Tablature, s.f. ancienne maniere de noter la musique par les lettres de l'alphabet. On s'en sert encor pour des pieces de luth, de theorbe, de basse de viole etc. Les lettres sont   95 marquées sur des lignes. L'A avertit que la main droitte doit faire sonner la corde, sans pincer le manche de la main[h] gauche, le B [i]qu'un doit de la[i] gauche doit poser sur la premiere touche, le C sur la seconde etc. Le reste com dans l'imprimé.[23]

[TABLE][j] Table[24] s.f. terme tres etendu qui a plusieurs significa-   100 tions.[k]

Table à manger, table[l] de jeu, table à ecrire. Premiere table, seconde table, table du comun, table[m] de buffet, table d'hote où l'on mange à tant par repas, bonne table, table reglée, [n]table ouverte[n], etre à table, se mettre à table, sortir de table. Table   105 brisée, table ronde, ovale, longue, carrée. [o]Courir les tables (en

---

g   MS, article de la main de Voltaire
h   MS, ajouté dans l'interligne
i   MS: ⟨que la main⟩ ↑β
j   MS, article de la main de Voltaire (l.100-127) et Wagnière (l.128-168)
k   MS: significations [V]⟨mais qui dans touttes⟩
l   MS: [V]⟨la sainte table, table d'autel⟩ table
m   MS: [V]⟨table d'hote⟩ table
n   MS, ajouté dans l'interligne par Voltaire
o   MS, ajouté dans l'interligne et dans la marge par Voltaire

---

[22] N. Boileau, *Le Lutrin*, iv.44.
[23] L'addition suggérée par Voltaire, qui s'inspire de l'article 'Tablature' de *Trévoux* (vi.8-9), n'a pas été retenue.
[24] Cet article s'inspire largement de *Trévoux* (vi.9-13), où sont définies plusieurs expressions notées par Voltaire et pas toujours reprises dans *Académie 62*.

stile familier) se dit des parasites, benir la table, *p*c'est à dire*p* faire une priere avant le repas, tomber sous la table, dernier*q* effet de l'ivresse*o*, *r*propos de table, traits de guaité et de familiarité qui échapent dans un repas*r*. 110

Table de nuit, inventée en 1717, meuble commode qu'on place aupres d'un lit et sur le quel se placent plusieurs ustenciles.[25]

Table à tiroir, mettre papiers sur table.

Table d'un instrument de musique comme luth, clavessin. C'est la partie sur la quelle posent les cordes ou les touches. 115

Table de verre, signifie le verre plat qui n'a point eté souflé*s*. Table de plomb, de *t*cuivre sur la quelle on etend ces métaux en fusion.*t*

Tables de la loy, la loy des douze tables chez les romains, les deux tables de la loy chez les hebreux. On ne dit point la loy des 120 deux tables.

Table*u* d'autel dans*v* la quelle on encastre la pierre bénite sur la quelle le pretre pose le ciboire*w*.

Sainte table. C'est l'autel meme sur lequel le*x* pretre prend les pains enchantez[26] avec les quels il va donner la communion. 125 Approcher de la sainte table, communier. On ne dit pas se mettre à la sainte table.

---

p	MS, ajouté dans l'interligne par Voltaire
q	MS: ^V⟨etre incapable de⟩ dernier
r	MS, ajouté dans la marge par Voltaire
s	K: soufflé et qui n'est pas encore employé.
t	K: cuivre; plaque de plomb et de cuivre d'une étendue un peu considérable.
u	MS: ^V⟨la table d'isis ou la table du soleil⟩ Table
v	MS: ^V⟨sur⟩ ^{V↑}β
w	K: calice
x	MS: ⟨se⟩ ^{V↑}le

[25] D'où Voltaire tient-il la date de 1717? Littré l'adopte en citant Voltaire, et les autres lexicologues le suivent.

[26] L'Académie et Richelet disent 'pains à chanter'. Il est curieux de noter que Voltaire emploie ici l'expression 'pain enchanté', expression qu'il semble critiquer dans sa lettre à Duclos du 12 juillet 1761 (D9891).

^yTable isiaque²⁷ ou table du Soleil. C'est une^y grande plaque de cuivre qu'on regarde comme un des plus pretieux monuments de l'ancienne Egypte; elle est couverte d'hyeroglifes gravés. ^ʳCe monument qui vient de la maison de Gonzague est conservé à Turin.^ʳ

Table ronde, (Chevaliers de la table ronde), imaginée pour éviter les disputes sur la présseance;²⁸ ^aet dont les romans ont attribué l'invention à un roy fabuleux d'Angleterre nommé Artus.^a

Table Pythagorique, ou de multiplication des nombres les uns par les autres.^b

Table d'astronomie, ou calcul des mouvements célestes. On a les Tables alphonsines, les Tables Rodolphines, ainsi nommées parce qu'on les a faittes pour ces deux monarques.²⁹

Table des sinus, des tengentes, des Logarithmes.³⁰

Tables genéalogiques, plus communément nommées arbres.

La Table d'un livre, ^cc'est à dire^c Liste alphabétique, ou des noms, ou des matières, ou des chapitres.

---

y   MS: ^W⟨*Table Isiaque, ou Table du soleil*⟩ ^{V ↑} β

ʳ   MS, ajouté par Voltaire

a   MS, ajouté par Voltaire

b   K: autres. Table en mathématique, suite de nombres rangés suivant certain ordre propre à faire retrouver l'un de ces nombres dont on a besoin.

c   MS: ^W⟨qui est une⟩ ^{V ↑} β

---

[27] Découverte à Rome en 1525, cette table carrée en bronze, où sont figurés Isis, des dieux et des cérémonies (époque d'Hadrien?), se trouve aujourd'hui au Musée national de Turin.

[28] Un des ajouts à cet article dans *Académie 62* pourrait bien provenir de Voltaire: 'Il est parlé dans les anciens Romans *Des Chevaliers de la table ronde*. Ils prenoient ce titre d'une table ronde, autour de laquelle ils s'asseyoient pour éviter toute préséance'.

[29] Les premières, dressées en 1225 sur l'ordre d'Alphonse x le Sage, assez précises, remplacèrent les tables ptolémaïques. Kepler dédia en 1626 ses tables planétaires à la mémoire de son protecteur l'empereur Rodolphe II (1552-1612).

[30] Les expressions 'Table isiaque', 'Table pythagorique' et 'Table des sinus' furent admises dans *Académie 62*.

Table d'attente, en architecture, c'est d'ordinaire un Bossage pour recevoir une inscription.[31]

14

Table de Trictrac.

Toute table, *[d]*jeux differents*[d]* du trictrac ordinaire.[32]

Table de diamant; le diamant est taillé en table quand sa surface est platte, et les côtés à bizots.

15

Les deux parties osseuses qui composent le crane sont apellées Tables.

Les Tremaux, cartouches, paneaux, en architecture prennent aussi le nom *de table.*

Table de Crepi, table en saillie, table couronnée, table fouillée, table rustique.[33]

15

Table de marbre l'une des plus anciennes jurisdictions[34] du royaume, partagée en trois tribunaux; celui du Connestable *[e]*à present*[e]* des maréchaux de France; celui de L'amiral, et celui du grand forêtier qui est aujourd'hui representé par le grand maître des Eaux et forêts; cette jurisdiction est ainsi nommée d'une longue table de marbre sur la quelle les vassaux étaient tenus d'aporter leurs redevances; chaque seigneur avait une table pa-

16

---

d   K: table, jeu différent du

e   MS: ^{W}⟨et⟩ $^{V\uparrow}$β

---

[31] La table d'attente est en fait une portion de pierre de taille laissée en bossage. La définition donnée par Voltaire provient de *Trévoux* (vi.12).

[32] Pour les règles, assez complexes, du tric-trac, voir entre autres le *Dictionnaire des jeux* de l'*Encyclopédie méthodique* (*Mathématiques*, III) (Paris 1792), p.288-309.

[33] Ces cinq expressions sont définies dans *Trévoux* (vi.12-13).

[34] Cf. *Essai sur les mœurs*, ch.79: 'Le parlement a fait citer le dauphin à ce qu'on appelle la *table de marbre*. C'était une grande table qui servait du temps de saint Louis à recevoir les redevances en nature des vassaux de la Tour du Louvre et qui resta depuis comme une marque de juridiction' (*Essai*, i.746). Selon M. Marion (*Dictionnaire des institutions de la France aux XVIIe et XVIIIe siècles*, Paris 1969, p.525), l'expression simple désigne la grand-maîtrise des eaux-et-forêts, et par extension la juridiction des eaux-et-forêts, chasses et pêches. La juridiction des maréchaux de France s'appelait le 'tribunal du point d'honneur' et réglait les contestations entre nobles (p.543). La définition de Voltaire est celle donnée par *Trévoux* et *Académie 62*.

reille, et les mots de table, domaine, justice, étaient presque
synonimes; réunir à sa table, était réunir à son domaine.   165

   Table raʒe, expression empruntée de la toile des peintres avant
qu'ils y aient appliqué leurs couleurs; l'esprit d'un enfant est une
table raze, sur la quelle les préjugés n'ont encor rien imprimé.³⁵

[TABLEAU]ᶠ *Tableau*, espèce de table, et qui vient de la même
origine, Tabulaᵍ, ouvrage de peinture, etcᵃ comme dans   170
l'imprimé.³⁶

[TABLER]ʰ *Tabler*, verbe neutre; ⁱIl vient du jeu duʲ Trictrac,³⁷ on
disaitⁱ tabler quand on posait deux dames sur la même ligne; on
dit aujourd'hui caser; et le mot tabler qui n'est plus d'usage au
propre, s'est conservé au figuré. Tabler sur cet arrangement,   175
Tabler sur cette nouvelle. ᵏIl était d'usage dans le siècle passé, de
dire tabler pour tenir table. Allez tabler jusqu'à demain. (Amphitrion de Molière.)ᵏ³⁸

f   MS, article de la main de Wagnière
g   MS, ajouté par Voltaire
h   MS, article de la main de Wagnière
i   MS: ⟨mot ancien qui n'est plus d'usage⟩ ↑ β
j   K: de
k   MS, ajouté dans l'interligne par Voltaire

³⁵ L'expression 'table rase', attestée en 1314 chez Mandeville, provient du
raisonnement d'Aristote (*De l'âme*, i.1, ii.12). La notion fut surtout utilisée par
les théoriciens de l'empirisime.
³⁶ L'addition proposée n'a pas été retenue; cf. *Trévoux*, vi.13.
³⁷ Pour le tric-trac, voir ci-dessus, note 32.
³⁸ Molière, *Amphitryon*, III.v.1741; exemple cité par *Trévoux* (vi.14) et non
retenu.

[TABLETIER][l] *Tabletier*. Comme dans l'imprimé.

[TABLETTE][m] *Tablette*. Comme dans l'imprimé. Ajoutez-y, les sentences de Mathieu furent intitulées tablettes. Les doctes Tablettes du Conseiller Mathieu ouvrage de valeur. Molière.[39]

[TABLIER][n] Ajoutez à la fin de l'article *tablier*. Tablier est encor un ornement légèrement sculpté, sur une face d'un pied d'Estal, ou sur le socle d'une colomne; c'était originairement une pièce de laine ou de lin, figurée, sur le devant des autels anciens.[40]

[TABLOIN][o] *Tabloin*, platte forme où l'on place les canons en batterie.[41]

[TABOR][p] *Tabor*, ou *Thabor*, montagne fameuse dans la Judée,[42] ce nom entre souvent dans le discours familier; il est faux que cette montagne ait une lieüe et demie d'élévation au dessus de la plaine comme le disent plusieurs dictionaires;[43] il n'y a point de montagne de cette hauteur. Le Tabor[q] n'a pas plus de six cent

l	MS, article de la main de Wagnière
m	MS, article de la main de Wagnière
n	MS, article de la main de Wagnière
o	MS, article de la main de Wagnière
p	MS, article de la main de Wagnière
q	MS: T⟨h⟩abor [partout]

[39] 'Lisez-moi, comme il faut au lieu de ces sornettes / Les quatrains de Pibrac et les doctes tablettes / Du conseiller Matthieu, ouvrage de valeur / Et plein de beaux discours à réciter par cœur.' (Molière, *Sganarelle ou le cocu imaginaire*, I.i.33-36); exemple cité par *Trévoux* (vi.15). L'addition suggérée par Voltaire n'a pas été retenue.
[40] L'ajout de Voltaire fut retenu.
[41] De l'espagnol 'tablón', apparu vers 1628 pour 'tablouin', en 1691 dans le *Dictionnaire mathématique* (Paris 1691) de J. Ozanam. Le mot, qui figurait dans *Trévoux* (vi.15), fut introduit dans *Académie 62*.
[42] Aujourd'hui nommé Djebel et-Tur, le mont Tabor s'élève à 588 mètres à l'ouest du lac de Génésareth.
[43] *Trévoux*, vi.182 ('Thabor').

pieds de haut, mais il parait très élevé parce qu'il est élevé* dans une vaste plaine. 195

Le Tabor de Bohëme[44] est encor célèbre par la resistance de Ziska aux armées Impériales; c'est de là qu'on donna* le nom de Tabor aux retranchements faits avec des chariots;

Les Taborites, secte à peu près semblable à celle des hussites, prirent aussi leur nom de cette montagne.[45] 200

[TABOURET]* Tabouret, comme dans l'imprimé. Ajoutez, Tabouret est aussi une petite plante apellée en Latin Bursa pastoris.[46]

[TACHÉOGRAPHIE]* Page 731. Après le mot *Tache* metez, Tacheographie, ou Tachigraphie,[47] l'art d'écrire en abregé; *ou en notte*.

[TACITURNE]* Ajoutez au mot *Taciturne*; ce terme en aucune 205 occasion ne peut avoir de régime; un auteur célèbre a péché contre la langue en disant

r K: situé
s MS: ⟨a donné⟩ donna
t MS, article de la main de Wagnière
u MS, article de la main de Wagnière
v MS, ajouté par Voltaire
w MS, article de la main de Wagnière

[44] Montagne de Bohême (province de Béchin), site inexpugnable que Jan Ziska avait choisi pour quartier général des hussites. La montagne du campement fut inaugurée en 1420, sous le nom mystique de Tabor, qu'elle a toujours porté depuis, ainsi que la forteresse de Ziska; cf. *Annales de l'empire*, 'Sigismond' (M.xiii.439-40).

[45] 'Tabor' et 'Taborites', qui figuraient dans *Trévoux* (vi.182), ne furent pas admis dans *Académie 62*.

[46] Les éditeurs ajoutèrent un renvoi à 'Bourse à pasteur', qui ne figurait pas dans *Académie 40*. L'expression latine est signalée dans *Trévoux* (vi.16).

[47] Apparu en 1681 dans le *Journal des sçavans* pour la cartographie. Le mot, qui figurait dans *Trévoux* (vi.18-19), fut introduit dans *Académie 62*. Le sens qu'on lui prête aujourd'hui, concrétisé par 'tachygraphe', est attesté par le *Dictionnaire* de l'Académie en 1798.

De la tanser point ne fut taciturne.[48]

[TACT][x] Au mot *Tact* ajoutez, le *Tact* fin, le *tact* subtil, se dit figurément du sentiment prompt d'un homme de goût et de jugement.[49]

2ɪ(

[TACTION][y] *Taction*, ancien terme de philosophie, qui exprimait l'action ou le sentiment du toucher; Taction en géométrie signifie le point dans lequel une ligne touche une courbe[z].[50]

[TACTIQUE][a] Tactique [b]s f[b], signifie proprement ordre, arrange- ment, mais ce mot est consacré depuis longtemps à la science de la guerre. La Tactique consiste à ranger les troupes en bataille, à faire les évolutions; à disposer ses[c] troupes; à se prévaloir avec avantage des machines de guerre.[51] L'art de bien camper prend un autre nom qui est celui de camestration;[52] lors qu'une fois la bataille est engagée, et que le succez ne dépend plus que de la

2ɪ

22(

x   MS, article de la main de Wagnière
y   MS, article de la main de Wagnière
ʒ   MS: ⟨cercle⟩ courbe
a   MS, article de la main de Wagnière
b   MS, ajouté dans l'interligne par Voltaire
c   K: les

[48] 'Au rendez-vous dès le matin donné, / Vint une belle, yvre du vin nocturne / Dont le galant se trouvant étonné, / A la tancer point ne fut taciturne.' (Antoine Ferrand, *Pièces libres*, Londres 1744, p.14). L'addition suggérée par Voltaire n'a pas été retenue.
[49] A la description du mot au sens propre, qui figurait dans *Académie 40*, *Académie 62* ajoute le sens figuré proposé par Voltaire.
[50] Le sens géométrique figure dans Furetière, *Dictionnaire universel* (1690) et T. Corneille, *Dictionnaire des arts et des sciences* (1694). Les deux sens apparaissent dans *Trévoux* (vi.21). *Académie 62* introduit le terme dans le sens 'action du toucher'.
[51] Les éditeurs changent la définition du terme, peut-être sous l'influence de Voltaire.
[52] Ou plus exactement 'castramétation', adopté vers la fin du seizième siècle, d'après César, *De bello gallico*, iii.xiii.3.

valeur des troupes et du coup d'œil du general le terme de Tactique n'est plus convenable; parce qu'alors il ne s'agit plus ni d'ordre, ni d'arrangement.

[TAËL]*d* *Taël ᵉ*s m*ᵉ*, monnoie de la Chine.[53]　　　　225

[TAFFETAS]*f* A L'article *Taffetas*, ajoutez, taffetas armoisin, qui vient originairement d'Italie. Demis-armoisins, fabriqués à Avignon.[54] Taffetas à cinq octaves qui sont d'un demi quart plus larges que les autres; le demi quart s'appellant octave.[55]

[TAGE]*g* *Tage ʰ*s m*ʰ*, quoi que ce ne soit que le nom propre d'une　230 rivière, le fréquent usage qu'on en fait, lui doit donner place dans *ᵢce dictionaire*; les trésors du Pactole et du Tage sont communs en poësie,[56] on a supposé que ces deux fleuves roulaient une grande quantité d'or dans leurs eaux; ce qui n'est pas vrai.[57]

[TAILLADE]*j* Au mot *Taillade*, cette définition, *Coupure qui se fait*　235 *avec le taillant de quelque chose*;[58] ne parait pas d'un bon stile;

d　MS, article de la main de Wagnière
e　MS, ajouté dans l'interligne par Voltaire
f　MS, article de la main de Wagnière
g　MS, article de la main de Wagnière
h　MS, ajouté dans l'interligne par Voltaire
i　K: le dictionnaire de l'Académie
j　MS, article de la main de Wagnière

[53] Terme introduit dans *Académie 62*; cf. *Trévoux*, vi.21.

[54] Du persan 'tāfta' par l'italien *taffetà* (tressé, tissé), le mot apparaît vers 1314. L'armoisin est un taffetas dont les balles d'expédition étaient marquées d'armes (italien *armesino*); le mot est attesté vers 1541.

[55] Les termes proposés, qui figurent tous dans *Trévoux* (vi.22), n'ont pas été retenus.

[56] Lucain, *Pharsalia*, vii.755: 'Quidquid fodit Hiber, quidquid Tagus expuit auri'. G. de Brébeuf, *La Pharsale de Lucain* (Rouen 1663, p.269; Paris 1670, BV, no.2213): 'Que tout l'or du Pactole, et tout celuy du Tage'.

[57] Le mot proposé par Voltaire et qui se trouvait déjà dans *Trévoux* (vi.23) n'a pas été admis dans *Académie 62*.

[58] Cette définition ne figure pas dans *Académie 40*. Il s'agit en fait de celle que donne *Trévoux* du mot 'taillade' (vi.24).

J'aimerais mieux seulerᵉent, *avec un taillant, ou avec un instrument tranchant.*

[TAILLURE]*ᵏ Taillure*, terme de broderie; pièce de raport brodée sur une Etoffe.[59]   240

[TAIN]*ˡ Tain ᵐ*s mᵐ, originairement *Etain*, parce que l'on étendait de l'Etain derrière les glaces pour en faire des miroirs; aujourd'hui que cet Etain est amalgamé avec du mercure, il a pris le nom de Tain.[60]

[SE TAIRE]ⁿ Page 735. Après la definition du mot taire et se taire. 245
    J'oterais l'article *qui se tait consent* par ce que ce proverbe n'est pas d'usage,[61] par ce qu'il parait qu'il n'y a nulle methode à entasser des proverbes avant d'avoir enoncé touttes les acceptions grammaticales du mot.
    Je mettrais: se taire emporte d'ordinaire la preposition *sur.* Il 250
s'etendit sur les fautes de cet ouvrage. Il se tut sur ses bautez. Je parle de ce que j'ay vu, je me tais sur le reste. Cependant l'article du, de, des est aussi employé. Il ne peut se taire de son bonheur, de la grace qu'on luy a faitte.

on parle d'eau du Tibre et l'on se tait du reste   255
                    Corneille dans Cinna[62]

---

k   MS, article de la main de Wagnière, ajouté dans l'interligne
l   MS, article de la main de Wagnière
m   MS, ajouté dans l'interligne par Voltaire
n   MS, article de la main de Voltaire

---

[59] Le mot proposé par Voltaire, dont la définition s'inspire de celle donnée par *Trévoux* (vi.31), n'a pas été admis dans *Académie 62*. La forme 'tailleure/taillure' est attestée au seizième siècle (cf. E. Huguet, *Dictionnaire de la langue française au 16ᵉ siècle*, Paris 1967, vii.174).
    [60] Encore une fois, le texte de Voltaire s'inspire de la notice de *Trévoux* (vi.32). *Académie 62* reprend l'article d'*Académie 40* sans rien y changer.
    [61] Ce proverbe figurait aussi dans *Trévoux* (vi.32).
    [62] P. Corneille, *Cinna*, IV.iv.1290.

*o*Les vents se taisent, les cloches se taisent, le canon commence
à se taire, les loix se taisent parmy les armes.[63] *Et*[p] *l'amour doit icy
se taire au bruit des armes.*[o]

Il se tut devant [q]son maitre[q]. *La terre se tut devant luy.*[r]   260

>   et la terre en tremblant se taire devant vous
>   Racine[64]

[s]C'est une hiperbole prise du Ier livre des Macabées: La terre se
tut devant Alexandre.[s][65]

Faire taire.   265

>   ne ferez vous pas taire un bruit qui vous offense
>   Racine[66]

Notre canon fit taire celuy des ennemis etc.[67]

---

o   MS, ajouté dans l'interligne et dans la marge
p   MS: ⟨ne ferez vous⟩ *Et*
q   MS: ⟨luy⟩ ↑β
r   MS: *luy*. ⟨expression prise du livre des Macabées, et detournée à un sens
different, il signifie dans l'hebreu la Judée fut en paix du temps d'Alexandre, et
non pas ⟨les⟩ nul n'osa resister à Alexandre car il trouva partout des ennemis,
et donna des batailles depuis la Trace jusqu'à l'Inde.⟩
s   MS, ajouté dans l'interligne

---

[63] Cf. Cicéron, *Pro Milone*, x: 'silent leges inter armas'. Les deux premières
expressions citées se trouvent aussi dans *Trévoux* (vi.31-32), tout comme les
deux citations de Racine.
[64] J. Racine, *Alexandre*, iii.vi.920.
[65] I Maccabées i.3.
[66] J. Racine, *Iphigénie*, iv.vi.1334.
[67] Les additions proposées par Voltaire n'ont pas été retenues.

[TALAPOIN]*t* *Talapoin* "s m", Prêtre de Siam, d'Ava et du Pégu.[68]

[TALC]*v* Au mot *Talc*", les anciens s'en servaient avant d'avoir des vîtres.[69]   270

[TALENT]*x* *Talent y*s m*y*, poids d'or ou*z* d'argent differents*a* selon les divers païs, ou monoie idéale, comme le sont aujourd'hui nos Livres; (le reste comme dans l'imprimé.)[70]

[TALENT]*b* Ajoutez à *Talent*: maltalent se dit familièrement, *de mauvaise volonté*;[71] ce mot se trouve souvent dans Scaron,[72] et dans les auteurs burlesques.   275

t	MS, article de la main de Wagnière
u	MS, ajouté dans l'interligne par Voltaire
v	MS, article de la main de Wagnière
w	MS: Tal⟨que⟩c
x	MS, article de la main de Wagnière
y	MS, ajouté dans l'interligne par Voltaire
z	MS: ⟨et⟩ ᵛ↑ ou
a	MS: ⟨qui a⟩ differents
b	MS, article de la main de Wagnière

[68] De l'ancien birman 'tala poï', nom donné au dix-septième siècle aux moines bouddhistes de Thaïlande et de Birmanie. Le terme, longuement traité dans *Trévoux* (vi.33-34), fut introduit dans *Académie 62*.

[69] De l'arabe 'talq', le talc peut être trouvé en lamelles ou en schistes. Le mot a été introduit en 1560 par Bernard Palissy. L'ajout de Voltaire n'a pas été retenu.

[70] Voir *Trévoux* (vi.36-38): 'Fameux poids et monnoie des Anciens qui était de différente valeur selon le pays'. Cf. *Essai sur les mœurs*, ch.19 (*Essai*, i.347-48). L'addition n'a pas été retenue.

[71] *Trévoux* (vi.38) signale '*maltalent*, qui signifie *mauvaise volonté*'.

[72] P. Scarron, *Le Virgile travesti*, vi.633: 'Et puis, remplis de mal-talent / (Car tout Fripon est violent)'. Le terme ne fut pas retenu.

266

[TALION][c] Talion, (s: m:) ce mot qu'on croit venir de l'hebreu[73]
ne vient que du Latin, des douze tables de Rome; si membrum
rapit, talio esto, il signifie, telle offense, telle peine, etc[a] comme   280
dans l'imprimé.

[TALISMAN][d] Talisman[e] [f]s m[f], terme arabe francisé[g],[74] proprement[h] consécration, la même chose que telesma[i] ou phylactère,
preservatif, figure, caractère, dont la superstition s'est servie dans
tous les temps, et chez tous les peuples, c'est d'ordinaire, une   285
espèce de médaille fondüe et frapée sous certaines constellations;
le fameux Talismant de Catherine de Médicis éxiste encore.[75]

[TALLER][j] Tâler [k]ou Taller[k], (verbe neutre) mot très en usage
chez les cultivateurs, signifie la pousse de plusieurs tiges formées
d'un seul grain;[76] les bleds ont Talé beaucoup cette année etc[a].   290

c   MS, article de la main de Wagnière
d   MS, article de la main de Wagnière
e   MS: Talism⟨ant⟩an
f   MS, ajouté dans l'interligne par Voltaire
g   MS, ajouté dans l'interligne par Voltaire
h   MS: ⟨τελεσμα en grec⟩ ↑ proprement
i   MS: ⟨phylactère, et⟩ telesma
j   MS, article de la main de Wagnière
k   MS, ajouté dans l'interligne

[73] Trévoux (vi.39) ne dit pas spécifiquement que le mot est d'origine hébraïque,
mais bien l'usage. Le mot est effectivement issu de 'talio' et apparaît vers 1495
dans Le Miroir des histoires, mais il ne perça qu'au dix-huitième siècle. L'addition
suggérée par Voltaire n'a pas été retenue.

[74] Le mot est issu du grec τέλεσμα 'rite' par l'intermédiaire de l'arabe 'tilsam',
pl. tilsamān et cf. le persan 'tilisman'. J. Gaffarel (1601-1681) publia en 1629
des Curiositez inouyes sur la sculpture talismanique des Persans. Cf. Trévoux: 'Ce mot
est purement arabe' (vi.39). L'article de Voltaire ne fut pas retenu.

[75] Le talisman représentant Catherine de Médicis est décrit dans l'Essai sur les
mœurs, ch.173 (Essai, ii.515-16).

[76] Le mot ne fut pas retenu.

[TALMOUSE]*l* Talmouse *m*s f*m*, anciennement Talmolle *n*qui exprimait la delicatesse de cette patisserie*n*.[77]

[TALMUD]*o* Talmud ancien receuil des loix, des coutumes, *p*des traditions*p* et des opinions des juifs compilées par leurs docteurs. Il est divisé en deux parties la gemare et la misna posterieures*q*   295 de quelques siecles à notre ere vulgaire.[78] Ce mot est devenu français, par ce qu'il est comun à 'touttes les nations'.

 Talmudiste, attaché aux opinions du talmud.

 Talmudique, docteur talmudique, peu en usage.[79]

[TALON]*s* Au mot talon ajoutez talon en architecture, 'espece de'   300 moulure ou doucine renversée.

 Talon, extremité du pêne d'une serrure vers le ressort.

 Talon du gouvernail d'un vaissau, talon de la quille.

 Talon d'une branche en termes de jardinage.[80]

---

l   MS, article de la main de Wagnière
m   MS, ajouté dans l'interligne par Voltaire
n   MS, ajouté par Voltaire
o   MS, article de la main de Voltaire
p   MS, ajouté dans l'interligne
q   MS: ⟨ils sont⟩ posterieures
r   MS: biffés par erreur, en même temps que ⟨de la on a fait talmudiste juif attaché⟩
s   MS, article de la main de Voltaire
t   MS, ajouté dans la marge

---

[77] L'origine de ce mot, désignant une pâtisserie soufflée et qui apparaît dans le *Traité de morale et d'économie domestique* (c. 1393; Paris 1846, ii.96), est incertaine. On avance le moyen néerlandais 'tarwemale' (farine et froment). La forme 'talmolle' ne paraît pas attestée par les lexicologues.

[78] Terme apparu en français au début du seizième siècle. Les dérivés ont été utilisés par Rabelais à partir de 1534 et 1546. *Trévoux* (vi.40-42) rend compte de la division du Talmud en deux parties.

[79] 'Talmud' et 'Talmudiste', qui figurent dans *Trévoux* (avec 'Talmudique'), furent introduits dans *Académie 62*.

[80] Les expressions proposées par Voltaire (cf. *Trévoux* vi.42-43) ne furent pas retenues.

[TALUS]*u* Talus pente egale et*v* rapide donnée à des ouvrages de   305
terre, de maçonerie ou de bois etc. Il differe du plan incliné *w*et
du*w* glacis en ce qu'il est plus escarpé.[81]

[TAMARIN]*x* Tamarin *y*s m*y* arbre des Indes et de l'Afrique, dont
l'ecorce ressemble à celle du noyer, les feuilles à la fougere, et les
fleurs à celles de l'oranger, son fruit est une*z* petite gousse qui   310
renferme une pulpe noire assez semblable à*a* la casse mais d'un
goust un peu aigre. L'arbre et le fruit portent le nom de tamarin.[82]

[TAMARIS]*b* Tamaris *c*s m*c* arbrisseau dont les fruits ont quelque
ressemblance à ceux du tamarin mais qui ont une vertu plus
detersive et plus attenuante.[83]   315

[TAMBOUR]*d* Tambour *e*s m*e*, terme imitatif qui exprime le son de
cet instrument guerrier *f*inconnu aux*f* romains, et qui nous est

u	MS, article de la main de Voltaire
v	MS: ⟨donnée⟩ et
w	MS: ⟨en ce qu'il est plus escar⟩ ↑β
x	MS, article de la main de Voltaire
y	MS, ajouté dans l'interligne
z	MS: ⟨renfermé⟩ une
a	MS: ⟨assez⟩ à
b	MS, article de la main de Voltaire
c	MS, ajouté dans l'interligne
d	MS, article de la main de Voltaire
e	MS, ajouté dans l'interligne
f	MS: ⟨il n'était point connu des⟩ ↑β

[81] La définition donnée dans *Académie 40* fut maintenue.

[82] Apparu au cours du treizième siècle sous la forme 'tamarinde', issu de l'arabe 'tamār'. Pour désigner l'arbre et ses fruits on préférera le mot 'tamarinier' qui apparaît ('tamarindier') vers 1604 chez F. Martin, *Description du premier voyage faict aux Indes orientales par les François en l'an 1603*. La définition donnée par Voltaire s'inspire de celle de *Trévoux* (vi.44).

[83] Peut-être issu de l'arabe 'tamār' ou plus probablement du bas-latin 'tamariscus'. Attesté au treizième siècle par les *Simples médecines*. Les articles 'Tamarin' et 'Tamaris' firent l'objet de changements dans *Académie 62*, peut-être sous l'influence du texte de Voltaire.

venu des arabes et des maures.[84] C'est une caisse ronde exacte-ment^g fermée en dessus et en dessous par un parchemin^h ^{i}de mouton^i epais, tendu à force, sur une corde à boyau. Le tambour ne sert parmy nous que pour l'infanterie, c'est avec le tambour qu'on l'assemble, qu'on l'exerce, qu'on la conduit. ^{j}Battre le tambour, le tambour bat, il bat aux champs, il appelle, il rappelle^j, il bat la generale. La garnison marche, sort, tambour battant.

^{k}On dit figurément et familierement d'un homme sur qui etc, comme dans l'imprimé.

Ajoutez à la fin de l'article

Tambour de l'oreille,[85] membrane ronde^l seche située à l'extre-mité du conduit externe, traversée par un petit nerf qui luy sert de corde et qui porte les sons au sensorium.^{k}[86]

[TANCER]^m Tancer verbe actif, reprimander.

tancer un homme en sa misere
c'est cruauté non pas secours[87]

g	MS, ajouté dans l'interligne
h	MS: ⟨fort⟩ parchemin
i	MS, ajouté dans l'interligne
j	MS: ⟨etc. comme dans l'imprimé⟩ ↑β
k	K, omis
l	MS: ⟨seche⟩ ronde
m	MS, article de la main de Voltaire

[84] Le mot et la chose sont d'origine orientale. Du persan 'tābīr' ou de l'arabe 'al tambour'. Utilisé vers 1080 dans la *Chanson de Roland* sous la forme 'tabout' et à partir du treizième siècle sous la forme actuelle. Le timbre venant de la corde à boyau n'apparut qu'au dix-huitième siècle. Ménage indique la filiation arabo-espagnole (*Dictionnaire étymologique*, Paris 1694, p.686; BV, no.2416), tandis que Caseneuve se prononce pour la pure onomatopée.

[85] Par 'tambour de l'oreille', expression abandonnée aujourd'hui, Voltaire désigne le tympan (cf. *Trévoux*, vi.46), mot synonyme à la fin du douzième siècle de 'tambour'.

[86] Les additions suggérées par Voltaire n'ont pas été retenues.

[87] J. Antoine de Baïf, *Les Mimes, enseignements et proverbes* (1576), éd. J. B. P. Blanchemain, Paris 1880, p.33.

Il est d'usage dans le stile familier; cependant madame Dacier s'en sert souvent dans sa traduction d'Homere. Ce heros tança 335 son cœur.[88]

[TANGUER][n] Après tangente[89] mettez
Tanguer v. n. action d'un vaissau qui se panche en faisant voile sous un vent qui pousse [o]les vagues qui frappent[o] son bord dans sa longueur; la marée forte et rapide nous fit tanguer rudement.[90] 340

[TANT][p] *Tant*, adverbe de[q] quantité qui devient quelquefois conjonction. Il est adverbe quand il est attaché au verbe quand il [r]en modifie le sens[r]. *Il aima tant la patrie. Vous connaissez les coquettes? oh tant.*
Il a tant [s]de finesse dans l'esprit[s] qu'il se trompe presque 345 toujours.

n   MS, article de la main de Voltaire
o   MS: ⟨les vagues contre⟩ ↑β
p   MS, article de la main de Voltaire
q   MS, ajouté dans l'interligne
r   MS: ⟨le modifie⟩ ↑β
s   MS: ⟨d'esprit⟩ ↑β

[88] 'Souvent' est pour le moins excessif. Nous avons rencontré deux exemples au livre xx de l'*Odyssée*: 'Mais enfin se frappant la poitrine il tança son cœur [...] Ulysse tança son cœur'. Voir *L'Odyssée d'Homère* (Amsterdam 1731), iii.165-66. Voltaire lui-même utilisera le mot (*Le Droit du seigneur*, version en 3 actes, III.xi.587: 'Ciel! comme elle a tancé ma hardiesse!'; Voltaire 50, p.213). *Académie 40* avait constaté que tancer 'vieillit'; *Académie 62* changera cela en 'Il est du discours familier'.
[89] Signalons que 'Tangente' ne figure pas dans *Académie 40*. Voltaire a-t-il regardé *Trévoux* où ce terme figure (vi.50), ou travaillait-il sur un exemplaire déjà corrigé par les éditeurs?
[90] Le mot est relativement récent. Du frison 'tangeln', vaciller, qui a donné 'tangeur' vers 1584, selon J. H. Pardessus (*Us et coutumes de la mer*, Paris 1847), et 'tanguer' vers 1643. Le verbe, sinon la définition de Voltaire, fut introduit dans *Académie 62*. Cf. *Trévoux* (vi.51) qui donne l'exemple: 'nous trouvâmes une marée forte et rapide [...] qui nous faisait tanguer si rudement'.

Tant est une conjonction quand il signifie tandisque, elle sera aimée tant qu'elle sera jolie c'est à dire tandis qu'elle sera jolie.

Tant lors qu'il est suivi de quelque mot dont il designe la quantité, gouverne[t] toujours le genitif. Tant d'amitié, tant de richesses, tant de crimes. 35c

Il[u] ne se joint jamais à un simple adjectif. On ne dit point tant vertueux, tant mechant, tant liberal, tant avare, mais si vertueux, si mechant, si liberal, si avare.

[v][w]Après le verbe actif ou neutre sans auxiliaire[w] il faut toujours mettre *tant*, il[x] travaille tant, [y]il pleut tant[y]. [z]Quand le verbe auxiliaire se joint au verbe actif, vous placez le tant entre l'un et l'autre, il a tant travaillé, il[a] a tant plu, ils ont tant ecrit. Et jamais on ne [se] sert du si. Il a si plu, ils ont si ecrit. Ce serait un barbarisme. Mais avec un verbe passif le tant est remplacé par le si, et voicy dans quel cas. Lorsque[z] vous avez à exprimer un sentiment particulier[b] par un verbe passif comme[c] je suis si touché, si emeu, si couroucé, si animé, vous ne pouvez dire je suis tant emu, tant touché, tant couroucé, tant animé [d]parceque ces mots 35ç 36c

----

t   MS: ⟨phisique,⟩ gouverne

u   MS: ⟨il se joint aux participes passifs, il fut tant examiné qu'il fut reconnu; ce general tant redouté, ce point tant discuté, cette question tant aprofondie, ce heros tant vanté dans l'histoire⟩ ‖

v   MS: ⟨cependant il est permis de dire surtout en poesie, *ce heros tant celebre autrefois tant ⟨amoureux⟩ epris de la gloire qu'il luy sacrifiait de son sang et le notre.* Mais c'est une liberté plutot qu'une regle.⟩ [l.355-382 ajoutées après coup sur le feuillet suivant]

w   MS: ⟨Après le verbe actif au present⟩ ↑β

x   MS: ⟨et jamais si⟩ il

y   MS: ⟨et non pas il travaille si⟩ ↑β

z   MS: ⟨mais après avec le verbe passif c'est ⟨toujours⟩ souvent le si dont on se sert. Il est si touché et non tant touché si emu et non tant emu si animé et non tant animé. On employe ↑souvent⁺ le si ou le tant au lieu du tant dans plus⟩ ↑β

a   MS: ⟨ils ont⟩ ↑il

b   MS, ajouté dans l'interligne

c   MS, ajouté dans la marge

d   MS: ⟨mais si vous parlez d'une action d'un fait⟩ ↑β

tiennent lieu d'epitete*d*. Mais lorsqu'il*e* s'agit d'une action, d'un   365
fait, vous employez le mot de *tant*, cette affaire fut tant débatue,
les accusations furent tant renouvellées, les juges tant sollicitez,
les témoins tant confrontez. Et non pas si confrontez, si sollicitez,
si renouvellez, si debatus, la raison en est que ces participes
expriment des faits, et ne peuvent etre regardez comme des   370
épitetes.

On ne dit point cette femme tant belle, par ce que belle est
epitete, mais on peut dire *f*surtout en vers*f* cette femme autrefois
tant aimée *g*encor mieux que si aimée mais*h* quand*i* on ajoute de
qui elle a eté aimée, il faut dire si aimée de vous, de luy, et non   375
tant*g* aimée*j* de vous, de luy, par ce qu'alors vous désignez un
sentiment particulier. Cette*k* personne autrefois tant celebrée par
vous, celebrer est un fait. Cette personne autrefois si estimée par
vous, c'est un sentiment.

> Est ce là cette ardeur tant promise à sa cendre?[91]   380
> Quel crime a donc commis ce fils tant condamné?[92]

Condamné, promis, expriment des faits.*v*

Tant peut etre considéré comme une particule d'exclamation,
tant il est difficile de bien écrire! tant les oreilles sont delicates!

Tant se met pour autant, tant plein*l* que vide, pour dire autant   385
plein que vide. Tant vaut l'homme tant vaut sa terre, pour autant

---

e   MS: ⟨s'il⟩ ↑β

f   MS, ajouté dans l'interligne

g   MS: ⟨parce que ce mot aimée peut signifier⟩ ↑β

h   MS: ⟨de⟩ mais

i   MS: ⟨si⟩ ↑β

j   MS: ⟨Est-ce là cette ardeur tant promise à sa cendre / Quel crime a donc
commis ce fils tant condamné⟩ aimée

k   MS: ⟨vous pouvez dire en vers, ce heros tant celebré autrefois par ce que
vous exprimez⟩ Cette

l   MS: ⟨que⟩ plein

---

[91] J. Racine, *Andromaque*, IV.iv.1081.

[92] J. Racine, *Britannicus*, IV.ii.1223.

vaut l'homme autant*m* vaut sa terre. Tant tenu tant payé, c'est à dire il sera payé autant qu'il aura servi.

On ne dit plus, tant plus tant moins par ce que tant est alors*n* inutile.[93] Plus on la pâre moins elle est belle. A quoy servirait *tant* plus on la pare *tant* moins*o* elle est belle. 39

Il n'en est pas de meme de tant pis et de tant mieux. Pis et mieux ne feraient pas seuls un sens assez complet. Il se croit sur de la victoire tant pis. Il se defie de sa bonne fortune tant mieux. Tant alors signifie d'autant, il fait d'autant mieux. 39

Tant que ma vue peut s'etendre, pour autant que ma vue peut s'etendre.

Tant et si peu qu'il vous plaira, au lieu de dire autant et si peu qu'il vous plaira.

*p*Tant s'en faut que, etc comme dans l'imprimé.*p* 40

[TANTALE]*q* *Tantale* nom propre d'un fils de Jupiter selon la fable. Ce mot se dit au figuré d'un homme entouré de biens et qui n'en jouit pas. La soif de Tantale, le tourment de Tantale.[94]

[TAPISSERIE]*r* Tapisserie *s*f*s* ouvrage[95] au metier ou à l'éguille pour couvrir les murs d'un apartement. Les tapisseries au metier 40

m	MS: ⟨autant vaut l'homme⟩ autant
n	MS, ajouté dans l'interligne
o	MS: ⟨plus⟩ moins
p	K, omis
q	MS, article de la main de Voltaire
r	MS, article de la main de Voltaire
s	MS, ajouté dans l'interligne

[93] L'alinéa consacré à 'tant plus, tant moins' dans *Académie 40* fut en effet supprimé dans *Académie 62*.

[94] Si la locution est tardivement entrée dans la langue, le sens figuré est attesté dès le dix-septième siècle (cf. *Trévoux*, vi.54); elle n'a pas été retenue pour *Académie 62*.

[95] Nous ignorons la source de Voltaire pour cet article bien plus détaillé que ceux de *Trévoux* et d'*Académie 62*.

sont de haute ou de basse lice. 'Pour fabriquer' celles de haute lice, l'ouvrier" regarde le tableau placé à coté de luy. Mais pour la basse lice le tableau est sous le metier et l'artiste le deroule à mesure qu'il en a besoin. L'un et l'autre travaillent avec la navette. Les tapisseries à l'eguille s'appellent" tapisserie de point à cause des points d'eguilles. La tapisserie de gros point est celle dont les points sont plus ecartez, plus grossiers, celles" de petit point au contraire. Les tapisseries des Gobelins, de Flandre, de Bauvais sont" de haute lisse. On y emploiait autrefois le fil d'or et la soye. Mais l'or se blanchit, la soye se ternit. Les couleurs durent plus longtemps sur la laine.

Les" tapisseries de point de Hongrie sont celles qui sont à points laches et à longues eguillées qui forment des⁷ pointes de diverses couleurs. Elles sont communes et d'un bas prix.

Les tapisseries de verdure peuvent admettre quelques petits personnages, et retiennent le nom de verdure. Oudri⁹⁶ a donné la vogue aux tapisseries d'animaux. Celles à personnages sont les plus estimées. Les tapisseries des Gobelins sont des chefs d'œuvres d'après les plus grands peintres. On distingue les tapisseries par pieces, on les vend à la piece, on les compte par aunes de cours. Plusieurs pieces qui tapissent un apartement s'apellent une tenture. On les tend on les detend, on les cloue on les decloue. Les petites bordures sont aujourdui plus estimées que les grandes.

Touttes sortes d'etoffe peuvent servir de tapisserie. Le damas,

410

415

420

425

---

t   MS, ajouté dans la marge
u   MS: ⟨sont fabriquées par⟩ l'ouvrier ⟨qui⟩
v   MS: ⟨se font⟩ s'appellent
w   K: celle
x   MS: ⟨de Bruxelle⟩ sont
y   MS: ⟨ce qu'on appelle⟩ ↑Les
ʒ   MS: ⟨des ↑longs⁺ triangles de la⟩ des

⁹⁶ Jean-Baptiste Oudry, peintre d'animaux (1686-1765). Fagon, surintendant des finances de Louis xv, lui fit donner la direction artistique de la manufacture de Beauvais. Il surveilla tout particulièrement les tapisseries des chasses du roi qui s'exécutaient aux Gobelins d'après ses tableaux.

le satin, le velour, la serge. On donne meme au cuir doré le nom   43
de tapisserie.

^aIl se fait de très beaux fauteuils, de magnifiques canapez de tapisserie soit de petit point soit de haute ou basse lisse.^a

[TAPISSIER]^b Tapissier subst masculin. C'est le manufacturier meme, il n'est pas nommé autrement en Flandre. C'est aussi   43
l'ouvrier qui tend les tapisseries dans une maison, qui garnit les fauteuils. Il y a des valets de chambre tapissiers.[97]

[TAQUIN]^c Taquin, ine, adj. terme populaire qui signifie avare dans les petites choses, vilain dans sa dépense. Quelques uns s'en servent aussi dans le stile familier pour signifier un homme   44
renfrogné et tetu comme supposant qu'un avare doit toujours etre de mauvaise humeur. Il est peu en usage.[98]

[TARÉ]^d Après tare
mettez taré, ée adjectif. Il se dit d'une personne qui a fait une mauvaise action conue. C'est un homme taré.[99]   44

a   MS, ajouté dans l'interligne
b   MS, article de la main de Voltaire
c   MS, article de la main de Voltaire
d   MS, article de la main de Voltaire

[97] Le mot apparaît vers 1226 et désigne d'abord le fabriquant et le décorateur-marchand. L'office de tapisser valet de chambre du roi a été rempli par le père de Molière, Jean Poquelin, qui l'acheta en 1631. Molière prêta serment le 18 décembre 1637 pour la survivance de cette charge. L'article est resté inchangé.
[98] De l'italien 'taccagno', avare. Le mot qui apparaît vers 1442 chez M. Le Franc, garde ce sens jusqu'au dix-septième siècle pour acquérir alors le sens que lui donne Voltaire. Selon A. J. Panckoucke, *Dictionnaire portatif des proverbes françois* (Utrecht 1751), il signifie 'avare, vilain, crasseux, caignard' (p.377). A la définition 'vilain, avare', qui figure dans *Académie 40*, *Académie 62* ajoute: 'Il signifie aussi mutin, opiniâtre'.
[99] L'adjectif 'taré' fut introduit dans *Académie 62* avec la définition donnée par Voltaire: 'Il se dit aussi des personnes. On dit *Un homme taré*, pour dire, Un homme qui a mauvaise réputation par une ou plusieurs mauvaises actions connues'.

[TARENTULE]*e* Au mot tarentule à la fin de la page 740 après ces mots *en s'agitant baucoup*, mettez le*f* bas peuple croit qu'il faut danser et meme qu'il n'y a qu'un certain air qui puisse operer la guerison[100]. Il se trompe et trompe le monde, et gagne de l'argent par cette erreur.

450

[TARGE]*g* Targe *h*s f*h* ancien bouclier quarré long.[101]

[TARGUER]*i* A la fin du mot targuer mettez
il est aussi du stile de la haute comedie.

De leurs progrès sans cesse on les voit se targuer.[102]

[TARIF]*j* *k*Tarif mot arabe qui signifie série.[103] Il est devenu français. s m*k*, role, table, catalogue, evaluation. Tarif du prix des denrées, tarif de la douane, tarif des monoyes. L'édit du tarif dans la minorité de Louis 14 fit révolter le parlement, et causa la guerre

455

e   MS, article de la main de Voltaire
f   MS: ⟨quelques gens du⟩ ↑le
g   MS, article de la main de Voltaire
h   MS, ajouté dans l'interligne
i   MS, article de la main de Voltaire
j   MS, article de la main de Voltaire
k   K: Tarif. s.m., mot arabe devenu français et qui signifie

[100] Signalé dans cette forme par A. Paré en 1560. Le phénomène a été étudié par J. Marx, 'Du mythe à la médecine expérimentale: le tarentisme au XVIII*e* siècle', *Etudes sur le XVIII*e* siècle* (1975), ii.153-65. L'addition suggérée par Voltaire n'a pas été retenue.

[101] Le mot qui vient du francique *targa* apparaît dans la *Chanson de Roland* vers 1080. La précision apportée par Voltaire ('carré long'), et qui se trouve dans *Trévoux* (vi.67), n'a pas été retenue.

[102] Molière, *Tartuffe*, III.iii.991; exemple cité par *Trévoux* (vi.68). L'addition proposée par Voltaire n'a pas été retenue.

[103] De l'arabe 'tarīf', notification, par le biais de l'italien 'tariffa'; à 'tariffe', nom féminin attesté vers 1572, succéda la forme actuelle en 1641. Cf. *Trévoux*: 'Le mot *tarif* est purement Arabe, et signifie, une série, une suite de choses' (vi.69).

insensée de la fronde. On paya mille fois plus pour la guerre civile que le tarif n'aurait couté.[104]

460

[TARIN][l] Ajoutez au mot Tarin, les oiseliers disent tous aujour-d'hui Terin[m].[105]

[TARIN][n] Tarrin[o], ancienne monoye d'or.[106]

[TAROTER][p] Après taroter;[107] mettez; l'usage parmi les joueurs est de dire Taronder.[108]

465

[TARTANE][q] Tartane, 's:f:' longue barque dont on se sert sur mer, et principalement sur la Méditeranée, la poupe et la proüe en sont basses, elle va à rames ou à voiles; et la voile ordinairement en est quarrée.[109]

l	MS, article de la main de Wagnière	
m	MS: Ter⟨a⟩in	
n	MS, article de la main de Wagnière	
o	MS: Tar⟨a⟩rin	
p	MS, article de la main de Wagnière	
q	MS, article de la main de Wagnière	
r	MS, ajouté dans l'interligne	

[104] Cf. *Siècle de Louis XIV*, ch.4. L'ajout de Voltaire ne fut pas retenu.

[105] Nonobstant le propos de Voltaire, le prononciation 'tarin' a survécu et l'addition proposée n'a pas été retenue.

[106] Selon l'*Encyclopédie* (1765, xv.914), d'après Savary, il s'agit d'une monnaie de compte pour Naples, la Sicile et Malte. Le mot, qui figurait dans *Trévoux* (vi.70: monnoie d'or dont parle Fleury), n'a pas été retenu dans *Académie 62*.

[107] Le verbe 'taroter' ne figure pas dans *Académie 40*; par contre, on y trouve l'adjectif 'taroté', avec l'exemple *Des cartes tarotées*.

[108] La prononciation évoquée par Voltaire n'a pas survécu. Rabelais cite en 1534 le 'tarau'; le participe passé 'taroté' est attesté vers 1642 chez C. Oudin.

[109] Issu de l'italien 'tartana' ou du provençal 'tartano' et apparu vers 1595. L'article d'*Académie 40* qui précise que la tartane 'porte une voile triangulaire' reste intact. Cf. *Trévoux* (vi.72): 'Sa voile est à tiers point; et quand elle est de trait quarré, on l'appelle *voile de fortune*'.

[TARTARE]^s Après l'article Tartane, mettez, *Tartare*, ^ss: et adj: m: 470
et f:^t; habitant de la Tartarie. ^uOn s'est servi^u souvent de ce mot
pour signifier barbare.

> Et ne voiez vous pas par tant de cruautés
> ^vHélas, l.....^v d'un tartare à travers ses bontés[110]

On^w a nommés tartares les valets militaires de la maison du 475
roy, parce qu'ils pillaient pendant que leurs maîtres se battaient.[111]
La langue tartare, les coutumes tartares.

[TARTARE]^x Tartare, s:m: Enfer des Grecs et des Romains, imité
du Thartharot^y Egyptien, qui signifiait demeure Eternelle.[112] Ce
mot entre très souvent dans nôtre poësie, ^zdans les odes, dans les 480
opera^z; les peines du Tartare, les fleuves du Tartare.

---

s MS, article de la main de Wagnière
t MS: ⟨s.m.⟩ ↑β
u MS: ⟨ce mot a été⟩ ↑β
v K: La rigueur
w MS: ⟨C'est pour cette raison qu'on⟩ ↑On
x MS, article de la main de Wagnière
y MS: ⟨Tartharot⟩
z MS, ajouté dans l'interligne par Voltaire

---

[110] 'Quoi ne voyez-vous pas, par toutes ses cruautés / Et l'âme d'un Tartare
à travers ses bontés' (*Zaïre*, v.iii.35-36).

[111] Littré cite ce propos en exemple. Cf. Diderot à Sophie Volland, 16 octobre
1769 (Roth-Varloot, ix.175). Le mot, qui figurait dans *Trévoux* (vi.72), fut
introduit dans *Académie 62*, qui ne retient cependant qu'une partie de la définition
de Voltaire: 'nom qu'on donne aux valets qui servent les troupes de la Maison
du Roi en campagne'.

[112] Du grec τάρτἄρος. L'étymologie proposée est fausse. Cf. l'article de
l'*Ausführliches Lexikon der griechischen und römischen Mythologie* (Leipzig 1916),
v.126-27. Le champ des morts, ou des 'roseaux' dans l'ancienne Egypte est le
'douat'.

Qu'entends-je? le Tartare s'ouvre.
Quels cris! quels douloureux accents
(La motte.)[113]

[TARTAREUX]*a* Tartareux adjectif, mot employé en chimie; sédi-   485
ment tartareux, Liqueur tartareuse; c: à d: chargé de sel de tartre.[114]

[TARTRE]*b* Tartre, s:m: sel formé par la fermentation, dans les
vins fumeux, et qui s'attache aux tonneaux, en cristallisation;
*c*cette croute calcinée au feu de reverbère, est employée dans*c* la
médecine; il se resout par l'humidité en une Liqueur qu'on appelle   490
huile de Tartre.
Le Tartre vitriolé est cette même huile mêlée avec l'esprit de
vitriol.
Le*d* Tartre Eméthique est une *e*préparation d'antimoine, toute
differente*e*.   495
Le Tartre folier est*f*une préparation du Tartre avec du vinaigre.*f*

a   MS, article de la main de Wagnière
b   MS, article de la main de Wagnière. Voltaire a commencé, puis biffé, cet
article au f.30r: ⟨Tartre. Sel qui se forme des vins vigoureux, il se produit par
la fermentation et s'attache au tonnau. Il compose un corps compact et cristallin.
Tartre emetique composition d'antimoine⟩
c   K: Le tartre calciné s'appelle *sel de tartre*, c'est l'alcali fixe végétal; il
s'emploie dans les arts et dans
d   K: *Cristal* ou *crème de tartre*; c'est le tartre purifié et réduit en forme de
cristal. Il est formé d'un acide particulier et du sel de tartre ou alcali fixe avec
une abondance d'acide. Le
e   K: une combinaison de verre d'antimoine avec la crême de tartre
f   K: est la combinaison du sel de tartre avec le vinaigre.

[113] A. Houdar de La Motte, *Descente aux enfers*, IV; exemple cité dans le
Supplément (1752) de *Trévoux* (col.2199). Le mot a été introduit dans *Académie
62*.
[114] Plus exactement 'tartreux', utilisé vers 1755 par l'abbé Prévost. Le mot,
qui figurait dans *Trévoux* (vi.73), fut introduit dans *Académie 62*.

*g*Cristal de Tartre; c'est le Tartre purifié, et réduit en forme de cristal*g*.[115]

[TARTUFFE]*h* Tartufe *i*s:m:*i*, nom inventé par Molière, et adopté aujourd'hui dans toutes les langues de L'Europe pour signifier   500 hipocrites*j*, les fripons qui se servent du manteau de la religion; c'est un Tartufe, c'est un vrai Tartuffe.[116]

[TARTUFFERIE]*k* Tartufferie s:f: mot nouveau, formé de celui de Tartuffe, action d'hipocrite, maintien d'hipocrite, friponerie de faux dévot; on s'en est servi souvent dans les disputes sur la Bulle   505 Unigenitus.[117]

[TAS]*l* Après le mot *Tas* mettez

    Un Tas d'hommes perdus de dettes et de crimes.
          (Corneille dans Cinna.)[118]

Ajoutez, Tas en massonerie est la masse des pierres arrangées,   510

---

g K, omis
h MS, article de la main de Wagnière
i MS, ajouté dans l'interligne
j MS: ⟨les fripons⟩ hipocrites
k MS, article de la main de Wagnière
l MS, article de la main de Wagnière

---

[115] L'ensemble de cette notice (y comprise l'ébauche de Voltaire) s'inspire des définitions données dans *Trévoux* (vi.76). Les ajouts de Voltaire n'ont pas été retenus.

[116] En fait le mot désigne dès 1609 un hypocrite, du nom du personnage de la *commedia*, Tartufo. Dès 1669, G. Patin l'utilise comme nom commun. Cf. *Trévoux* (vi.76) qui attribue l'invention du mot à Molière.

[117] Cf. *Trévoux* (vi.77) qui cite le passage suivant: 'On doit tout attendre d'un ignorant animé d'ailleurs d'un zèle immolé à la fortune, ou plustôt à la *tartuferie. Anecdotes de la Const. Unig.* I. Partie, p.17.' Le mot fut signalé dans *Académie 62*.

[118] P. Corneille, *Cinna*, v.ii.1493; citation donnée par *Trévoux* (vi.77).

les massons taillent souvent leurs pierres sur le Tas, c'est à dire, sur l'endroit même où la pierre doit être posée.[119]

[TASSEAU][m] Après Tas, mettez Tasso, terme de menuiserie, c'est une Tringle, ou un règlet qui soutient une tablette; dans la Metallurgie, c'est une petite Enclume.[120]   515

[TÂTER][n] A la fin de l'article *Tater*, aprez ces mots, *Tâter le courage de quelqu'un* – mettez

> Et[o] doutant s'ils voudront se faire à l'Esclavage
> Au péril de Silla vont tâter leur courage.[121]

[TÂTONNEMENT][p] Avant Tâtonner, mettez Tâtonnement s:m: 520 acction de tâtoñer avec incertitude; les médecins sont souvent réduits au tâtonnement; ce n'est qu'après un long tâtonnement qu'on est parvenu au fonds de la plaie.[122]

---

m	MS, article de la main de Wagnière
n	MS, article de la main de Wagnière
o	MS: ⟨Au⟩ Et
p	MS, article de la main de Wagnière

---

[119] L'addition proposée par Voltaire, qui s'inspire de l'article de *Trévoux* ('Tas en maçonnerie, est la masse de pierres arrangées qu'on maçonne'), n'a pas été retenue.

[120] Du latin populaire *tassellus*; attesté vers 1130 dans le *Roman d'Enéas* sous la forme 'tassel'. Le mot, qui figure dans *Trévoux* (vi.78) d'où Voltaire a pu extraire ses définitions, fut introduit dans *Académie 62*.

[121] 'Et doutant s'ils voudront se faire à l'esclavage / Aux périls de Silla vous tâtez leur courage' (P. Corneille, *Sertorius*, III.i.885-886). L'addition n'a pas été retenue.

[122] Le mot, qui apparaît vers 15ˋ chez R. Estienne, a été introduit dans *Académie 62*. *Trévoux* donne le terme en citant ce passage: 'Les Médecins [...] ne sont-ils pas réduits au *Tâtonnement* et à la divination?'

[TAUDIS]*q* Après le mot Taudis (mettez si vous voulez)

> Avec scandale*r* un peintre en son Taudis 525
> Entretenait gentille cherubine.
> Epigr. de m*r* Ferrand[123]

[TAUPE]*s* Taupe petit quadrupède,[124] un peu plus gros que la souris qui habite sous terre. La nature lui a donné des yeux extrèmement petits, enfoncés et recouverts de petit poil afin que 530 la terre ne les blesse pas, et *'qu'il soit averti'* par un peu de lumière quand il est exposé; l'organe de l'ouïe très fin, les pattes de devant larges armées d'ongles tranchants, et placées toutes deux en plan incliné, afin de jetter à droite et à gauche la terre qu'il fouille et qu'il soulève pour se faire un chemin et une habitation; il se nourit 535 de la racine des herbes; comme cet animal passe pour aveugle, La Fontaine a eu raison de dire

> Lynx envers nos pareils, et taupes envers nous.[125]

Noir comme une taupe, trou de taupe, prendre des taupes. On se fait d'assez jolies fourures avec des peaux de taupes. Il est allé 540 au royaume des Taupes pour dire il est mort; proverbialement et bassement.

---

q MS, article de la main de Wagnière
r MS: scandanle
s MS, article de la main de Wagnière
t MS: qu'ils soi⟨en⟩t averti⟨s⟩

---

[123] Voltaire a cité de nombreux vers d'Antoine Ferrand dans ses carnets, (Voltaire 81-82), mais ceux-ci y font défaut de même que dans les *Pièces libres de Mr. Ferrand* (Londres 1747). La suggestion n'a pas été retenue.

[124] Voltaire semble emprunter l'essentiel de l'article à la notice de *Trévoux* (vi.83-84), y compris la citation. L'article est resté inchangé dans *Académie 62*.

[125] J. de La Fontaine, 'La Besace' (*Fables*, I.vii).

[TAUPINÉE][u] Après Taupinière mettez Taupinée s:f: taupinière[v] un peu élevée et affermie.[126]

Voicy les Apennins, voicy le mont Caucase,
La moindre Taupinée était mont à ses yeux
(La Fontaine.)[127]

545

[TAUPINS][w] Taupins, ancienne milice française sous Charles 7.[128]

[TAUREAU][x] Taureau, s:m: quadrupède[129] armé de cornes, ayant le pied fendu; les jambes fortes, la marche lente, le corps épais, la peau dûre, la queüe moins longue que celle du cheval ayant quelques longs poils au bout; son sang a passé pour être un poison, mais il ne l'est pas plus que celui des autres animaux et les anciens qui ont écrit[130] que Themistocle et[y] d'autres s'étaient empoisonnés avec du sang de Taureau, falsifiaient à la fois l'histoire et la nature. Lucien[131] qui reproche à Jupiter d'avoir

550

555

u   MS, article de la main de Wagnière
v   MS: ⟨même chose⟩ taupinière
w   MS, article de la main de Wagnière
x   MS, article de la main de Wagnière
y   MS: ⟨s'était⟩ ↑β

[126] Le mot est introduit ainsi dans *Académie 62*: 'Taupinée, ou Taupinière'; le reste de l'article reprend le texte d'*Académie 40*.
[127] J. de La Fontaine, 'Le Rat et l'huître' (*Fables*, VIII.ix); citation donnée par *Trévoux* (vi.84).
[128] Voir *Essai sur les mœurs*, ch.80 et 98 (*Essai*, i.754-55; ii.29). Mot introduit dans *Académie 62*.
[129] Voltaire emprunte l'essentiel de l'article, qui n'a pas été retenu pour *Académie 62*, à la notice de *Trévoux* (vi.85).
[130] Le trait est rapporté par Plutarque, *Vie de Thémistocle*, lvi; il signale cependant que selon d'autres sources le héros absorba du poison; cf. *Trévoux*: 'Le sang de *taureau* frais tué est un poison fort dangereux, parce qu'il se caille dans l'estomac.'
[131] Lucien de Samosate, *Histoire véritable*, II: 'Nous y tuâmes deux taureaux sauvages, qui avoient les cornes sous les yeux, comme vouloit Momus, afin de mieux voir où ils frapent.' (*Lucien*, tr. N. Perrot d'Ablancourt, Amsterdam 1664, i.307; BV, no.2222).

284

placé les cornes du Taureau au dessus de ses yeux, lui fait un reproche très injuste, car le Taureau ayant l'œil grand, rond, et ouvert, il voit très bien où il frape, et si ses yeux avaient été placés sur sa tête, au dessus des cornes, il n'aurait pû voir l'herbe qu'il broute.   560

Taureau bannal, est celui qui apartient au seigneur, et auquel ses vassaux sont tenus d'amener toutes leurs vaches.

Taureau de Fallaris,[132] ou taureau d'airain, c'est un taureau jetté en fonte, qu'on trouva en Sicile, et qu'on supposa avoir été   565 emploié par Phalaris pour y enfermer, et faire bruler, ceux qu'il voulait punir, espèce de cruauté qui n'est nullement vraissemblable.

Les Taureaux de Medée qui gardaient la toison d'or;

Le Taureau de Marathon dompté par Hercule.   570

Le Taureau qui porta Europe; le Taureau de Mitras.[133]

Le Taureau d'Osiris, le Taureau signe du Zodiaque,

L'œil du Taureau, Etoile de la première grandeur.

Combats de Taureaux, communs en Espagne.

Taureau-Cerf, animal sauvage d'Ethiopie.   575

Prune Taureau, espèce de Prune qui a la chair sèche.

---

[132] Phalaris, tyran d'Agrigente qui régna entre 565 et 549 avant J.-C., est resté célèbre par la légende de férocité qui s'est attachée à son nom. Il fit construire par Périllos un taureau de bronze; on y enfermait des victimes humaines et l'on allumait un brasier sous le ventre du taureau en souvenir du culte de Moloch: les cris des suppliciés suggéraient les mugissements d'un taureau.

[133] La toison d'or était gardée par un dragon commis par Aiëtès, et c'est le taureau de Crète que dompta Hercule. Le culte de Mithra comportait des sacrifices de taureaux.

[TAURICIDER][i] Taurissider, v:n: combattre des Taureaux, expression familière qui se trouve souvent dans Scarron,[134] dans Bussi, et dans Choisy.[135]

[TAURIDE][a] Tauride, s:f: L'Iphigénie en Tauride de Racine est un ouvrage immortel.[136] 580

[TAURIQUE][b] Taurique, adj:, la Kersonèse Taurique,[137] la même que la Tauride.

[TAUROBOLE][c] Taurobole,[138] sacrifice d'expiation, fort commun [d]au troisième et quatrième siècle[d]; on[e] égorgeait un taureau sur 585 une grande pierre un peu creusée, et percée de plusieurs trous; sous cette pierre était une fosse, dans laquelle l'expié recevait sur son corps et sur son visage, le sang de l'animal immôlé. Julien le

---

[i]   MS, article de la main de Wagnière
[a]   MS, article de la main de Wagnière
[b]   MS, article de la main de Wagnière
[c]   MS, article de la main de Wagnière
[d]   K: aux troisième et quatrième siècles
[e]   MS: ⟨le pénitent⟩ on

---

[134] P. Scarron, *Dom Japhet*, iii.4: 'Je veux tauricider avec mon seul laquais / - Tauricidez donc tout seul'. Le mot n'a pas survécu.

[135] Cf. *Trévoux* (vi.86) qui cite l'échange de lettres entre l'abbé de Choisy et Bussy-Rabutin, où Choisy seul utilise le terme 'tauricider', son correspondant préférant l'expression 'faire des réjouissances'. Voltaire semble avoir lu trop vite. Voir R. de Bussy-Rabutin, *Correspondance*, éd. L. Lalanne, Paris 1859, vi.375 et 382. Le verbe n'a pas été admis dans *Académie 62*.

[136] Voltaire confond: la célèbre *Iphigénie* de Racine est *Iphigénie en Aulide*. Il n'a dressé que le plan de son *Iphigénie en Tauride*. Ni 'Tauride' ni 'Taurique' n'ont été admis dans *Académie 62*.

[137] Péninsule, la Chersonèse taurique est devenue la Crimée. Dans *Zaïre*, Voltaire en avait fait un substantif: 'Né parmi les rochers au sein de la Taurique' (III.i.54); cf. *Trévoux* (vi.86).

[138] Du grec ταυροβόλος, et du latin 'taurobolum', le mot entre en 1721 dans *Trévoux*. Il fut admis dans *Académie 62*.

philosophe, daigna se soumettre à cette expiation, pour se concilier
les prêtres des gentils.[139]   590

[TAUROPHAGE]^f Taurophage, s:m: mangeur de Taureau, nom
qu'on donnait à Baccus et à Silène.[140]

[TAUTOLOGIE]^g Tautologie^h, s:f: répétition inutile; du mot grec
qui signifie même parole.[141]

[TAUX]^i ^{j}Après *taux^j*, Tiers Sur Taux, droit établi[142] dans le   595
Lyonais.

f MS, article de la main de Wagnière
g MS, article de la main de Wagnière; l'article avait été commencé f.31v,
puis rayé
h MS: Taut⟨h⟩ologie
i MS, article de la main de Wagnière
j MS, ajouté dans l'interligne par Voltaire

[139] Pour Julien, voir entre autres l'article du *Dictionnaire philosophique* (éd.
Benda-Naves, p.265-69), le *Fragment sur l'histoire générale*, article VII (M.xxix.241-
48) et le *Discours de l'empereur Julien contre les chrétiens* (M.xxviii.1-67). Voltaire a
pu lire la description du taurobole dans La Blèterie, *Vie de l'empereur Julien* (Paris
1746: BV, no.1789; éd. 1775, p.166).
[140] Cf. le Διόνυσος ταυροσφάγος de Sophocle, *Fragments* 594. Surnom
également donné à Curtinos. Le mot proposé par Voltaire, et qui figurait dans
Trévoux (vi.87), n'a pas été admis dans *Académie 62*. Il est curieux de noter que,
tout comme pour l'article 'Taurobole', la définition de Voltaire a été adoptée
par Littré, d'ailleurs sans que la source soit signalée.
[141] Du latin 'tautologia' fondé sur le grec ταυτολόγος, le mot apparaît vers
1596. Il fut admis dans *Académie 62*; cf. *Trévoux*, vi.22-23.
[142] Plus exactement le 'tiers lods' qui permettait, selon Marion, au roi et aux
seigneurs haut-justiciers de 's'approprier un tiers des lods et ventes dus lors des
ventes de prés' (p.535), en compensation de la fourniture des eaux d'irrigation.
L'addition suggérée par Voltaire n'a pas été retenue.

[TAXIARQUE]*k* Après Taxe, mettez, Taxiarque*l*, s:m: office militaire, commandant des armes, mot usité dans l'histoire du bas Empire.[143]

[TAYAUT]*m* Tayau, cri des chasseurs, quand ils appellent les chiens.   600

> Ils crient à pleine voix Tayau, Tayau, Tayau
> (Molière dans les Facheux.)[144]

[TE]*n* Te, s:m: terme de mineur*o*, fourneau fait en forme de T, sous un terrain qu'on veut faire sauter.[145]   605

[TECHNIQUE]*p* Tecnique, adj. m:f: artificiel, *q*vers Tecnique, qui renferme*q* des préceptes. Vers Tecniques pour aprendre l'histoire.

---

k MS, article de la main de Wagnière
l MS: ⟨Taxiaque⟩
m MS, article de la main de Wagnière
n MS, article de la main de Wagnière
o MS: mineur⟨s⟩
p MS, article de la main de Wagnière
q K: vers techniques qui renferment

---

[143] L'un des dix officiers commandant une division de l'infanterie athénienne, élus chaque année par l'Assemblée, chaque tribu ayant droit à un taxiarque. Cf. Thucydide, *Histoire de la guerre de Péloponèse* (IV.iv, VII.lx). Le terme pouvait également désigner le commandant d'une division de cavalerie (Xénophon, *Cyropédie*, viii.1, 10) ou d'une division navale (Xénophon, *Helléniques*, I.vi.29, 35). Le mot, qui figurait dans *Trévoux* (vi.88), n'a pas été admis dans *Académie 62*.
[144] 'Et crie à pleine voix tayau, tayau, tayau' (Molière, *Les Fâcheux*, II.vi.558). Le mot, qui figurait dans *Trévoux* (vi.24: 'Taïaut'), fut introduit dans *Académie 62*.
[145] Le mot, apparu vers 1704, entrera dans *Académie 62*; cf. la définition fournie par *Trévoux* (vi.90): 'Terme de mineur. C'est la disposition d'un fourneau en forme de *T*, sous une pièce de fortification qu'on veut faire sauter'.

Les vers de Despautere[146] sont tecniques. Mascula sunt pons mons fons. Ce ne sont pas des vers dans le goust de Virgile.

[TEIGNASSE]*s* Teignasse, s:f: vieille perruque, mal peignée, il est du stile familier et bas.[147]   610

[TEIGNE]*t* Teigne, s:f: autrefois Tigne, atinea*u*, petit vers qui ronge les étoffes de laine, et les plumes des oiseaux.[148]

[TEINDRE]*v* A la fin du mot Teindre, ajoutez; ce mot fait un très bel éffet au figuré   615

> Des actions d'autrui teintes de leurs couleurs
> Ils veulent dans le monde autoriser les leurs.
> *w*Molière dans le Tartuffe*w*[149]

---

r   MS, ajouté dans l'interligne par Voltaire
s   MS, article de la main de Wagnière
t   MS, article de la main de Wagnière
u   MS, ajouté dans l'interligne par Voltaire
v   MS, article de la main de Wagnière
w   MS, ajouté par Voltaire

---

[146] L'exemple est pris à l'*Universa grammatica* de J. Despautère (c. 1480-1520), chapitre 'De generibus nominum', § 'Masculina in S'. *Trévoux* cite d'autres exemples (vi.91). Voltaire avait lui-même composé des *Vers techniques qui contiennent la suite chronologique des empereurs* pour accompagner les *Annales de l'empire* (1753). Le mot, ainsi que l'expression 'vers techniques', furent admis dans *Académie 62*.

[147] 'Tignasse', par comparaison avec la chevelure d'un teigneux, apparaît vers 1680 chez Richelet. Le mot, qui figurait dans *Trévoux* (vi.94), fut admis dans *Académie 62*.

[148] Du latin 'tinea', insecte rongeant les tissus et les vêtements; apparu sous la forme 'taigne' chez Jean de Meung en 1265. Cette acception du mot, qu'on trouve longuement expliquée dans *Trévoux* (vi.94), fut admise dans *Académie 62*.

[149] Molière, *Tartuffe*, i.i.111-112. L'exemple cité n'a pas été retenu.

[TEINTURE]ˣ Teinture des métaux, terme d'alchimie, qui signifie, le mercure ʸfixé, la pierreʸ philosophale.[150]

62

[TEL]ᶻ A l'article Tel, après ces mots, madame une telle mettez: – Il devient substantif lorsqu'il signifie indéterminément un individu.[151]

> *Tel qui rit vendredy dimanche pleurera.*
>   Comédie des plaideurs.[152]

62

> Et tel est pris qui croiait prendre.
>   (La Fontaine.)[153]

Il n'est rien tel, se met pour, Il n'est rien de si beau, de si agréable, de si plaisant.

> Il n'est rien tel que d'enlever
>   (poésie de Sarrazin.)[154]

63

Tel qu'il soit, tel qu'il puisse être, est une façon de parler condamnée;[155] cependant elle ne parait pas choquer la sintaxe, et elle est plus douce à l'oreille que quel qu'il soit.[156]

---

x   MS, article de la main de Wagnière
y   MS, ajouté dans la marge par Voltaire
ʒ   MS, article de la main de Wagnière

[150] *Trévoux* (vi.97-98) contient un long développement sur les teintures des métaux. Ce sens n'a pas été retenu.
[151] 'Tel' remplissant la fonction de sujet est aujourd'hui qualifié de pronom ou nominal indéfini.
[152] J. Racine, *Les Plaideurs*, I.i.2.
[153] J. de La Fontaine, 'Le rat et l'huître' (*Fables*, VIII.ix).
[154] 'Mais je pense, quoi qu'on en dise, / Qu'il n'est rien tel que d'enlever' (J. F. Sarasin, 'Balade d'enlever en amour', *Œuvres*, Paris 1663, iii.59-60; éd. 1696, BV, no.3089).
[155] Voltaire a cependant écrit: 'et comprenez-vous mieux comment une substance, telle qu'elle soit, a des idées?' (*Lettres philosophiques*, xiii; éd. Lanson-Rousseau, i.173). Cf. Grevisse, no.961. L'emploi, assez rare aujourd'hui, de ce conjonctif complexe est plus courant en ancien français; il a été condamné par Vaugelas.
[156] L'addition suggérée par Voltaire n'a pas été retenue.

290

[TÉLESCOPE]*a* Ajoutez après Télescope*b*, Télescope de refléxion, 635
qui renvoie les rayons par un miroir de métal posé obliquement.[157]

[TÉMOIN]*c* Page 741[158] *d*à l'article Témoin*d* après ces mots, dieu
sçait si ce que je dis est véritable, mettez prendre à témoin; je
prends dieu à témoin.

       Prends *e*les dieux à témoin*e* de ton obéissance.[159]   640

[TEMPE]*f* Après l'article Témoin, mettez Tempe[160] *g*s:f:*g* les deux
côtés de la tête entre le front et les oreilles; de *Tempus*,[161] parce
que les cheveux placés sur cette partie sont les premiers à
blanchir.[162] Les deux os qui composent les deux tempes, sont les
plus tendres de la tête; et les coups aux tempes sont souvent 645
mortels.

a   MS, article de la main de Wagnière
b   MS: T⟨h⟩élescope
c   MS, article de la main de Wagnière
d   MS, ajouté dans l'interligne
e   MS: ⟨prends à témoin les dieux⟩ ᵛ↑β
f   MS, article de la main de Wagnière
g   MS, ajouté dans l'interligne

[157] Les principes du télescope à réflexion ont été exposés par J. Gregory dans
ses *Optica promota* (Londini 1663). I. Newton fut probablement le premier à le
construire en 1671, bientôt suivi par J. Cassegrain en 1672. L'article 'Télescope'
fut largement remanié; le télescope à réflexion y fut intégré.
[158] L'article 'Témoin' se trouve à la page 745 d'*Académie 40*.
[159] Cf. *Mérope*, v.ii: 'Puisque tu crains les dieux, atteste leur puissance, /
Prends-les tous à témoin de ton obéissance' (M.iv.245). *Académie 62* ajoute
l'expression 'prendre quelqu'un à témoin'; cf. *Trévoux*, vi.107.
[160] Le mot figurait dans *Académie 40*: voir 'Temple'.
[161] Apparu dans la *Chanson de Roland* vers 1080, 'temple' est encore utilisé
par madame Dacier. L'étymologie est plus complexe que ne le dit Voltaire:
tempus/tempora a donné *tempula en latin populaire.
[162] Cf. 'Ménage croit que ce mot vient du Latin *tempra*, d'où l'on a fait *tempora*
qui signifie la même chose, mais les Médecins disent qu'on a appelé cette partie
de la tête, *tempora*, parce qu'elle montre le temps, ou l'âge de l'homme, à cause
que c'est le poil de cet endroit-là qui blanchit le premier' (*Trévoux*, vi.110).

[TEMPS]*h* NB: je retrancherais volontiers tous les, on dit, qui commencent presque tous les articles. Je mettrais avant *tous les temps*, c:à:d: avant la création du monde, etc^a et j'ôterais, on dit; je mettrais la plénitude de tous les temps, en stile de l'Ecriture Sainte, la consommation des temps;[163] j'ôterais, on dit; il se fait assez entendre, et il parait charger le dictionaire. Je fais cette remarque pour tous les articles.

Après la première définition de Temps – mettez.

La Science des Temps, l'antiquité des temps, la doctrine des temps; les temps fabuleux, les temps historiques.

A la fin de tout l'article, mettez. – un ouvrier se fait payer son temps.[164]

[TENACE]*i* A la petite croix marquée, à Tenace, mettez, ce qui est à la main dans le cahier.[165]

[TENAILLES]*j* Tenailles; au mot tenailles, mettez, charnière, au lieu de goupille.[166]

---

h   MS, article de la main de Wagnière
i   MS, article de la main de Wagnière
j   MS, article de la main de Wagnière

---

[163] Matthieu xiii.39-40, 49, xxiv.3, xxviii.20; I Corinthiens x.11; Hébreux ix.26; Galates iv.4; Ephésiens i.10; Jude 18.

[164] Les additions et changements suggérés par Voltaire n'ont pas été retenus.

[165] Dans *Académie 62* cet article a été augmenté d'un bref paragraphe par rapport au texte de l'édition antérieure: 'Il signifie aussi figurément, Un homme attaché opiniâtrement à ses idées, à ses projets. *C'est un homme fort tenace, et qui n'abandonne pas ses prétensions*'. Ce passage s'inspire-t-il de 'ce qui est à la main dans le cahier', texte aujourd'hui perdu?

[166] Le mot 'goupille' ne figure pas dans la définition que donne *Académie 40* (ii.749). On le trouve par contre dans *Académie 62*: 'Tenaille. subst. féminin. Instrument de fer composé de deux pièces attachées l'une à l'autre par une goupille'. Voltaire disposait-il d'un exemplaire du *Dictionnaire* déjà préparé pour la nouvelle édition (cf. ci-dessus, n.89)?

[TENDRETÉ]*k* Au mot Tendre, après ces mots, éxcellent quand il est tendre (mettez.) quelques personnes se servent du mot tendreté, pour la*l* viande, et pour le pain. C'est un terme qui manquait à la langue.[167] 665

[TÉNÉBREUX]*m* Au mot tenebreux, ôtez, ne se dit guères qu'en poësie, et mettez, il est d'usage dans le discours soutenu, dans les discours d'Eloquence, et dans la poësie.[168] L'infortunée Marie Stuard fut à peine conduite dans ce lieu tenébreux, que les 670 boureaux arrivèrent.

      Noirs habitans du séjour ténébreux.[169]

A la fin de l'article (mettez) un auteur tenébreux; les passages les plus tenebreux de Lycophron.[170]

---

k   MS, article de la main de Wagnière, ajouté après coup, dans la marge
l   MS: ⟨éxprimer⟩ la
m   MS, article de la main de Wagnière

---

[167] Cf. *Trévoux*: 'La Quintinie s'est servi de ce mot pour exprimer la qualité d'un fruit ou d'un légume tendre' (vi.123); 'il n'y a point de mot en notre langue pour exprimer cette qualité' (vi.122-23, article 'Tendresse'). Le mot fut introduit dans *Académie 62* et suscita une vive critique de la part de Grimm: 'ils ont enrichi la langue du mot de *tendreté*, comme terme de bonne chère; ainsi il sera permis désormais à un gourmand de vanter la tendreté d'un gigot de mouton. MM. de l'Académie se moquent de nous. Bien leur en prend que nous n'ayons plus Molière parmi nous; leur *tendreté* serait sûrement immortalisée dans sa première pièce' (CLT, v.19).

[168] Cette référence à la poésie disparaît dans *Académie 62*, qui précise seulement: 'adj. Sombre, obscur'.

[169] Exemple pris dans *Trévoux* (vi.125) qui l'attribue à P. Quinault; cf. *Armide*, v.i. Pour Voltaire, voir *Mahomet*, III.v et *Zaïre*, I.i.4 .

[170] Allusion à l'*Alexandra* de Lycophron de Chalcis (*c.* 320-*c.* 250), poème dont l'érudition est légendaire. *Trévoux* (vi.125-26) renferme un passage consacré à 'Ténebreux [qui] se dit aussi des Auteurs obscurs et difficiles'. Cette acception du mot ne fut pas retenue pour *Académie 62*.

[TÈNEMENT][n] Après ténébreux mettez Tènement, metairie dé-   675
pendante d'une Seigneurie.[171]

[TENIR][o] [p]*Tenir*, v act et quelquefois neutre.[p][172] La signification
naturelle [q]et primordiale[q] de tenir, est d'avoir quelque chose entre
ses mains, tenir un livre, une Epée, les rênes des chevaux, le
timon, le gouvernail d'un vaisseau; tenir un enfant par les lisières,   680
tenir quelqu'un par le bras; [r]tenir fort, tenir [s]ferme, [t]serré[t],
faiblement[t], tenir à brasse corps, tenir à deux mains[r], tenir à la
gorge, tenir le poignard sur la gorge etc[a] "au propre".

   [v]Par extension, et au figuré il a plusieurs autres significations.
Tenir, posséder. Le roy d'Angleterre tient une principauté en   685

---

n   MS, article de la main de Wagnière
o   MS, article de la main de Wagnière
p   MS: ⟨Au mot Tenir, s:f: mettez, tenir des enfans par les lisières, tenir les
cordons de la bourse, et ôtez, tenir les Enfans par les cordons (parce qu'⟨ils
n'ont pas de cor⟩ leurs cordons s'appellent Lisières). P:755. J'ôterais l'article,
on dit d'un homme en prison pour dettes, qu'il tient pour une telle somme.
Cette phrase n'est aucunement en usage. P:754. J'ôterais ces mots, Tenir sa
colère, tenir son courage; car on dit bien tenir sa colère, parce que c'est une
passion qui s'amortit; mais le courage est une vertu qu'on doit toujours avoir,
et on ne dit point, tenez vôtre courage; il me paraît ⟨mal⟩ [V↑] peu convenable[+]
de commencer l'énumération, des differentes acceptions de Tenir, par des
proverbes; voicy, comme je voudrais faire cet article⟩ [V↑]β
q   MS, ajouté dans l'interligne par Voltaire
r   MS, ajouté dans l'interligne par Voltaire
s   K: serré, ferme
t   MS, ajouté dans l'interligne par Voltaire
u   MS: ⟨tenir serré, tenir faiblement⟩ [V↑]β
v   MS: ⟨Au figuré, il signifie posseder; on tient un païs en souveraineté⟩
[V]⟨on possede⟩ [V↑]β

---

[171] Le tènement était en fait une terre tenue contre redevance. Le franc
tènement ou tenue à volonté ignorait l'hommage et ses conditions étaient le
fruit d'un accord mutuel. La définition de Voltaire, qui figurait déjà dans *Trévoux*
(vi.125), fut acceptée par *Académie 62*.

[172] Voltaire s'inspire encore largement de l'article de *Trévoux* (vi.127-33). La
notice d'*Académie 40* fut reprise dans *Académie 62*, avec d'infimes modifications.

Allemagne.[173] On tient[v] une terre en fief, un benefice en commande, une maison à loyer, à bail judiciaire etc[a].

Les mahometans tiennent les plus beaux païs de l'Europe et de l'Asie; les rois d'Angleterre ont tenu plusieurs provinces en France, à foi et hommage de la couronne.   690

Tenir, dans le sens d'occuper, un officier tient une place pour le roy. [w]On tient le jeu de quelqu'un ou[x] pour quelqu'un, il tient, il occupe le premier etage, il le tient à bail, à loyer, tenir une ferme.[w]

Tenir pour exprimer l'ordre des personnes et des choses. Les   695 présidents dans leurs compagnies tiennent le premier rang. On tient son rang, sa place, son poste, Et dans le discours[y] familier, on tient son coin. [z]Il a tenu[z] le milieu [a]entre ces deux extremitez[a]. Les livres d'histoire tiennent le premier rang dans sa bibliothèque.

Tenir pour[b] garder, tenir son argent dans son cabinet, son vin   700 à la cave, ses papiers sous la clef, sa femme dans un couvent.

Tenir pour contenir, [c]au propre[c]. Cette grange tient tant de gerbes, ce muid tant de pintes. [d]Cette forêt tient dix lieues de long, l'armée tenait quatre lieues de pais, cet homme, ce meuble tient trop de place. Il ne peut tenir que vingt personnes à cette   705 table[de].

Tenir, pour [f]contenir au figuré[f]; il est si remuant, [g]si vif[g] qu'on

---

w   MS, ajouté dans l'interligne par Voltaire
x   K, omis
y   MS: ⟨sens⟩ [V↑]β
z   MS: ⟨La Libéralité⟩ [W↑]⟨Tenir⟩ [V↑]⟨Il tient⟩ [V↑]β
a   MS: ⟨dans une affaire⟩ [V↑]β
b   MS: ⟨signifie⟩ [V↑]β
c   MS, ajouté dans l'interligne par Wagnière
d   MS, ajouté dans l'interligne et dans la marge par Wagnière et Voltaire
e   MS: [V]⟨place⟩ [V↑]table
f   MS: ⟨arrêter, fixer, gouverner, réprimer⟩ [V↓]β
g   MS, ajouté dans l'interligne par Voltaire

---

[173] C'est-à-dire le duché-électorat de Hanovre, dont le duc souverain Georges-Louis (1660-1727) devint roi d'Angleterre en 1714 sous le nom de George 1er.

ne le peut tenir, il ne peut tenir sa langue, [h]tenir en place[h], rien ne le peut tenir, [i]c'est à dire contenir, réprimer. Vous ne pouvez vous tenir de jouer, de medire. C'est[j] dans ce sens figuré, qu'on tient les peuples dans le devoir, les enfans dans le respect, les ennemis en echec, dans la crainte. On les contient au figuré.

Il n'en est pas de meme de tenir la balance entre les puissances par ce qu'on ne contient pas la ballance. On est supposé tenir la balance dans sa main, c'est une métaphore.

Tenir de court est aussi une[k] metaphore prise des renes des chevaux, et des lesses des chiens.

Tenir, etre proche, etre joint[l], contigu, attaché[m], adhérer[n]. Le jardin tient à ma maison, la forest au jardin. Ce tableau ne tient qu'à un clou; ce miroir tient mal, il est mal attaché. De[o] là on dit au figuré: la vie ne tient qu'à un fil, ne tient à rien. Sa condamnation a tenu à peu de chose. Je ne sçais qui me tient que je n'éclatte. A quoy tient il que vous ne sollicitiez cette affaire! qu'à cela ne tienne. Il n'y a ny consideration ny crédit qui tienne, il sera condamné. S'il[p] ne tient qu'à donner de l'argent, en voila. Il n'a pas tenu à moy que vous ne fussiez heureux. Votre argent ne tient à rien. Cela tient comme de la glu, proverbialement et bassement.[i]

Tenir pour avoir soin, tenir sa maison propre, ses enfans bien

710

715

720

725

---

h MS, ajouté dans l'interligne par Voltaire
i MS: ⟨je ne sçais qui me tient, je ne sçais à quoi il tient que je ne me déclare contre lui; il ne tint à rien qu'il ne fut exclu. Il n'y a ni ⟨richesses⟩ [V]↑richesse[+] ni crédit qui tienne; je le condamnerai s'il a tort; tenez vous en repos; vous ne sçavez jamais vous tenir de jouer, vous ne sçavez vous tenir de ⟨jouer⟩ [V]↑parler[+], il faut le tenir de court, de rigueur, tenir rigueur à quelqu'un; tenir les peuples dans le devoir, les enfans dans le respect, les affaires en balance, les ennemis en Echec, l'Equilibre entre les puissances⟩ [V]↑ β
j MS: [V]⟨Vous ne pouvez tenir⟩ C'est
k MS, ajouté dans l'interligne par Voltaire
l MS, ajouté dans l'interligne par Voltaire
m MS: [V]⟨être⟩ attaché
n MS, ajouté dans l'interligne par Voltaire
o MS: [V]⟨c'est⟩ De
p MS: [V]⟨alors il tient est un verbe impers⟩ S'il

vetus, ses affaires en ordre, ses meubles en bon état, ses portes   730
fermées, ses fenêtres ouvertes. *q*Il m'a tenu, je me suis tenu
longtemps au froid, à l'air, à la pluie.*q*

Tenir pour exprimer les situations du corps, il tient les yeux
ouverts, *r*les yeux baissés*r*, les mains jointes*s*, la tête droite, les
pieds en dehors, etc*a*. *t*Il se tient droit, debout, courbé, assis. *u*Il   735
se tient mal, il se tient bien. Il se tient sous les armes.*u* On dit que
Simeon Stilite[174] se tint plusieurs années sur une jambe. Les grües
se tiennent souvent sur une patte.

Et au figuré, il se tient à sa place, c'est à dire il est modeste, il
ne se meconnait pas, il menage l'orgueil des autres, il se tient en   740
repos, il *v*se tient à l'ecart, il se tient clos et couvert, il ne*v* se mele
pas des affaires d'autrui, il ne s'expose pas. *w*Vous tiendrez vous
les bras croisez? Vous tiendrez vous à ne rien faire?*w*

Tenir pour exprimer les effets un*x* peu durables de quelque
chose. Le lait tient le teint frais, *y*les fruits fondants tiennent le   745
ventre libre.*y* La fourure tient chaud. La societé tient gay. Le
regime me tient sain, l'exercice me tient dispos. La solitude me
tient laborieux etc.*t*

Tenir être*z* redevable; je tiens tout de vôtre bonté, je tiens du
Roy ma terre, mes privilèges, ma fortune; S'il a quelque chose de   750

---

q   MS, ajouté dans l'interligne par Voltaire
ĸ, omis
r   MS, ajouté dans l'interligne
s   MS: ⟨fermées⟩ ^W↑ β
t   MS, ajouté dans l'interligne et dans la marge par Voltaire
u   MS, ajouté dans l'interligne par Voltaire
v   MS, ajouté dans l'interligne par Voltaire
w   MS, ajouté dans l'interligne par Voltaire
x   MS: ^V⟨de que⟩ un
y   MS, ajouté dans l'interligne par Voltaire
z   MS: ⟨pour⟩ être

---

[174] Siméon le Stylite, anachorète, né à Sisan sur les confins de la Cilicie et de
la Syrie, vers 390, mort en 460. Berger, il se convertit à la foi chrétienne et
s'installa au haut d'une colonne ('stylos' en grec, d'où son nom), vers 423, où
il resta pendant 36 ans.

bon, il le tient de vos éxemples; il tient la vie de la clémence du prince.

> ^atu vois le jour Cinna mais ceux dont tu le tiens
> furent les ennemis de mon pere et les miens
>   Corneille[175]

755

C'est à peu près en ce sens qu'on dit, je tiens ce secret d'un charlatan. Je tiens cette nouvelle d'un homme instruit. Je tiens cette façon de travailler d'un grand maitre. Je tiens de luy ma methode, mes idées sur la metaphisique c à d je luy en suis redevable, je les ai puisées chez lui.^a

760

Tenir ressembler^b, participer^c, il tient de son père et de sa mère, il a de qui tenir; ^dil tient de race. Il tient sa valeur de son pere et sa modestie de sa mere. Ce stile tient du burlesque, il participe du burlesque^d, cette architecture du Gothique; ^ele mulet tient de l'ane et du cheval.^e

765

Tenir^f, pour signifier l'exercice des emplois et des professions; un maître Es-arts peut tenir Ecole et pension; il faut la permission du Roy pour tenir manège; tout négotiant peut tenir banque, il faut être maître pour tenir boutique. Ce n'est que par tolérance qu'on tient accadémie^g de jeu; tout citoyen peut tenir des^h chambres garnies. Pour tenir auberge, cabaretⁱ il faut permission.

770

Tenir pour demeurer; être longtemps dans la même situation; ce general a tenu longtemps la campagne; ce malade tient la

---

a   MS, ajouté dans l'interligne et dans la marge par Voltaire
b   MS: ⟨pour⟩ ^{V↑}⟨participer⟩ ressembler
c   MS, ajouté en dessous de la ligne par Voltaire
d   MS: ⟨ce stile tient du burlesque⟩ ^{V↑}β
e   MS, ajouté par Voltaire
f   MS: ⟨Tenir pour occuper ^{V↓}par emprunt⁺, il tient cette maison, cet apartement, il tient le premier Etage, le second Etage. ^VCette armée tient deux lieues de pays^V⟩ Tenir
g   MS: ⟨une⟩ accadémie
h   MS, ajouté dans l'interligne par Voltaire
i   MS, ajouté dans la marge par Voltaire

[175] P. Corneille, *Cinna*, v.i.1435-1436.

298

chambre, le lit. Ce débiteur tient prison. [j]Ce vaissau a tenu la mer six mois.[jk]

775

Tenir pour convoquer, assembler[l], présider; le Pape tient concile, consistoire, chapelle. Le roi tient conseil, tient le sceau; on tient les Etats, la chambre des vacations, [m]les grands jours[m] etc[a],[176] [n]la foire se tient, le marché se tient[n].

Tenir[o], pour exprimer les maux du corps et de l'âme. La goute[p], la fièvre le tient, son accès le tient, quand sa colère le tient il n'est plus maître de lui; sa mauvaise humeur le tient, il n'en faut pas aprocher. [q]On voit bien ce qui le tient, c'est la peur. Qu'est-ce qui le tient? la mauvaise honte?

780

j   MS, ajouté par Voltaire
k   K ajoute: Il m'a tenu, je me suis tenu longtemps au froid, à l'air, à la pluie.
l   MS, ajouté dans l'interligne par Voltaire
m   MS, ajouté dans l'interligne par Voltaire
n   MS, ajouté par Voltaire
o   MS: ⟨Tenir pour resister, exprimer l'empire des passions ou⟩ *Tenir*
p   MS: V⟨Alors ce sont ces affections qui gouvernent le verbe, par ce que ce sont elles qui agissent⟩ La goute
q   MS, ajouté dans la marge et dans l'interligne, remplace un premier ajout dans la marge: V⟨mais remarquez que quand ils'agit de commander à ces affections, alors c'est la personne qui agit; c'est elle qui tient sa gravité ⟨et qui tient sa colere⟩. Il ti⟨e⟩nt sa colere ne signifie pas il retient sa colere, mais il voulut conserver sa colere, ⟨de même⟩ ↑il tint rancune+. ⟨qu'⟩Il tint son fier signifie il voulut conserver son air de fierté, on ne dit point tenir son courage ⟨tenir son humeur⟩ par ce que le courage est censé une vertu, et qu'on ne peut dire tenir sa vertu. On ne dit point tenir son humeur, parce que l'humeur est censée une affection tout à fait involontaire personne ne veut avoir de l'humeur, mais on veut bien tenir sa colere son indignation contre un miserable faiseur de brochures satiriques, contre un hipocrite, tenir son fier, son quant à moy (proverbialement) avec un gredin insolent. C'est par la meme raison qu'on tient une conduitte, qu'on tient longtemps le party d'un homme parce que le party la conduitte ne vous tiennent pas. Vous tenez votre serieux mais votre serieux ne vous tient pas.⟩

[176] La chambre des vacations, dont la compétence fut réglée par un édit d'août 1669, tenait ses séances pendant les vacances du parlement. On appelait 'grands jours' les sessions extraordinaires des cours souveraines; leurs excès furent plus d'une fois réprimés par l'autorité royale.

Remarquez que quand ces affections de l'ame la^r maitrisent, 785
alors elles gouvernent le verbe car^s ce sont elles qui agissent, mais
quand on semble les faire durer, c'est la personne qui gouverne
le verbe. Il tint sa colere longtemps contre son rival. Il luy tint
rancune. Il tient sa gravité, son quant à moy, son fier. *Je tiens ma*
colere ne peut signifier, je retiens ma colere, mais au contraire je 790
la garde. On ne peut dire *tenir son courage, tenir son humeur*, par ce
que le courage est une qualité qui doit toujours dominer, et
l'humeur une affection involontaire. Personne ne veut avoir d'humeur, mais on veut bien avoir de la colere contre les mechants,
contre les hipocrites, tenir sa colere contre eux. C'est par la meme 795
raison qu'on tient une conduitte, un party par ce qu'on est censé
les vouloir tenir. Vous tenez votre serieux, et votre serieux ne
vous tient pas. On tient rigueur, la rigueur ne vous tient pas.^{t}

Tenir pour résister, la citadelle a tenu plus longtemps que la
ville. Les ennemis pouront à peine tenir cette année; ce general 800
a tenu dans Prague[177] contre une armée de soixante et dix mille
hommes. 'Tenir tête, tenir bon, tenir ferme, il tient au vent, à la
pluye, à touttes les fatigues.'

Tenir, pour avoir et entretenir; il tient son fils au collège, "à
l'academie", le roy tient des ambassadeurs dans plusieurs cours; 805
il tient garnison dans les villes frontières, ^{v}ce ministre tient des
emissaires, des espions, dans les cours etrangeres.^{v}

Tenir pour croire, réputer: on ne tient plus dans les écoles
les dogmes d'Aristote; les mahometans tiennent que dieu[178] est

---

r   MS, ajouté dans l'interligne par Voltaire
s   MS, ajouté dans l'interligne par Voltaire
t   MS, ajouté dans l'interligne par Voltaire
u   MS, ajouté dans l'interligne par Voltaire
v   MS: ^{v}⟨ce ministre tient des espions a ses gages⟩ ^{v}⟨des émissaires dans
plusieurs cours⟩ ^{v}β

---

[177] Allusion probable au siège de Prague soutenu par Charles de Lorraine en
mai 1757.
[178] Coran xlii.50, et vi.103; cf. ii.52, lvii.3 et iv.152.

incommunicable, ^wla plus part tiennent que l'Alcoran n'est pas de   810
toutte eternité. Les indiens et les chinois^w tiennent la métampsi-
cose; je me tiens heureux, je me tiens perdu; c: à d: je me crois
heureux, je me crois perdu; on tient les opinions de Leibnitz pour
chimèriques, mais on tient ce philosophe pour un grand génie; il
a tenu ma visite à hoñeur, et mes refléxions à injure, il se l'est   815
tenu pour dit. ^xRemarquez que lors que tenir signifie reputer,
avoir opinion, il s'employe egalement avec l'accusatif et avec la
préposition pour.

> il^y la tient pour sensée et de bon jugement.
> *Les Plaideurs.*[179]   820

> ma foy je le tiens fou de touttes les manières.[180]
> *L'Ecole^z des femmes*^x

Tenir pour éxécuter, ^aaccomplir, garder^a. Un honnête homme
tient sa promesse, un roy sage tient ses traittés, on est obligé de
tenir ses marchés; quand on a donné sa parole, il la faut tenir.   825

Tenir aulieu^b suivre. Ils^c tiennent le chemin de Lyon, quelle
route tiendrez vous. ^dTenez les bords, tenez toujours le large, le
bas, le haut, le milieu.^d

Tenir, être contigu^e; cette maison tient à la mienne; la galerie
tient à son apartement.   830

---

w   MS: ⟨les Indiens et les peuples de la Chine⟩ ^{V↑}β
x   MS, ajouté dans la marge par Voltaire
y   MS: ^V⟨Je le⟩ *il*
z   MS: ^V⟨Moliere⟩ *L'Ecole*
a   MS, ajouté dans l'interligne par Voltaire
b   MS: ⟨pour⟩ ^{V↑}β
c   MS: ⟨signifie suivre longtemps⟩ Ils
d   MS: ⟨Tenir, persévérer; il a tenu longtemps une étrange conduite; tiendra
t-il encor longtemps le parti des convulsionaires?⟩ ^{V↑}β
e   MS: ⟨proche⟩ contigu

---

[179] J. Racine, *Les Plaideurs*, II.iv.406.
[180] Molière, *L'Ecole des femmes*, I.i.195.

Tenir pour signifier les liaisons de parenté, d'affection. Sa famille tient aux meilleures maisons du royaume.

Il ne tient plus au monde que par habitude, vous ne tenez à cet homme que par sa place; il tient à cette femme par une inclination invincible.

835

Tenir, se fixer à quelque chose; je m'en tiens aux découvertes de Neuton sur la Lumière; il s'en tient à l'Evangile, et rejette la tradition. Après avoir gagné cent mille francs il devait s'en tenir là; il faut s'en tenir à la décision des arbitres et ne point plaider. Remarquez que dans toutes ces acceptions, la particule en est nécessaire; elle emporte l'éxclusion du contraire. Je m'en tiens à l'opinion de Loke, signifie, *f*de touttes les opinions je m'en tiens à celle là. Mais*f* je me tiens aux opinions de Loke, signifie seulement, je les adopte, sans exprimer *g*absolument si*h* j'en ay examiné et rejetté d'autres.*g*

840

845

Outre*i* ces significations générales du mot tenir, il en a beaucoup de particulières; tenir une terre par ses mains, c'est la faire valoir; tenir le sceptre, c'est régner; tenir la mer, c'est être embarqué longtemps; une armée tient la campagne, un Embarras tient toute une rüe; L'eau glacée *j*et l'eau bouillante*j* tienent plus de place que l'eau ordinaire. Ce sable ne tient point; cette colle tiendra longtemps, *k*il s'est tenu[181] au gros de l'arbre.*k* *l*Le gibier a tenu, c'est à dire ne s'est pas ecarté de la place où on l'a cherché.*l*

850

Les gardes se sont tenus à la porte, le marché, la foire tient *m*ou

f   MS: ⟨je rejette les autres opinions⟩ ᵛ↑ β
g   MS: ⟨qu'il réprouve les autres⟩ ᵛ↑ β
h   MS: ᵛ⟨que je⟩ si
i   MS: ⟨Après toutes⟩ ᵛ↑ β
j   MS, ajouté dans l'interligne
k   MS: ⟨nôtre vie ne tient qu'à un filet⟩ ᵛ↑ β
l   MS: ᵛ⟨il tient au vent, à la fut⟩ ᵛ↑ β
m   MS, ajouté dans l'interligne par Voltaire

[181] Selon A. J. Panckoucke, l'expression signifie s'en tenir 'au parti qui est le plus fort' (p.12); *Trévoux* (vi.128) donne: 'Il faut se tenir au gros de l'arbre, s'attacher au parti le plus juste'.

se tient*m* aujourd'hui; L'audiance tient les matins; on tient la main   855
à l'éxécution des règlements, le greffier tient la plume, le commis
la caisse. Tout *n*pere de famille*n* doit tenir un registre, *o*un livre
de compte*o*, on tient un enfant sur les fonds de batême. *p*Tenir un
homme sur les fonds, c'est parler de luy et discuter son caractere,
répondre pour luy qu'il a telle inclination, comme au bateme on   860
répond pour le filleul.*p* Une chose tient lieu d'une autre; ce present
tient lieu d'argent, son accueil tient lieu de récompense; on est
tenu de rendre foi et hommage à son seigneur; d'assister aux Etats
de sa province; de marcher avec son régiment, etc*a* *q*de payer les
dixmes*q*.   865

On tient table, on tient chapelle; on tient sa partie dans la
musique. On tient sur une notte, on tient au jeu, l'un*r* fait va tout,
l'autre le tient, on tient les cartes, on tient le Dé; on tient le haut
bout, le haut du pavé, le milieu; on tient *s*compte de l'argent, des
faveurs qu'on a reçues. On va meme jusqu'à dire que dieu vous   870
tiendra compte d'une bonne action*s*; on se tient sûr; on tient pour
quelqu'un, les cordeliers tiennent pour Scot,[182] et les dominicains
pour Saint Thomas. On tient une chose pour non advenüe quand
elle n'a eu aucune suitte; on tient une faveur pour reçüe, quand
on est sûr de la bonne volonté; un bon vaisseau tient à tout vent.   875
On tient des propos, des discours, un langage.

> Quel propos vous tenez. (Molière.)[183]
> Cessez de tenir ce langage. (Racine.)[184]

---

n   MS: ⟨homme⟩ V↑β
o   MS, ajouté dans l'interligne par Voltaire
p   MS: ⟨Le lait tient le tein frais; les fruits tiennent le ventre libre, le régime
tient en santé.⟩ V↑β
q   MS, ajouté par Voltaire
r   MS: ⟨On⟩ V↑β
s   MS: ⟨compte⟩ V↑β

---

[182] Jean Scot, surnommé Erigène (ixème siècle). Voir *Les Systèmes* (M.x.167),
et *Essai sur les mœurs*, ch.45 (*Essai*, i.485). Exemple pris dans *Trévoux* (vi.132).

[183] Cf. Molière, *Tartuffe*, v.iii.1675: 'C'est tenir un propos de sens bien dépourvu'.

[184] J. Racine, *Iphigénie*, v.ii.1533; exemple cité par *Trévoux* (vi.131).

Les proverbes, qui naissent de ce mot sont en très grand nombre, *il en tient*, c'est à dire on l'a trompé, ou il a succombé 880 dans une affaire, ou il a été condamné ou il a été vaincu, etc[a]. 'Il a vu cette femme, il en tient. Il a un peu trop bu il en tient. Il tient le loup par les[t] oreilles, c'est à dire, il se trouve dans une situation épineuse; cet accord tient à chaux et à ciment c: à d: qu'il ne sera pas aisément changé. Cette femme tient ses amants 885 le bec dans l'eau, pour dire elle les amuse, leur donne de fausses esperances, tenir l'Epée dans les reins, le poignard sur la gorge, ou à la gorge, signifie presser vivement quelqu'un de conclure. Tenir pied à boule, être assidu, ne point abandonner une affaire; tenir quelqu'un dans sa manche, être sûr de son consentement, 890 de son opinion; tenir le dé[u] dans la conversation, parler trop, vouloir primer. [v]C'est un furieux, il faut le tenir à quatre[v]. Se faire tenir à quatre, faire le difficile; [w]il tient bien sa partie, c à d il s'acquite bien de son devoir. Tenir[w] quelqu'un sur le tapis, parler beaucoup de lui. Cet homme croyait réussir, il ne tient rien. [x]Il 895 n'a qu'à se bien tenir[x]. Il a beau vouloir m'échaper, je le tiens; il faut le tenir par[y] les cordons, ou les lizières, c'est à dire mener[z] comme un enfant un homme qui ne sçait pas se conduire. [a]Rencune tenant[a]. Tenir le bon bout par devers soi, c'est avoir ses suretés dans une affaire; c'est être en possession de ce qui est contesté. 900 Croire tenir dieu par les pieds, expression populaire pour marquer sa joye, d'un bonheur inespéré.

Un tien[b] vaut mieux que deux tu l'auras, ancien proverbe.[185]

---

t   MS: ⟨Il tient le loup par les⟩ [V↑β]

u   MS: de⟨z⟩

v   MS, ajouté dans l'interligne

w   MS: ⟨tenir quelqu'un sur les fonds, tenir⟩ [V↑β]

x   MS, ajouté dans l'interligne par Voltaire

y   MS, ajouté dans l'interligne

z   MS: ⟨le⟩ mener

κ: le mener

a   MS, ajouté par Voltaire, avec: ⟨expression proverb⟩

b   MS: tien⟨t⟩

---

[185] Cf. J. de La Fontaine, 'Le Petit poisson et le pêcheur' (*Fables*, v.iii).

Serrez la main, et dites que vous ne tenez rien; mauvais proverbe populaire. Cet homme se tient mieux à table qu'à cheval, il se tient droit comme un cierge. Le plus empéché est celui qui tient la queüe de la poële, tous proverbes du peuple.[186]

[TENTATEUR][c] Tentateur[d], subs et adjectif. La femme[e] la moins tentante, trouve encor des tentateurs.

le tentateur tout court c'est le diable.

> Le[f] tentateur qui ne néglige rien
> prendra son temps, il le prend toujours bien.[187]

L'esprit tentateur; on n'a pas dit encor une tentatrice.[188]

[TÉRÉBRATION][g] Térébration [h]s f[h], mot tecnique par le quel on exprime l'action de percer avec la tarriere. Le suc de plusieurs arbres resineux se tire par la terébration.[189]

[TERMINER][i] Après ces mots terminent l'horison mettez

> Terminez mes tourments puissant maître du monde
> Quinaut dans Isis[190]

905

910

915

c MS, article de la main de Voltaire
d MS: ⟨*Tenon* fiche ou piece de bois qui entre dans une mortaise il y en a de toutte espece. Son nom seul indique son usage. / Tenu participe de tenir / être tenu de comparaitre, de rendre compte etc en ce sens il signifie obligé. / Au mot terme, je suppose que termes, bains chauds se trouve à Th⟩ Tentateur
e MS: ⟨beauté⟩ ↑β
f MS: ⟨il est substantif. L'esprit tentateur adjectif⟩ Le
g MS, article de la main de Voltaire
h MS, ajouté dans l'interligne par Voltaire
i MS, article de la main de Voltaire; cet article a été biffé dans le manuscrit, avec ce qui précède (voir variante *e*), mais une note de Voltaire suggère qu'il voulait le garder: Commencez icy

[186] Expressions citées par *Trévoux* (vi.132-33).
[187] *La Pucelle d'Orléans*, xx.155-156: 'Le tentateur qui ne néglige rien / Prenait son temps, il le prend toujours bien' (Voltaire 7, p.564).
[188] *Académie 62* donnera pourtant 'Tentateur, trice. s. Celui ou celle qui tente'.
[189] Apparu vers le début du dix-huitième siècle, issu du latin 'terebratio'. Terme introduit dans *Académie 62*; cf. *Trévoux* vi.139.
[190] P. Quinault, *Isis*, v.i.1 (*Théâtre*, iv.400). La citation ne fut pas retenue.

[TERPSICHORE]^j Après *terni* mettez
Terpsicore, muse qui préside à la danse.[191]

92●

[TERRAGE]^k Terrage. Droit des seigneurs dans plusieurs coutumes. Espece de champart.[192]

[TERRAIN]^l Terrain. On suppose qu'il se trouve à terrein.[193]

[TERRE]^m Terre[194] s:f: proprement le Limon qui produit les plantes; qu'il soit pûr ou mélangé, il n'importe; on l'appelle Terre vierge^n quand elle est dégagée autant qu'il est possible des corps Eterrogènes; si elle est aisée à rompre peu mélée de glaise et de sable, c'est de la terre franche, si elle est tenasse, visceuse, c'est de la terre glaise; Elle reçoit des dénominations differentes de tous les corps dont elle est plus ou moins remplie; Terre pierreuse, sablonneuse, graveleuse, aqueuse, ferrugineuse, minerale, etc^a.

92

93●

Elle prend ces^o noms de ses qualités diverses, terre grasse, maigre, fertile, stérile, humide, sèche, brulante, froide, ^{p}mouvante,

---

j	MS, article de la main de Voltaire
k	MS, article de la main de Voltaire
l	MS, article de la main de Voltaire
m	MS, article de la main de Wagnière
n	MS: ⟨franche⟩ vierge
o	K: ses
p	MS, ajouté dans l'interligne par Voltaire

---

[191] Le mot, qui figurait dans *Trévoux* (vi.146), ne fut pas admis.

[192] Le champart est une portion de la récolte due au seigneur par le censitaire. Le terme 'Terrage' fut introduit dans *Académie 62*. Il figurait déjà dans *Trévoux* (vi.146), d'où Voltaire a pu extraire sa définition.

[193] En effet: *Académie 40*, ii.761: 'Terrein'. Dans *Académie 62*, l'orthographe étymologique (de 'terrenus') a disparu au profit de la forme 'terrain'.

[194] Voltaire emprunte encore des éléments à la longue notice de *Trévoux* (vi.149-58), où sont définis la plupart des termes et expressions mentionnés par lui. Cf. les *Eléments de la philosophie de Newton*, III.v, ix (M.xxii.527-30, 543-48). Le texte d'*Académie 40* fut repris, avec quelques légers remaniements.

ferme*p*, forte*q*, légère, compacte, friable, meuble, *r*argileuse, maré- 935
cageuse. Terre neuve c: à d: qui n'a pas encor été posée à l'air,
qui n'a pas encor produit*r*, *s*terre usée*s*.

Des façons qu'elle reçoit, cultivée, remuée, fouillée, creusée,
fumée, raportée*t*, ameublie, améliorée, criblée*u*.

*v*Des usages où elle [est] mise, terre à pot ou à potier, terre 940
glaise blanchatre, compacte, molle qui se cuit dans des fournaux
*w*et dont on fait les tuiles, les briques, les pots, la fayance*w*; terre
à foulon, espece de glaise *x*onctueuse*y*, vitreuse qui*x* sert à preparer
les draps. Terre sigillée, terre rouge de Lemnos *z*mise en pastilles
gravées*z* d'un cachet arabe. On fait croire que c'est un antidote.[195] 945

Terre d'ombre, espece de craye brune qu'on tire du levant;
terre vernissée, c'est celle qui en sortant de la roue du potier
reçoit une couche de plomb calciné, vaisselle de terre vernissée.*v*

Dans cette signification au propre du nom terre, aucun autre
corps, quoi que terrestre, ne peut être compris. Qu'on tienne dans 950
sa main de l'or ou du sel, ou un diamant, ou une fleur, on ne dira
pas, je tiens de la terre; si on est sur un rocher, sur un arbre, on
ne dira pas je suis sur un morceau de terre.

Ce n'est pas icy le lieu d'éxaminer si la terre est un Elément
ou non, il faudrait sçavoir d'abord, ce que c'est qu'un Elément.[196] 955

Le nom de terre s'est donnée par extension à des parties du

q K, omis
r MS, ajouté dans l'interligne et dans la marge
s MS, ajout de Voltaire, suivi de: *V*⟨terre remuée fouillée creusée raportée⟩
t MS, ajouté dans l'interligne par Voltaire
u MS: ⟨raportée etc*a*⟩ criblée ⟨terre affermée, terre qu'on a fait valoir, terre
en valeur⟩
v MS, ajouté dans la marge par Voltaire
w MS, ajouté dans l'interligne par Voltaire
x K: onctueuse au toucher qui
y MS: *V*⟨mais⟩ onctueuse
z MS: *V*⟨qu'on met en⟩ pastilles et que ⟨l'on⟩ *V*↑β

[195] La terre sigillée, c'est-à-dire marquée du sceau des potiers, était connue
depuis le premier siècle avant notre ère; cf. *Trévoux*, vi.155.
[196] Cf. *Académie 62*: 'le plus pesant des quatre élémens'.

globe, à des étendües de pais, les Terres du Turc, du Mogol, terre étrangère, terre ennemie, les terres australes, les terres arctiques, terre neuve (Ile du Canada), terre des Papous près des Moluques, Terre de la Compagnie, c: à d: de la Compagnie des Indes orientales de Hollande au nord du Japon; Terre d'Harnem, de Yesso.[197]

Terre de Labrador, [a]au nord de l'Amerique pres de la baie de Hudson ainsi nommée par ce que le labour y est ingrat.[198]

Terre de Labour pres de Gaiette[199] ainsi nommée par une raison contraire, c'est la campania felice.[a]

Terre Sainte partie de la Palestine, où Jesus Christ opera ses miracles, et par extension, toute la Palestine.

La terre de promission, [b]c'est cette Palestine meme[b], petit pais sur[c] les confins de l'Arabie petrée et de la Syrie, que Dieu promit à Abraham, né dans le beau païs de la Chaldée.

Terre, Domaine particulier, terre seigneuriale, [d]terre titrée[d], Terre en mouvance, terre démembrée, terre en fief, en arrière fief; le mot de terre en ce sens [e]ne convient pas[e] aux domaines en roture, elles[f] sont appellées domaine, métairie, fonds, héritage, campagne,[200] on y cultive la terre, on y afferme une pièce de terre; mais il n'est pas permis de dire d'un tel fonds, ma terre, mes

96

96

97

97

---

a   MS: ⟨Terre de Labour⟩ ^V⟨aparemment Campagna felice, parce que le labour y reussit mieux qu'ailleurs⟩ ^V↑β
b   MS, ajouté dans l'interligne par Voltaire
c   MS: ⟨dans⟩ ^V↑ sur
d   MS, ajouté dans l'interligne par Voltaire
e   MS: ⟨ne se donne point⟩ ^V↑β
f   K: ils

[197] La terre d'Arnhem est une presqu'île au nord de l'Australie. La terre de Yeso désignait primitivement l'île de Hokkaidô.
[198] Le nom de 'Terra de lavradores' lui fut donné par Gaspar Corte-Real vers 1500 à cause de son caractère relativement fertile.
[199] Terra di Lavoro, l'actuelle province de Caserta dans la région de Campania.
[200] Cf. *Trévoux* (vi.157) qui constate: 'Terre, se dit aussi d'un simple domaine, métairie, ou ferme, d'un fonds, d'un héritage'.

terres, sous peine de ridicule ^gà moins qu'on n'entende le terrain, le sol. Ma terre est sablonneuse, marecageuse, etc.^g

Terre vague, que personne ne réclâme, terres abandonnées qui peuvent être réclamées, mais qu'on a laissées sans culture, et que le seigneur alors, a droit de faire cultiver à son profit.   980

Terres novales qui ont été nouvellement défrichées.[201]

Terre^h par extension, le globe terrestre, ou le globe terraquée; La Terre, petite planette qui fait sa révolution annuelle autour du soleil en trois cent soixante et cinq jours, six heures et quelques minutes, et qui tourne sur elle même en vingt quatre heures. C'est dans cette acception, qu'on dit, mesurer la terre, quand on a seulement mesuré un degré en longitude ou en Latitude; diamètre de la terre, circonference de la terre, en degrès, en lieues, en milles, et en toises;   985   990

Les climats de la terre, la gravitation de la terre sur le soleil et les autres planettes. L'attraction de la terre; ⁱson parallelisme, son axe, ses poles.ⁱ

La terre ferme, partie du globe distinguée^j des eaux, soit continent, soit Ile; Terre ferme en géographie, est opposé à Ile; et cet abus est^k devenu usage.   995

On entend aussi par terre ferme la Castille noire, grand païs

---

g   MS, ajouté par Voltaire
h   MS: ⟨Terre sigilée, c'est une terre rouge, de l'ile de Lemnos, dont on fait des pastilles, sur lesquelles on imprime un cachet arabe, on fait à croire que ces pastilles sont un antidote⟩ Terre
i   MS, ajouté dans l'interligne par Voltaire
j   MS: distingué
k   MS: et

[201] Selon Marion (p.533) l'appelation de 'terre' était réservée aux domaines particuliers, porteurs de titres et tenus en fief ou arrière-fief, sans exclure les terres allodiales (de franc-alleu) et les terres aumônées (données à l'Eglise), pour les distinguer des terres de roture. Les dîmes novales pouvaient être perçues sur des terres nouvellement défrichées, sur des terres anciennes réimposées ou remises en valeur.

de L'Amérique méridionale[202] et les Espagnols ont encor[l] donné le nom de terre ferme particulière, au gouvernement de Panama. 1000

Magellan entreprit[m] le premier le tour de la terre, c: à d: du globe.

Une partie du globe se prend au figuré pour toute la terre; on dit que les anciens romains avaient conquis la terre, quoi qu'ils n'en possédassent pas la vingtième partie. 1005

C'est dans[n] ce sens figuré, et par la plus grande hiperbole, qu'un homme connu dans deux ou trois païs, est reputé célèbre dans toute la terre; toute la terre parle de vous, ne veut souvent dire autre chose, sinon, quelques bourgeois de cette ville parlent de vous. 1010

> ... ce Monsieur de la Serre
> Si bien connu de vous, et de toute la terre.
> (Regnard: coméd: du joueur)[203]

La terre et l'onde, expression trop commune en poësie pour signifier l'empire de la terre et de la mer. 1015

> [o]Cet empire absolu que j'ay sur tout le monde[o]
> Ce pouvoir souverain sur la terre et sur l'onde[204]

Le[p] ciel et la terre, expression vague, par laquelle le peuple entend la terre et l'air; et au figuré, négliger le ciel pour la terre, les biens de la terre sont méprisables, il ne faut songer qu'à ceux 1020 du ciel.

---

l   MS: ⟨aussi⟩ ^{V↑}β

m   MS: ⟨fit⟩ ^{V↑}β

n   MS: ⟨aussi⟩ dans

o   MS, biffé, puis ajouté par Voltaire

p   MS: ⟨Terre par opposition au ciel⟩ Le

---

[202] L'expression 'tierra firme' a désigné l'Amérique du Sud espagnole jusqu'au dix-huitième siècle. Une vice-royauté, comprenant le Venezuela et la Colombie actuels, avec Bogotá pour capitale, fut créée en 1718. Cette vaste région s'appelait aussi la Castille d'or (et non pas la Castille noire); cf. *Trévoux*, vi.152.

[203] J. F. Regnard, *Le Joueur*, iii.i (*Œuvres*, Paris 1731, ii.304; BV, no.2918).

[204] P. Corneille, *Cinna* ii.i.357-58.

Vent de terre, c: à d: qui soufle de la terre, et non de la mer.

*q*Toucher la terre, un vaissau qui touche la terre echoue, ou court risque de se brizer.*q*

Prendre terre, aborder. Perdre terre, s'éloigner *r*ou ne pouvoir toucher le fonds dans l'eau, et figuremt, ne pouvoir plus suivre ses idées, s'égarer dans ses raisonements;*r* 1025

Razer la terre, voguer près du rivage, les barques peuvent aisément razer la terre; les oiseaux razent la terre quand ils s'en aprochent en volant, et au figuré un auteur raze la terre quand il 1030 manque d'élévation. Aller terre à terre, ne guères s'éloigner des côtes, et au figuré ne se pas hazarder, marcher terre à terre, ne point chercher à s'élever, être sans ambition. *s*Cet autheur ne s'éleve jamais de terre.*s*

*t*En terre, "pieux enfoncez" en terre, porter en terre, cad*v* à la 1035 sepulture.*t*

Sous terre, il y a longtemps qu'il est sous terre, qu'il est ensevéli; chemin sous terre; et au figuré travailler sous terre, agir sous terre, c: à d: former des intrigues sourdes, cabaler secretement. 1040

Ce mot Terre *w*a produit*w* beaucoup de formules et de proverbes.

Que la terre te soit legère, ancienne formule pour les sépultures des grecs et des Romains.[205]

Point de terre sans seigneur, maxime du*x* droit féodal. Qui terre a, guerre a; c'est une terre de promission, proverbe pris de 1045 l'opinion que la Palestine était très fertile; *y*tant vaut l'homme,

---

q   MS, ajouté dans la marge par Voltaire
r   MS, ajouté dans l'interligne et dans la marge par Voltaire
s   MS: *V*⟨s'élever de terre⟩ *V*↑ β
t   MS, ajouté dans l'interligne par Voltaire
u   K: pieu enfoncé
v   MS: ca
w   MS: ⟨fournit⟩ *V*↑ β
x   K: de
y   MS, ajouté dans l'interligne par Voltaire

[205] 'Sit tibi terra levis'; cf. Tibulle, *Elegiae*, II.iv.50: 'terra sit super ossa levis'.

tant vaut sa terre[y]. Cette parole n'est pas tombée par terre, ou à terre.

Il va tant que terre peut le porter. Quitter une Terre pour le cens, c'est abandonner une chose plus onereuse que profitable.[206] 1050 Faire perdre terre à quelqu'un, l'embarasser dans la dispute; faire de la terre le fossé, c: à d: se servir d'une chose pour en faire une autre.[207] Il fait nuit, on ne voit ni ciel ni terre. Bonne terre, méchant chemin. [ʳBaiser la terre, donner du nez en terre.[208] Il ne saurait s'élever de terre. Il voudrait etre vingt pieds, cent pieds sous terre, 1055 cad[a] il [b]voudrait se cacher[b] de honte, ou il est dégouté de la vie[ʳ]. Le faible qui s'attaque au puissant, est pot de terre contre pot de fer; cet homme vaudrait mieux en terre qu'en pré, proverbe bas et odieux, pour souhaitter la mort à quelqu'un; entre deux selles[c], le cu à terre, autre proverbe très bas pour signifier deux avantages 1060 perdus à la fois, deux occasions manquées. Un homme qui s'était brouillé avec deux rois, écrivait plaisamment, je me trouve entre deux rois, le cu à terre.[209]

ʳ   MS, ajouté dans la marge par Voltaire
a   MS: ca
b   MS: ⟨meurt⟩ ᵛ↑β
c   MS: selle

---

[206] Signification que l'on trouve mot pour mot dans *Trévoux*, vi.158.
[207] Selon *Trévoux*, 'lorsque ce que l'on tire d'une chose, sert à en faire en même temps une autre' (vi.158).
[208] Selon *Trévoux*, 'quand [on] a fait banqueroute, quand [on] n'est pas venu à bout de quelque dessein' (vi.158).
[209] Selon *Trévoux*, 'pour dire, n'avoir pas profité de l'occasion de deux avantages proposés' (vi.158). 'Je suis demeuré entre deux rois le cu à terre. Deux rois sont de très mauvaises selles' (Voltaire à Marie Ursule de Klinglin, comtesse de Lutzelbourg, 14 septembre 1753; D5511).

[THALER]*d* Taller*e*, ou Daller *f*s m*f*, monoie d'argent en Allemagne et en Pologne, valant près de quatre de nos livres, dans   1065
l'année où l'on imprime ce dictionaire.[210]

[THÉRAPEUTE]*g* *Terapeute*. Apparemment ce mot se trouvera à
Th.[211]

[THÉRIAQUE]*h* Teriaque se trouve sans doute au th.[212]

[THERMES]*i* Thermes, bains chauds aussi au Th.[213]   1070

[TOPER]*j* Tauper, voyez Topé.[214]

---

d   MS, article de la main de Wagnière
e   MS: ⟨Taler⟩
f   MS, ajouté dans l'interligne par Voltaire
g   MS, article de la main de Voltaire
h   MS, article de la main de Voltaire
i   MS, article de la main de Voltaire
j   MS, article de la main de Wagnière

[210] Devenu le 'dollar', forme attestée vers 1776 par le *Courrier de l'Europe*.
Selon A. Mann, le rapport exact est de 3,931 ('Tables des monnaies, des poids
et des mesures anciennes et modernes de diverses nations, avec leur évaluation',
Mémoires de l'Académie impériale des sciences et belles-lettres de Bruxelles, 1788, v.233-
316). Le mot fut introduit dans *Académie 62*: 'Monnoie d'Allemagne & de
Pologne, à peu près de la valeur d'un écu'; cf. *Trévoux*, vi.38.
[211] Le mot, qui figurait dans *Trévoux* (vi.202-203), fut admis dans *Académie
62*.
[212] En effet: *Académie 40*, ii.768; cf. *Trévoux*, vi.139.
[213] En effet: *Académie 40*, ii.768; cf. *Trévoux*, vi.143.
[214] 'Toper', apparu vers 1165 pour 'appliquer', de l'espagnol 'topar', rare
jusqu'au dix-septième siècle, est attesté par A. Oudin. *Trévoux* donne la forme
'tauper' (vi.84).

LISTE DES OUVRAGES CITÉS

Ages, Arnold, 'Voltaire, Calmet, and the Old Testament', *Studies* 41 (1966), p.87-187.

Amyot, Jacques, *Les Vies des hommes illustres* (Lyon 1572).

Archie, William C., 'Voltaire's *Dictionnaire philosophique*: les *Questions philosophiques*', *Symposium* 5 (1951), p.317-27.

Aristote, *De la rhétorique*, trad. François Cassandre (Lyon 1691).

Augustin, saint, *Lettres* (Paris 1684).

Ausführliches Lexikon der griechischen und römischen Mythologie (Leipzig 1916).

Baïf, J. Antoine de, *Les Mimes, enseignements et proverbes*, éd. P. Blanchemain (Paris 1880).

Banier, Antoine, *La Mythologie et les fables expliquées par l'histoire* (Paris 1738-1740).

Barber, Giles, 'Flowers, the butterfly – and clandestine books', *Bulletin of the John Rylands University Library of Manchester* 68 (1985), p.11-33.

Barbieri, Antonio, *La Vis comica di Terenzio* (Arona 1951).

Bayle, Pierre, *Dictionnaire historique et critique* (Paris 1720).

Bengesco, Georges, *Voltaire: bibliographie de ses œuvres* (Paris 1882-1890).

Benserade, Isaac de, *Métamorphoses d'Ovide en rondeaux, imprimés et enrichis de figures, par ordre de sa majesté* (Paris 1676).

Bergeron, Pierre, *Voyages faits principalement en Asie dans les XII, XIII, XIV et XV siècles* (La Haye 1735).

Berry, Gilles Jacques Le Bouvier, dit, *Chronicques du feu roy Charles septiesme de ce nom* (Paris 1528).

Bertaut, Jean, *Œuvres poétiques* (Paris 1620).

Bibliothèque de Voltaire: catalogue des livres (Moscou, Leningrad 1961).

Bloch, Oscar, et von Wartburg, W., *Dictionnaire étymologique de la langue française* (Paris 1968).

Boileau, Nicolas, *Œuvres* (Genève 1716).

– *Ode sur la prise de Namur* (Paris 1693).

Bouhours, Dominique, *Doutes sur la langue françoise* (Paris 1674).

– *Les Entretiens d'Ariste et d'Eugène* (Amsterdam 1703).

– *Remarques nouvelles sur la langue françoise* (Paris 1675).

Brumfitt, J. H., 'Voltaire and Warburton', *Studies* 18 (1961), p.35-56.

– *Voltaire historian* (London 1958).

Burnet, Gilbert, *Histoire de la réformation de l'Eglise d'Angleterre* (Genève 1693).

Bussy-Rabutin, Roger de, *Correspondance*, éd. L. Lalanne (Paris 1859).

Calmet, Augustin, *Commentaire littéral sur tous les livres de l'Ancien et du Nouveau Testament* (Paris 1709-1734).

Campistron, Jean-Galbert de, *Œuvres* (Paris 1698).

Capella, Martianus, *Satyricon*, éd. H. Grotius ([Leyde] 1599).

Carmody, Francis J., 'Voltaire et la renaissance indo-iranienne', *Studies* 24 (1963), p.345-54.

Caylus, Anne-Claude-Philippe de Tubières de Grimoard de Pastels de

Lévy, comte de, *Recueil d'antiquités égyptiennes, étrusques, grecques et romaines* (Paris 1752-1767).

Chaucer, Geoffrey, *Works*, éd. F. N. Robinson (London 1957).

Chifflet, Jean Jacques, *Recueil des traittez de paix, trèves et neutralité entre les couronnes d'Espagne et de France* (Anvers 1645).

Concordance de la Bible de Jérusalem (Paris 1982).

Corneille, Thomas, *Dictionnaire des arts et sciences* (1694).

Corsini, Silvio, *Recueil d'ornements gravés sur bois principalement dans des imprimés lausannois parus de 1770 à 1774* (Lausanne 1979).

Coster, Adolphe, *Baltazar Gracián* (Zaragoza 1947).

Cumberland, Richard, *Sanchoniatho's Phoenician history translated from the first book of Eusebius De preparatione evangelica* (London 1720).

Daniel, Gabriel, *Histoire de France, depuis l'établissement de la monarchie françoise dans les Gaules* (Paris 1755-1757).

Dauzat, A., Dubois, J., et Mitterand, H., *Nouveau dictionnaire étymologique et historique* (Paris 1971).

Delisle, L., 'Les premières éditions du *Dictionnaire* de l'Académie française', *Bibliothèque de l'Ecole des chartes* 49 (1888), p.577-80.

Desfontaines, Pierre François Guyot, *Le Nouvelliste du Parnasse, ou réflexions sur les ouvrages nouveaux* (Paris 1730-1732).

– *Observations sur les écrits modernes* (Paris 1735-1743).

Despautère, Jan van Pauteren, dit, *Universa grammatica, multo quam antehac emaculatior per Gabrielem Prateolum Marcossium* (Parisiis 1584).

Dictionnaire de l'Académie française, 3e éd. (Paris 1740).

Dictionnaire de l'Académie française, 4e éd. (Paris 1762).

Dictionnaire des journalistes (1600-1789), éd. Jean Sgard (Grenoble 1976).

Dictionnaire universel françois et latin, 4e éd. (Paris 1743).

Diderot, Denis, *Correspondance*, éd. George Roth et Jean Varloot (Paris 1955-1970).

– *Pensées philosophiques*, éd. R. Niklaus (Genève 1965).

Dowley, Francis H., 'French baroque representations of the "Sacrifice of Iphigenia"', *Festschrift Ulrich Middeldorf* (Berlin 1968), p.466-75.

Duclos, Charles, *Correspondance de Charles Duclos (1704-1772)*, éd. J. Brengues (Saint-Brieuc 1970).

Du Halde, Jean-Baptiste, *Description géographique, historique, chronologique, politique et physique de l'empire de la Chine et de la Tartarie chinoise* (Paris 1735).

Dumarsais, César Chesneau, *Des tropes* (Paris 1739).

Dumont, Jean, *Corps universel diplomatique du droit des gens* (Amsterdam-La Haye 1726-1731).

Encyclopédie, ou dictionnaire raisonné des sciences, des arts et des métiers (Paris 1751-1765).

Epictète, *Le Manuel d'Epictète*, trad. André Dacier (Paris 1715).

Esprinchard, Jacques, *L'Histoire auguste* (Genève 1610).

Ferrand, Antoine, *Pièces libres* (Londres 1744).

Forel, François Alphonse, 'Les souvenirs de jeunesse d'Antoine de Polier', *Revue historique vaudoise* 5 (1911), p.117-28, 142-48, 171-81, 237-49.

Frazer, Sir James George, *The Fasti of Ovid: commentary* (London 1929).

Fréret, Nicolas, 'De l'antiquité et de la certitude de la chronologie chinoise', *Mémoires de l'Académie royale des inscriptions et belles-lettres* 10 (1736), p.377-402.

- 'Eclaircissements sur le mémoire lu au mois de novembre 1733 touchant l'antiquité et la certitude de la chronologie chinoise', *Mémoires de l'Académie royale des inscriptions et belles-lettres* 18 (1753), p.178-295.

Fréron, Elie-Catherine, *L'Année littéraire, ou suite des Lettres sur quelques écrits de ce temps* (Paris 1754-1776).

Gaffarel, Jacques, *Curiositez inouyes sur la sculpture talismanique des Persans* (Paris 1629).

Gaubil, Antoine, *Histoire de Gentchiscan et de toute la dynastie des Mongoux* (Paris 1739).

- *Traité de l'astronomie chinoise* (Paris 1732).

Gazette de France (1631-1792).

Ginzberg, Louis, *The Legends of the Jews* (Philadelphia 1909-1959).

Girard, Gabriel, *Synonymes français*, 10e éd. (Genève 1753).

Godeau, Antoine, *Les Fastes de l'Eglise pour les douze mois de l'année* (Paris 1674).

Godefroy, Denis, éd., *Histoire de Charles VII* (Paris 1681).

Grevisse, Maurice, *Le Bon usage*, 11e éd. (Paris, Gembloux 1980).

Grimm, Friedrich Melchior, *Correspondance littéraire, philosophique et critique*, éd. M. Tourneux (Paris 1877-1882).

Gros de Boze, Claude, et Goujet, Claude-Pierre, *Histoire de l'Académie royale des inscriptions et belles-lettres, depuis son établissement jusqu'à présent* (Paris 1718-1772).

Guénée, Antoine, *Lettres de quelques juifs portugais et allemands à M. de Voltaire* (Paris 1772).

Guthrie, William Keith Chambers, *Orpheus and Greek religion* (London 1935).

Guy, Basil, *The French image of China before and after Voltaire*, Studies 21 (1963).

Hatin, Eugène, *Histoire politique et littéraire de la presse en France* (Paris 1859-1861).

Hatzfeld, A., et Darmsteter, A., *Dictionnaire général de la langue française* (Paris [1890-1900]).

Havens, George R., et Torrey, Norman L., *Voltaire's catalogue of his library at Ferney*, Studies 9 (1959).

Hermès Trismégiste, *Corpus hermeticum*, éd. Arthur Danby Nock (Paris 1945-1954).

Hérodote, *Les Histoires d'Hérodote*, trad. Pierre Du Ryer (Paris 1713).

Homère, *L'Iliade, poème avec un discours sur Homère*, trad. Antoine Houdar de La Motte (Paris 1714).

- *L'Iliade*, trad. La Motte (Paris 1720).

- *L'Odyssée d'Homère*, trad. Mme Dacier (Amsterdam 1731).

Horace, *Œuvres d'Horace en latin et en françois, avec des remarques critiques et historiques par M. Dacier* (Amsterdam 1727).

Huguet, E., *Dictionnaire de la langue française au 16e siècle* (Paris 1967).

Hyde, Thomas, *Veterum Persarum et Parthorum et Medorum religionis historia* (Oxonii 1760).

Journal des savants (1665-1792).

Justin, saint, *Opera* (Venetiis 1747).

La Beaumelle, Laurent Angliviel de, *Mémoires pour servir à l'histoire de madame de Maintenon et à celle du siècle passé* (Amsterdam 1755-1756).

La Bléterie, Jean Philippe René de, *Histoire de l'empereur Jovien et traductions de quelques ouvrages de l'empereur Julien* (Amsterdam 1750).

– *Vie de l'empereur Julien* (Paris 1746).

Lacombe, Jacques, *Encyclopédie méthodique* (Paris 1792).

La Roche Guilhem, Anne de, *Histoire des favorites, contenant ce qui s'est passé de plus remarquable sous plusieurs règnes* (Amsterdam 1697).

Lenglet Du Fresnoy, Nicolas, *Méthode pour étudier l'histoire* (Paris 1729).

– *Supplément à la Méthode pour étudier l'histoire* (Paris 1741).

L'Estoile, Pierre de, *Journal*, éd. Louis-Raymond Lefèvre (Paris 1948-1960).

Lettres édifiantes et curieuses, écrites des missions étrangères, par quelques missionaires de la Compagnie de Jésus (Paris 1702-1773).

Longchamp, Sébastien G., et Wagnière, Jean-Louis, *Mémoires sur Voltaire* (Paris 1826).

Lough, John, *Essays on the Encyclopédie of Diderot and d'Alembert* (London 1968).

Lucain, *La Pharsale de Lucain*, éd. G. de Brébeuf (Rouen 1663).

Lucien de Samosate, *Lucien*, trad. N. Perrot (Amsterdam 1664).

Malherbe, François de, *Œuvres*, éd. Antoine Adam (Paris 1971).

Mann, Théodore Augustin, 'Tables des monnaies, des poids et des mesures anciennes et modernes de diverses nations, avec leur évaluation', *Mémoires de l'Académie impériale et royale des sciences et belles-lettres de Bruxelles* (1777-1788), v.233-316.

Marc Aurèle, *Réflexions morales* (Paris 1691).

Marion, Marcel, *Dictionnaire des institutions de la France aux XVIIe et XVIIIe siècles* (Paris 1969).

Marolles, Michel de, *L'Histoire auguste des six autheurs anciens* (Paris 1667).

Martène, Edmond, *Veterum scriptorum et monumentorum historicorum, dogmaticorum, moralium, amplissima collectio* (Parisiis 1724-1733).

Marx, Jacques, 'Du mythe à la médecine expérimentale: le tarentisme au XVIIIe siècle', *Etudes sur le XVIIIe siècle* (1975), ii.153-65.

Mascaron, Jules, *Recueil des oraisons funèbres* (Paris 1746).

Massieu, Guillaume, 'Dissertation sur les grâces', *Mémoires de l'Académie royale des inscriptions et belles-lettres* 3 (Paris 1746), p.8-27.

Massillon, Jean Baptiste, *Sermons de M. Massillon, évêque de Clermont* (Paris 1759).

Mauzi, Robert, *L'Idée de bonheur au 18e siècle* (Paris 1967).

McGhee, Dorothy, 'Voltaire's *Candide* and Gracián's *Criticón*', *PMla* 52 (1937), p.778-84.

Mead, Richard, *A mechanical account of poisons* (London 1702).

Meier, P. G., 'Der *Dictionnaire* der französischen Akademie', *Centralblatt für Bibliothekswesen* 12 (1895), p.173-80.

Meister, Paul Alfred, *Charles Duclos, 1704-1772* (Genève 1956).

Ménage, Gilles, *Christine, églogue* (Paris 1654).

– *Dictionnaire étymologique* (Paris 1694).

Mézeray, François Eudes de, *Histoire de France avant Clovis* (Amsterdam 1696).

– *Histoire de France depuis Faramond jusqu'au règne de Louis le Juste* (Paris 1685).

Middleton, Conyers, *Miscellaneous works* (London 1752).

Migne, Jacques-Paul, *Patrologia latina* (Parisiis 1844-1864).

Montesquieu, Ch.-L. de Secondat, baron de La Brède et de, *Œuvres complètes* (Paris 1958).

Monty, Jeanne R., 'Voltaire's debt to the *Encyclopédie* in the *Opinion en alphabet*', *Literature and history in the age of ideas*, éd. C. G. S. Williams (Columbus 1975), p.153-67.

Moréri, Louis, *Le Grand dictionnaire* (Paris 1759).

Naves, Raymond, *Le Goût de Voltaire* (Paris 1968).

- *Voltaire et l'Encyclopédie* (Paris 1938).

Orphicorum fragmenta, éd. Otto Kern (Berlin 1922).

The Oxford English Dictionary (Oxford 1933).

Ozanam, Jacques, *Dictionnaire mathématique* (Paris 1691).

Panckoucke, André Joseph, *Dictionnaire portatif des proverbes françois* (Utrecht 1751).

Pardessus, J. H., *Us et coutumes de la mer* (Paris 1847).

Pellisson-Fontanier, Paul, *Histoire de Louis XIV, depuis la mort du cardinal Mazarin en 1661 jusqu'à la paix de Nimègue en 1678* (Paris 1749).

Pezron, Paul Yves, *Antiquité de la nation et de la langue des Celtes* (Paris 1703).

Pintard, René, 'Voltaire et l'*Encyclopédie*', *Annales de l'Université de Paris* 22 (1952), p.39-56.

Pomeau, René, *La Religion de Voltaire* (Paris 1969).

Proust, Jacques, *Diderot et l'Encyclopédie* (Paris 1967).

Quinault, Philippe, *Théâtre* (Paris 1739).

Rabelais, François, *Œuvres complètes*, éd. J. Boulenger, revue par Lucien Scheler (Paris, Pléiade, 1959).

Racine, Jean, et Boileau, Nicolas, *Campagne de Louis XIV* (Paris 1730).

Racine, Louis, *Mémoires sur la vie de Jean Racine* (Lausanne 1747).

Ramsay, Andrew Michael, *Les Voyages de Cyrus* (Paris 1727).

Regnard, Jean François, *Œuvres* (Paris 1731).

Regnault, Noël, *Entretiens d'Ariste et d'Eudoxe* (Amsterdam 1732-1733).

Retz, Jean François Paul de Gondi, cardinal de, *Mémoires* (Amsterdam 1731).

Rezler, Marta, 'Voltaire and the *Encyclopédie* - a re-examination', *Studies* 30 (1964), p.147-87.

Rollin, Charles, *De la manière d'enseigner et d'étudier les belles lettres* (Paris 1748-1755).

- *Histoire ancienne* (Paris 1730-1738).

Rolt, Richard, *An impartial representation of the conduct of the several powers of Europe engaged in the late general war* (London 1749-1750).

Rousseau, Jean-Baptiste, *Œuvres* (Bruxelles 1743).

Rousseau, Jean-Jacques, *Correspondance complète*, éd. R. A. Leigh (1965-).

Rymer, Thomas, *Foedera, conventiones, litterae et cujuscumque generis acta publica* (Londini 1704-1717).

Saas, Jean, *Lettres sur l'Encyclopédie pour servir de supplément aux sept volumes de ce dictionnaire* (Amsterdam 1764).

Sarasin, Jean François, *Œuvres* (Paris 1663).

Saxe, Maurice, comte de, *Mes rêveries* (Amsterdam 1757).

Schwab, Richard N., et Rex, Walter E., *Inventory of Diderot's Encyclopédie*, Studies 80, 83, 85, 91-93, 223 (1971-1984).

Schwarzbach, Bertram E., 'The problem of the Kehl additions to the *Dictionnaire philosophique*: sources, dating and authenticity', *Studies* 201 (1982), p.7-66.

- 'Un regard sur l'atelier voltairien', *Rousseau et Voltaire en 1978* (Genève, Paris 1981), p.250-72.

Selden, John, *Marmora Arundelliana* (Londini 1628).

Soret, Jean, *Lettre à une jeune dame sur l'inoculation* (s.l. 1756).

The Spectator, éd. Donald F. Bond (Oxford 1965).

Stolp, A., *De Eerste hollandsche couranten* (Haarlem 1938).

Thucydide, *Histoire de la guerre du Péloponèse* (Paris 1714).

Tindal, Matthew, *Christianity as old as creation* (London 1730).

Tite-Live, *Histoire romaine*, trad. François Guérin (Paris 1739-1740).

– *T. Livii Historiarum libri qui supersunt omnes cum integris Jo. Freinshemius supplementis* (Biponti 1684).

Torbuck, John, *A collection of the parliamentary debates in England, from the year* MDCLXVIII *to the present time* (Dublin, London 1739-1741).

Traité de morale et d'économie domestique (Paris 1846).

Trapnell, W., *Voltaire and his portable dictionary*, Analecta romanica 32 (Frankfurt 1972).

Vercruysse, Jeroom, 'Articles inédits de Voltaire pour le *Dictionnaire* de l'Académie française', Studies 37 (1965), p.7-51.

– *Les Editions encadrées des œuvres de Voltaire de 1775*, Studies 168 (1977).

– *Inventaire raisonné des manuscrits voltairiens de la Bibliothèque royale Albert Ier*, Bibliologia 2 (Turnhout 1983).

– 'Les œuvres alphabétiques de Voltaire', *Revue de l'Université de Bruxelles* 1-2 (1969-1970), p.89-98.

– *Voltaire et la Hollande*, Studies 46 (1966).

– 'Voltaire et Marc-Michel Rey', Studies 58 (1967), p.1707-63.

La Voix de la Torah, éd. E. Munk (Paris 1981).

Voltaire, *Commentaires sur Corneille*, éd.

David Williams, Voltaire 53-55 (1974-1975).

– *Corpus des notes marginales* (Berlin, Oxford 1979-).

– *Correspondence and related documents*, éd. Th. Besterman, Voltaire 85-135 (1968-1977).

– *La Défense de mon oncle*, éd. J.-M. Moureaux, Voltaire 64 (1984).

– *Dictionnaire philosophique*, éd. G. Bengesco (Paris 1892).

– *Dictionnaire philosophique* (Paris 1930).

– *Dictionnaire philosophique*, éd. J. Benda et R. Naves (Paris 1961).

– *Le Droit du seigneur*, éd. W. D. Howarth, Voltaire 50 (1986).

– *Essai sur les mœurs*, éd. R. Pomeau (Paris 1963).

– *Lettres philosophiques*, éd. G. Lanson, nouveau tirage revu et complété par A. M. Rousseau (Paris 1964).

– *Notebooks*, éd. Th. Besterman, Voltaire 81-82 (1968).

– *Œuvres complètes* (Paris, Lefèvre et Déterville, 1817-1820).

– *Œuvres complètes*, éd. A. J. Q. Beuchot (Paris, Veuve Perronneau et Cérioux aîné, 1817-1821).

– *Œuvres complètes*, éd. A. J. Q. Beuchot (Paris, Lefèvre, Werdet et Lequien fils, 1829-1834).

– *Œuvres complètes*, éd. L. Moland (Paris 1877-1885).

– *Œuvres complètes de Voltaire / Complete works of Voltaire* (Genève, Banbury, Oxford 1968-).

– *La Philosophie de l'histoire*, éd. J. H. Brumfitt, Voltaire 59 (1969).

– *La Pucelle d'Orléans*, éd. J. Vercruysse, Voltaire 7 (1970).

Vourtat, F. T., *Monographie du dictionnaire de l'Académie française* (Paris 1880).

Wade, Ira O., 'Genesis of the *Questions*

LISTE DES OUVRAGES CITÉS

sur l'Encyclopédie', *Transactions of the American philosophical society* 48 (1958), p.82-85.

Warburton, William, *The Divine legation of Moses* (London 1755).

-- (London 1765).

Williams, David, *Voltaire: literary critic*, Studies 48 (1966).

Wirz, Charles, 'L'Institut et musée Voltaire en 1980', *Genava*, n.s. 29 (1981), p.209-17.

INDEX

Cet index comprend les noms de lieux, de personnes, les titres et les noms des concepts les plus fréquemment utilisés, tels que les titres des articles, leurs dérivés et interprétations.

LES

œUVRES

COMPLETES

DE

VOLTAIRE

33

THE VOLTAIRE FOUNDATION
TAYLOR INSTITUTION
OXFORD

1987